法律古籍整理研究所
Institute For Chinese Ancient Legal Documents

李雪梅　主编

古代法律碑刻研究

第二辑

中国政法大学出版社

2022·北京

图书在版编目（ＣＩＰ）数据

古代法律碑刻研究. 第二辑/李雪梅主编. —北京:中国政法大学出版社,2022.1

ISBN　978-7-5764-0310-7

Ⅰ.①古…　　Ⅱ.①李…　　Ⅲ.①法律－碑刻－研究－中国－古代　　Ⅳ.①D929.2

中国版本图书馆CIP数据核字(2022)第012363号

书　名	古代法律碑刻研究·第二辑 GUDAI FALÜ BEIKE YANJIU DIERJI
出版者	中国政法大学出版社
地　址	北京市海淀区西土城路 25 号
邮　箱	fadapress@163.com
网　址	http://www.cuplpress.com (网络实名：中国政法大学出版社)
电　话	010-58908466(第七编辑部) 010-58908334(邮购部)
承　印	北京九州迅驰传媒文化有限公司
开　本	720mm×960mm　1/16
印　张	16.75
字　数	265 千字
版　次	2022 年 1 月第 1 版
印　次	2022 年 1 月第 1 次印刷
定　价	85.00 元

目录

从贝瑞亚城教练场基金组建看总督对水利设施的

统治视野变化 .... 吴靖远/ 1

一、《政令》概述 .... / 4

二、贝瑞亚城教练场的基金特性 .... / 8

三、贝瑞亚城水资源与相关设施的管理 .... / 12

四、结论 .... / 23

东汉《监北江堋郭择赵氾碑》再探讨 .... 王世扬/ 24

一、碑文整理与述要 .... / 24

二、研究回顾及碑石定名、定性 .... / 29

三、碑文所见东汉蜀郡水利职官系统 .... / 35

唐代碑石上的"时政"风范

——以《周公祠灵泉碑》为例 .... 李雪梅/ 39

一、唐《周公祠灵泉碑》释读 .... / 39

二、《周公祠灵泉碑》之结构与要素 .... / 43

三、唐代公文碑与"时政" .... / 52

四、"时政"公文的影响力 .... / 55

南宋《佛窟岩涂田记碑》考辨 .... 闫静怡/ 58

一、碑文整理 .... / 59

二、碑文中的涂田水利兴建和组织管理 .... / 64

三、碑文中涂田的产业性质和税赋 　　　　　　　　　　　 / 68

蒙古时代的晋祠修葺与晋水流域的民众、渠长

　　——以《重修汾东王庙记碑》为中心　　　　项泽仁 / 74

　　一、碑石解题与研究史回顾　　　　　　　　　　　 / 74

　　二、晋祠修葺始末考　　　　　　　　　　　　　　 / 79

　　三、晋水流域的民众、渠长　　　　　　　　　　　 / 82

　　附录　《重修汾东王庙记碑》校录　　　　　　　　 / 87

渠规的生成

　　——明成化元年《新开通济渠记并渠规碑》探析　张　驰 / 93

　　一、《新开通济渠记并渠规碑》与通济渠　　　　　 / 93

　　二、碑文整理　　　　　　　　　　　　　　　　　 / 95

　　三、渠规分析　　　　　　　　　　　　　　　　　 / 99

　　四、立碑缘由　　　　　　　　　　　　　　　　　 / 105

从水案到水规：明中期霍州公文刻石现象分析　　刘伟杰 / 107

　　一、以公文视角重新审视水案碑　　　　　　　　　 / 108

　　二、霍州水案帖文碑的表现形式　　　　　　　　　 / 112

　　三、公文刻石背后的秩序追求　　　　　　　　　　 / 122

明嘉靖十五年《黄河图说碑》释读　　　　　　　杨　帆 / 127

　　一、明《黄河图说碑》概貌与录文　　　　　　　　 / 127

　　二、明《黄河图说碑》解读　　　　　　　　　　　 / 139

明代山西水利秩序建构与水利碑刻的"用"

　　——以晋祠嘉靖二十八年《水利公文碑》

　　为中心的分析　　　　　　　　　　　　　　杨小颖 / 147

　　一、《水利公文碑》简析　　　　　　　　　　　　 / 147

　　二、水利纠纷中的官方、水利组织和民众关系　　　 / 150

三、碑刻之"用"：用水秩序的建立和认同　　　　　/ 161

明《东晋湖塘闸口记并批文碑》探析　　　　　朱子惠 / 168

一、碑文整理及碑石命名　　　　　　　　　　　/ 168

二、碑阴所载公文考释　　　　　　　　　　　　/ 175

清《京控水案开封府原断及复详看碑》初释　　张香萍/ 184

一、碑文释读　　　　　　　　　　　　　　　　/ 184

二、碑文所涉法律问题　　　　　　　　　　　　/ 192

晚清河南滩地纠纷及解决方式探析

　　——以《怀庆府正堂断案判语碑》为中心　陈仁鹏 / 200

一、缘何关注滩地纠纷　　　　　　　　　　　　/ 201

二、作为个案的《怀庆府正堂断案判语碑》　　　/ 203

三、多元视角的分析　　　　　　　　　　　　　/ 208

四、从文字到图像：图纹蕴藏的法律文化　　　　/ 214

　　附录　碑文整理　　　　　　　　　　　　　/ 218

水上交通、水利堰坝与流域社会

　　——以清代民国广西桂江流域碑刻为中心　江田祥 / 226

一、前言与资料　　　　　　　　　　　　　　　/ 226

二、灵渠与桂林水上交通　　　　　　　　　　　/ 229

三、水利堰坝与竹木运输、水上航道　　　　　　/ 237

四、渔民与水利堰坝、水上交通　　　　　　　　/ 248

五、结语　　　　　　　　　　　　　　　　　　/ 252

后　记　水利碑刻与地方治理　　　　　　　　　/ 255

从贝瑞亚城教练场基金组建看
总督对水利设施的统治视野变化

吴靖远*

【摘要】 本文聚焦罗马元首制时期刊刻于马其顿贝瑞亚城（Beroia）的一则行省总督政令（EKM I.7）以及其中提到的水力驱动生产设施，并从该政令来看行省总督面对水资源和相关生产设施的经济效益与社会意义时，治理视野可能产生的变化。在此所谓的治理视野，是考量位处高层的中央政府派员介入地方治理问题时，出于资讯不对称以及显贵政治主导的地方政治形态所会产生的迷雾效应，必然会面对的治理障碍。这种治理视野的限制在希腊语区容易出现，因为有许多城市获得罗马中央政府特许，能够维持相当高度的自治。例如小普林尼《书信集》第十卷第47篇写道，当他要检视阿帕美亚（Apamea）的收支与债务时，即便全城都想配合，但没人知道应该要怎么配合，因为长久以来，他们就是在特许状态下，用自己的方式管理城市。本文希望以总督对地方问题认识有限的假设为出发点，讨论马其顿省贝瑞亚城在暴发治理危机时，行省总督如何看待该城所拥有的比较完善，且具有特殊经济效益的水力驱动设备和水利设施。

【关键词】 总督政令；水利设施；治理视野

贝瑞亚城（Beroia）于公元前一世纪至公元三世纪间，为马其顿议会之集会地，与行省总督行辕帖撒隆尼基（Thessalonike）、西部罗马殖民地杜拉其翁（Dyrrhachium）等，皆为罗马元首时期马其顿省内重要的经济与政治中心。在公元一世纪末至二世纪初之间，该城因缺乏公职出资人承担教练场经费支出，出现了比较严重的市政危机，导致马其顿行省总督介入，调拨贝瑞亚城内原

---

* 吴靖远，北京大学历史系助理教授。本文为中国"国家社会科学基金一般项目《罗马帝国东部行省总督政令中的地方自治与帝国治理研究》（批准号：21BSS043）阶段性成果。

有生产单位、捐赠款项、物资等收入，组建年息足够承担教练场支出的基金，本金的一部分就是来自于某种称为"水机"（ὑδρομηχανή）的物业设备。水机当是一种水力驱动的生产设施，可惜《贝瑞亚城教练场财务问题总督政令》（以下简称《政令》）中并无内部证据说明水机的用途，较难有明确定论。[①]尼格德里斯与苏里斯（Nigdelis & Souris）对文献[②]和考古证据[③]的梳理显示，水力驱动的石磨坊是地中海地区于公元前一世纪至公元二世纪间比较广泛应用的水力驱动设备，因此水机即水磨坊的可能性较高。[④]但是，这二位研究者也强调，除了水磨坊以外，地中海地区在同时期已经出现不同类型的水力驱动机械设备，应该一并考虑。[⑤]

---

① P. Nigdelis & G. Souris, *Anthypatos legei*, Thessaloniki：Nomarchiake Autodioikese Emathias, 2005, pp. 63-69.

② L. Moritz, "Vitruvius' Water Mill," *The Classical Review* 6.3 (1956) 193-196; A. Gow, "Antipater of Thessalonic：Notes and Queries," *The Classical Review* 16.1 (1966) 8-9; R. Frankel, "Water Mills in Israel," *Énergie hydraulique et machines élévatrices d'eau dans l'Antiquité*, Brun, Jean-Pierre, et Jean-Luc Fiches, eds., Naples：Publications du Centre Jean Bérard, 2007, pp. 215-224 讨论了罗马时期以前的希腊语以及希伯来语文献中出现的水磨坊资讯，并考虑以色列境内 Nahal Tanninim 水磨坊遗址发现的石磨可能是地中海地区最早的水力驱动石磨类型。

③ J.-P. Brun & Marc Borréani, "Deux moulins hydrauliques du haut-empire Romain en Narbonnaise," *Gallia* 55 (1998) 308-309 所整理的清单（不包含贝瑞亚城水机），共 43 处水磨坊遗址或文献证据，其中 12 处定年在公元二世纪或以前，以法国南部最多，以 Barbegal 的大型水磨工坊最为著名，共有 16 门水轮机沿山势由上往下建造，充分利用位能驱动石磨，最新重建研究为 C. Passchier et al., "Reconstructing the hydraulics of the world's first industrial complex, the second century CE Barbegal watermills, France," *Scientific Reports* 10：17917 (2020) pp. 1-13.

④ A. Dimopoulou, "Some Reflections on Water Rights in Inscriptions from Beroia in Imperial Times. Response to Michele Faraguna," *Symposion 2015：conferências sobre a História do Direito grego e helenístico (Coimbra, 1-4 Setembro 2015)*, Wien：Verlag der österreichischen Akademie der Wissenschaften, 2016, pp. 411 认为，μηχανή 一词在纸草文献中多指汲水或水泵等机械，是以对 Nigdelis & Souris 的水磨坊解读有所保留。

⑤ Nigdelis & Souris 2005, pp. 66-67 指出，贝瑞亚城内发现的铭刻中，有一则公元二世纪下半叶到三世纪初之间刊刻的献祭清册，名单包含了一位缩绒工坊业主：*EKM I. Beroia* no. 27 第 4 行："Ἵλαρος γναφεύς"。许多中世纪时期的缩绒工坊是靠水车驱动的木槌或木桩捶打来完成毛料杂质剔除工序，或许贝瑞亚城可能已经发展出具备水力驱动的捶打机。关于这类毛料生产的工序在文献上和考古证据上的交集，可见 A. Lucas, "Fulling Mills in Medieval Europe：Comparing the Manuscript and Archaeological Evidence," *Archéologie des moulins hyraliques, à traction animale et à vent, des origines à l'époque médiévale*, L. Jaccottey & G. Rollier eds., Besançon：Presses universeitaires de Franche-Comté, 2016, pp. 545-546. Ritti et al. "A Relief of a water-powered stone saw mill on a sarcophagus at Hierapolis and its implications," *JRA* 20 (2007) p. 146 也认为，Strabo《地理志》(12.3.30) 中提到水磨坊所用的词汇是 ὑδραλέτης，相当具体，而在贝瑞亚城的名称是比较广泛的水机，似乎是希望涵盖不同类型的水力驱动设备的意图。时间上比

目前学界对于《政令》所提水机的关注点，除了就水机一词为建筑类文献和水磨坊考古遗址所带来的佐证价值，还有如水权盈利和城市规划等研究方向。[①]与本文直接相关的研究，包括蒂莫浦路（A. Dimopoulou）以及蔻琴尼亚（C. Kokkinia）两位分别就水权和《政令》的整体性所提出的讨论。蒂莫浦路从包含《政令》在内的三则贝瑞亚城铭刻，探讨罗马时期希腊城镇的水资源开发模式，由城市法、行省总督政令等行政管理系统垄断水资源的使用权，限缩私人取水权利，并整合收费与罚款等，建构稳定的市政盈利循环，而水机设施的租用与费用征收就是这个体系中重要的生产环节。[②]在此希望接续蒂莫浦路的研究，考虑水力驱动设备所代表的治理意义。另外，本文也关注蔻琴尼亚对于还原后碑体达到 2.61 公尺高的观察：如此高度，超过目前已知地中海地区最大的刊刻铭文 30 公分有余、已知刊刻之行省总督政令四倍有余。本文也考虑蔻琴尼亚对于《政令》总督的口吻从协调性质转换为命令、惩罚、纠正的观察，尝试从初期政令不符预期、总督转为运用公权力支配市政管理的历史演变观点，来看时空背景转换下，总督统治视野可能发生变化的假设。[③]本文首先介绍《政令》梗概，再从行省总督的视角，讨论贝瑞亚城的几种水利设施以及管理策略。

（接上页）较相近的水力驱动设备包含了力驱动锯：一位公元三世纪的设计师 Marcus Aurelius Ammianos 将他设计的整组机械部件构造雕刻在自己的石棺上：Ritti et al. 2007, p. 140. Örjan Wikander、Andrew Wilson 等学者，对于罗马元首时期地中海地区水力应用的多样性有相当丰富的研究，可见 Ö. Wikander, "Sources of Energy and Exploitation of Power," *The Oxford handbook of engineering and technology in the classical world*, J. Oleson ed., Oxford: Oxford University Press, 2008, pp. 141–152; "Industrial Applications of Water-Power," *Handbook of Ancient Water Technology*, Ö. Wikander, ed., Leiden: Brill, 2000, pp. 401–410; A. Wilson, "Machines in Greek and Roman Technology," *The Oxford Handbook of Engineering and Technology in the Classical World*, J. Oleson ed., Oxford: Oxford University Press, 2008, 350–358; "Machines, Power and the Ancient Economy," *JRS* 92 (2002) 9–17.

① E. Gonzalez and P. Paschidis, *A Supplement to Epigraphes Kato Makedonias Á: Epigraphes Beroias*, Athens: Institute of Historical Research, National Hellenic Research Foundation, 2020, p. 48; M. Brunet, "Les aménagements hydrauliques dans les cités grecques antiques. Techniques et Société." *L'eau en Méditerranée de l'Antiquité au Moyen Âge*, Paris: Académie des Inscriptions et Belles-Lettres, 2012, pp. 95–96, 概略讨论了希腊语地区古朴时期到罗马时期之间水资源利用的发展过程，是从提供干净水源到灌溉与土地优化的复杂性使用，最后发展出工业用途的趋势，而贝瑞亚城水机是文献与考古发现等资料之外，另一个水力驱动机械设备存在的重要例证。

② Dimopoulou 2016, pp. 410–414.

③ C. Kokkinia, "Ruling, Inducing, Arguing: How to Govern (and Survive) a Greek Province," *Roman Rule and Civic Life: Local and Regional Perspectives. Proceedings of the Fourth Workshop of the International Network Impact of Empire (Roman Empire, c. 200 B. C. – A. D. 476)*, Leiden, June 25–28, 2003, Leiden: Brill, 2004, p. 45 fn. 23.

一、《政令》概述

《政令》收录于《下马其顿铭刻汇编：贝瑞亚城编》，①共存四枚残块，最早的是 1913 年于今希腊共和国北部马其顿省的帖撒隆尼基发现的 Γ 残块，现在仅存拓本。最初发表残块的皮卡德与阿伟祖（Picard & Avezou）指出，残存文字中包括了如 τοῦτο τὸ διάταγμα（这则政令）、ἀποτάσσω（我指派）、κελεύω（我命令）等用语，而使用第一人称之人，既提到ἐὰν μὴ κα(τὰ) τὴν ἐν τῇ συγγραφῇ(若无根据合约）与ἔκτη(ξ)ιν［（合约之）中止］等情事，又有τούτῳ τῷ διατάγματι διορθῶσαι（以此政令矫正）、ἐτιμωρησ[άμην τοὺς τοῦτο τολμ ῶντας ποιεῖν]（我惩处了那些胆敢做此事的人）等，当为总督或职权相匹配的中央官员，因应某位承包商无法满足特定合约要求，为解决一系列引发的问题所发布的政令。②

另外三枚残块分别于 1960 年、1969 年、1987 年陆续于马其顿省的维利亚市（古音贝瑞亚）发现。1960 年发现的残块 B，除了留存相当清晰的布局资讯外，还有ἀλειμματῶν这个复数属格的关键字，指的是抹在身上的油膏，常出现于教练场和澡堂相关的铭文文献里。③1969 年发现的残块 Δ，第一行出现

---

① L. Gounaropoulou & M. Hatzopoulos, *Επιγραφές Κάτω Μακεδονίας: τεύχος Α΄ Επιγραφές Βέροιας*, Αθήνα: Εθνικόν Ίδρυμα Ερευνών, 1998, pp. 101–109.

② C. Picard & C. Avezou, "Inscriptions de Macédoine et de Thrace," *BCH* 37（1913）92: "Lettre-édit（διάταγμα, l. 10 et 30）d'un empereur ou d'un haut magistrat impérial, adressée aux habitants ou au pouvoirs établis de Beroia. Le ton personnel, les formules d'ordre（l. 11 et 23: κελεύω; l. 17: ἀποτάσσω）, les confidences sur la hâte d'une vie trop occupée sembleraient d'abord devoir faire préférer la première hypothèse. Mais la brièveté de l'intitulé（l. 1–3）, la mention（l. 7）des statues des Empereurs, l'indication de pénalités（l. 18–19, l. 29）font plutôt penser à une lettre de proconsul ou de légat." [皇帝或中央政府高层致贝瑞亚城当政公职人员之书信政令。其个人化口吻、程式化的命令词汇，过于忙碌所形成的急促情绪，都指向第一个假设。但是头衔之短、皇帝雕像的话题、对惩处的着墨等，给人一种总督或钦使的印象。] 所谓 διά ταγμα 作为政令之意，可见 Hugh Mason, *Greek Terms for Roman Institutions. A Lexicon and Analysis*. Toronto: Hakkert, 1974, p. 127, 为各层级中央派遣官员所发布的、具有法律效力的官方命令。

③ 贝瑞亚城最著名的石刻铭文《贝瑞亚城教练场规章》，就提到官员依法管理城镇使用油膏之城市教练场常见行为等: *EKM* 1. *Beroia* no. 1 第 5—8 行: αἱ ἄλλαι ἀρχαὶ πᾶσαι | κατὰ νόμον ἄρχουσιν καὶ ἐν αἷς πόλεσιν γυμνάσια | ἐστιν καὶ ἄλειμμα συνέστηκεν οἱ γυμνασιαρχικοί νόμοι κεῖνται ἐν τοῖς δημοσίοις κτλ. [既有其他公职人员根据法律行政，在有教练场、有用油膏传统之城市，教练场规章一般陈列于公家机关所在等]; 元首时期油膏费用的提供者以及管理官员，另可见 *EKM* 1. *Beroia* no. 135 第 3—6 行 Στάτιος Ἀντίγονο ς ἐφη|βαρχῶν ἔδωκα τὰ τοῦ ἐπαγγέλματος εἰς τὸ ἄλειμμα δην(άρια) φ΄ [斯塔提欧斯安提刚努，少年团教练长，给

与水相关的词汇（ὑδρομη［---］），似呼应残块 Γ 中主事者就澡堂管理问题发出指派命令的残句，①两个残块能形成比较紧密的联系。1987 年新发现的残块 A 是所有残块中最大、保存字符数最多、资讯最丰富的部分，与各个残块都有程度不同的关联性。最紧密的是与残块 B 的联系：两者有几乎一致的字体大小、行距测量的配置，以及基本能完全重建的首句，也是这些残块为同一则总督政令的直接证据（图 1 左侧）。残块 A 与 Δ 之间的共同点主要在ὑδρομηχανή(水机)这个稀有词汇。②残块 A 共有三处，可以此推估残块 Δ 首行的ὑδρομη［---］所指亦为ὑδρομηχανή，而由于此词汇相当稀有，是以这两个残块之间必然有紧密联系。残块 A 与 Γ 之间也多有词汇用语上的联系。两者都有一位名为攸里安努斯（Ioulianos）的出资人，③教练场的财务承担责任归属、④行省总督以第一人称发布的指令以及这份文件定义为政令的陈述。⑤《下马其顿铭

（接上页）予前所公告之油膏经费五百德纳里］；no. 136 第 2—3 行：ἐπιμελουμένου τοῦ |<ἀ>λείμματος Δομι [油膏经费管理人多米提乌斯皮鲁斯]《贝瑞亚城教练场规章》也就锻炼者用刮片（gloios）刮除橄榄油混合皮肤灰尘脏污后，衍生物如何管理的办法：*EKM 1. Beroia* No. 1 ll. 98–99：ὁ δὲ τὴν τοῦ γλοιοῦ πρόσοδον ἀγοράσας παρεχέσθω τὴν τοῦ παλαιστρο‖[φ]ύλακος χρείαν κτλ. [收购刮油垢利润者，当承担搏击场长之业务]．Nigel Kennell, "Most Necessary for the Bodies of Men: Olive Oil and its By–Products in the Later Greek Gymnasium," *In Altum: Seventy–Five Years of Classical Studies in Newfoundland*, Mark Joyal ed. , Newfoundland: Memorial University of Newfoundland, 2001, p. 128.

① 《政令》Γ+Δ，第 17 行 ἀποτάσσω εἰς τὴν τοῦ καινοῦ βαλανείου ἐπι[μέλειαν（?）[我命令，就新澡堂之管理……]

② 《政令》A+B，第 28 行 τὰ διὰ (?) τῆ]ς ἐμῆς συγ[καταθ]έσεως ἀπὸ τῶν ὑδρομηχανῶν ἐνιαύσια πεπτωκότα δηνάρια；第 50 行 ὥστε τὰ λοιπὰ ἀπολείπεσθαι ἐκ τῶν ὑδρομηχανῶν δη[νάρια [根据我同意关于个水机的每年度利息收入（若干）德纳里]；第 85 行 ἀπὸ τῶν ὑδρομηχανῶν χείλια ἑπτακόσια εἴκοσι [来自各水机之一千八百二十（德纳里）]

③ 《政令》A+B，第 18 行 αἱ ὑπὸ Ἰουλιανοῦ εἰς αὐτὸ τὸ ἀλειπικὸν ἀπολελειμμέναι [攸里安努斯所遗留给油膏支出基金。(的若干金钱总额，此分词为阴性，当修饰μυριάδες之类的量词）]；Γ+Δ 第 3 行 Ἰ[ου]λιανῷ

④ 《政令》A+B，第 6 行 ἔσθ' ὅτε λειτουργῶν ἐνδείᾳ συνβέβηκεν τὸ γυμνάσιον κεκλεῖσ[θαι [当缺乏公职出资人导致教练场关闭]；第 16—17 行 τὸ |εἰς τὴν γυμνασιαρχίαν ἀργύριον ὑπ' ἐμοῦ ἐστιν τὸ ὑπογεγρ[αμμένον [……之于教练长资金者，由我条列入下]；第 47—48 行 ἐὰν μὲν ᾖ γυ]μνασίαρχος, τῷ κεφαλαίῳ κολληθήσετ αι, ἐὰν δὲ ἡ πόλις ἀλείφῃ κτλ. [若有教练长，并入本金，若城市承担油膏支出……]；Γ+Δ 第 19 行 δηναρίοις ---]ακισχειλίοις εἰς τὸ γυμνασιαρχικόν κτλ. [若干千] 德纳里之于教练长基金。

④ 《政令》A+B，第 7 行 ἐπεμελήθην [管理]；第 17 行 εἰς τὴν γυμνασιαρχίαν ἀργύριον ὑπ' ἐμοῦ ἐστιν τὸ ὑπογεγρ[αμμένον；第 26 行 προσλελόγισμαι καὶ τὰ ὑπὸ Φιλίππου καταλελειμμένα δηνάρια κτλ. [我另加入了菲利普所留之德纳里……]；第 68 行 ἀσφαλῆ κελεύω, ὅταν μὴ ᾖ γυμασίαρχος [我宣告其担保性，当无教练长时……]；Γ+Δ 第 10 行 τούτ]ῳ τῷ διατάγματι διορθῶσαι [以此政令矫正]；第 11 行 προσόδῳ μεγάλα λυποῦσαν, κελεύω κτλ. [由于营收导致大忧患，我命令……] 第 17 行 ἀποτάσσω εἰς τὴν

5

刻汇编》的编者认为，此四枚残块在形制、词汇、用语、体例方面的相似度高，应当属于同一方石碑，①刊刻在一个约 260 公分高、100 公分宽、16 公分厚的白大理石上（图 1 右侧）。

铭刻前十七行保存了《政令》的梗概（图 2）。行省总督表示，从他上任以来，就关注到贝瑞亚城在生活习惯上可能会衍生出的问题。他们似乎太爱干净了，在用油膏清洁身体上似乎不容易节制，而且贝瑞亚城的若干行政人员还对自己的教练场管理的手段相当自豪，会拿来吹嘘，却没料到贝瑞亚城突然间找不到显贵人士承担营运经费，使得教练场被迫关闭。行省总督于是就需要通过组建专款专用的教练场基金共十万德纳里（denarii），②以基金利息作为教练场的营运费用，建立其基本的财务独立性③。

组建基金来经营比较大型的、相对复杂的工程，似乎是罗马元首时期常见的地方行政组织施政措施，地方政府在基金经费设计上，也会寻求罗马中央政府认可，来确保其行政管理措施的正当性。④《政令》为这种以中央政府派遣的总督所采取的施政举措，提供了一个明确的例证。较可惜的是，数个残块中并无明确的定年证据。铭文中贝瑞亚城显贵的皇家赐姓判断，此碑不早

（接上页）...συν]αρπάζεται τῇ ἐπείξει μου, κελεύω τοὺς κτλ［我指派（安排）管理新澡堂事宜］；第 23 行 ...συν]αρπάζεται τῇ ἐπείξει μου, κελεύω τοὺς κτλ.［（谁）因为我匆忙而夺取……，我命令……］；第 30 行 τοῦτο τὸ διάταγμα...ἐν τῷ ἐπισημοτ(?)]άτῳ τῆς [πόλεως τόπῳ(?)]［此政令（立）城内最显著之地带］；第 31 行 προτεθῆν]αι βούλομα[ι［我要昭示……］.

① Gounaropoulou & Hatzopoulos, *EKM* 1. *Beroia* p. 108："τὰ ἀποτμήματα Γ καὶ Δ σώζουν κατὰ πᾶσαν πιθανότητα τὸ τέλος τοῦ διατάγματος καὶ ὄχι ἄλλου, καθ' ὅσον δύσκολα θὰ μπορούσε νὰ ὑποστηρίξει κανείς ὅτι στὴν στήλη εἶχαν χαραχθεῖ περισσότερα τοῦ ἑνὸς ἔγγραφα.［Γ+Δ 残块最有可能的情况是保存了政令结尾部分，无其他可能，因为很难论证在此碑中有另外一则铭刻］.

② 《政令》A＋B，第 10 行，ἐνθήκην μυριάδων ἀργυρ]ίου δέκα［十万银基金］；A＋B 第 38 行，ἐν]θήκη τῶν δηναρίων ὑπόκειται μυριάδες δέκα［基金存放十万德纳里］。

③ Nigdelis & Souris 2005, p. 80 指出，第 40 行之 6000 德纳里年息收入（ἅπερ γεινόμενα δηνάρια ἑξκισχείλ<ι>α διὰ τὸ τροπαϊκαῖα）当是指教练场基金的年息，γεινόμενα 在财务语境中通常指基金年息总额，τροπαϊκαῖα 则是指每月每 100 德纳里产生 1 枚 victoriatus 银币（等于半个 denarius）的比例，也就是月息 0.5%、年息 6%。教练场基金为 100 000 德纳里，而安纳托利亚地区已知基金年息多为 6% 到 9% 之间，是以将 6000 德纳里视为基金年息有一定论证基础。

④ K. Coleman, "Exchanging Gladiators for an Aqueduct at Aphrodisias (SEG 50. 1096)," *Acta Classica* 51 (2008) 33-35，讨论了 Aphrodisias 城政府向哈德良报告引水道经费建造的提案，包含挪作大祭司公职出资人所缴纳的款项来调剂引水道工程的经费等。

于公元 69 年，不晚于 212 年。①字体上，特殊的反 epsilon 大致为公元二世纪初至二世纪中叶 ②。

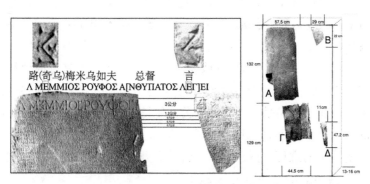

图 1　左侧为残块 A&B 关系示意图；右侧为 Nigdelis & Souris 2005, pp. 20–22 提出之重建示意图

Λ. Μέμμιος Ῥοῦφος ἀ[νθύπατος λέγ]ει· | οὐ νῦν πρῶτον, ἀλλ᾽ ἀφ᾽ ἧς μόνον ἐπέβην τῆς τοῦ ἔθ[νους ἡγεμονίας·--]ζων ἐμαυτοῦ μελ[---|PO μάλιστα ἐξ ἀδοξίας, εἴ γε μεικροτέρων καὶ ἀνακεχωρηκότων πο[λισμάτων(?) ---] ἀλειμμάτων φιλοκαλ[α---πε]| [πονημένων, ἡ πρωτεύουσα τῆς Μακεδονίας καὶ κατὰ ἀξίωμα [μητρόπολις ---] οὗ παρρησία λείπεται, προενο[η-- τοιαύ]|τη τε βουλῇ πρεπωδέστατον καὶ τοιούτῳ δήμῳ κοινωφελέστα[τον ---] ἦσαι· ἐπεὶ γὰρ τῇ τῶν φίλο--| ἐσθ᾽ ὅτε πλειστουργῶν ἐνδεία συνβέβηκεν τὸ γυμνάσιον κεκλεῖσ[θαι, ---] αἴσχιστον πᾶσιν μὲν [τοῖς---]σιν, μάλιστα δὲ ὑμῖν τοῖς διὰ τὴν περὶ ταῦτα μελέτην αὐξησ[αμένοις(?)---]σθ<α>᾽ ἐπεμελήθην καὶ [---]ον τῇ πόλει μεῖναι, ὥστε, ἐπειδὰν γυμνασίαρχος ἐλλίπῃ, μ[.]νο[---] ὑπάρξιν διηνεκείαν χρήματων(?)---] | ὡς ἄφθαρτος φυλάσσεσθαι· συναγωνισαμένων οὖν μοι καὶ τῶν κ[ρατίστων ἀνδρῶν τοῦ τε ἔθνους(?) καὶ τῆς ἱερωτά]της βουλῆς, ὧν τὴν πα[---] δήμῳ μαρτυρίαν νοσφίσασθαι φθόνῳ μᾶλλον ἢ ἐμοὶ πρέ[π]ειν, ψ[--- ἐνθήκην μυριάδα]ς ἀργυρίου δέκα, ἀν εἰς τὴν α[--καὶ] | πλήρωσιν συνέπνευσαν οἵ τε πρῶτοι τῆς πατρίδος καὶ ἡ βουλή[---α(?)]ύτους στενοτέραν Ι[---|| στήσαντες πρὸς τὸ τὴν εἰς τοῦτο ψπο[(?)ββήκεν(?)--κ(?)]μιας αὐτοῖς καὶ <ε>ἰς τ[---] παντὸς χρόνου [.]ΛΛ[...]N αἰτίαν εἶναι· ἀλλ᾽ ἐπεὶ τοῦτο τὸ ἔτος προ[ββήκεν(?)---]αι δίκαιον τῷ ΜΙ[---μη]δὲ ἐν ἐκ τῆς συνήθους κατ᾽ ἐνιαυτὸν οἰκονομίας παραποδί[ζειν(?)---ἀ]ποκοπῇ (οἷν -ῇ), ὥστε [---] χρόνον συνκεχωρῆσθαι κατὰ τὸ προϋπάρχον ἔθος τὰς προσόδ[ους ---]Η προωδε[---]α]λείφεσθαι συνηθείᾳ χρήσεσθαι· ἀπὸ δὲ τοῦ ἑξῆς ἐνιαυτοῦ, ὃς ὑμε[ῖν---] συνκεφ[αλαι---] εἰς τὴν γυμνασιάρχίαν ἀργύριον ὑπ᾽ ἐμοῦ ἐστιν τὸ ὑπογεγρ[αμμένον ---]

路其乌斯每米乌斯鲁夫斯宗督说：并非首次了，而是自从我上任行省总督时……我本人……特殊由于不名誉之故，若真是与比较小、偏远的城镇(相比？)……用油膏的爱美行径……多人辛苦劳动，马其顿省首府与母城街头……在挥霍方面不居人后……对此参议会而言最合适的，对此众议会是最符合公共利益的。既然由于缺乏出资人而教练场发生关闭情事……最令人不齿，一方面对……另一方面针对你们那些吹嘘管事本领的人。我安排……为城管下，好让何时教练管空缺……财务存底有不间断性，能无暇而受监管。有鉴于与我一同奋斗的，有行省有力人士与神圣参议会，其等……遂交于众议会之证词被移除，就我而言多是出于妒根，而非合于情理……基金十万银币，其中对……完工协同出力者，有祖城领袖人士与参议会……更费心力……确立就此事上我的积极性不致因绝……与他等以及……全时间……是原因。但是，既然今年匆匆来过……合于法理……既避免基于惯例的每年度财务收支约束而牵制……切断，好让……时间有所区分，根据长期以来的惯例（处分）营收……根据擦抹油膏的惯例使用。从下年度起，谁人对你等……基金进入教练场经费，由我条列如下。

图 2　《政令》第 1—17 行录文出自 Nigdelis & Souris 2005, p. 23.

值得重视的是，将四枚残块复原为同一方石碑的意见，并非学界共识。

---

① Nigdelis & Souris 2005, pp. 106–107 指出，已知的罗马人物志中，名唤 Lucius Memmius Rufus 者是一位在 Ostia 地区的地主，但他的活跃年份并不明确，至于铭刻中提到的其他人物，大祭司 Titus Flvius Paramonos 的姓氏是弗拉维朝开始出现的赐姓，或许可以作为铭刻的时间上限，至于时间下限，由于铭刻中不见卡拉卡拉广赐公民权之后常见的赐姓 Aurelius，可粗略推论是公元 212 年之前。

② Nigdelis & Souris 2005, p. 108 指出，有两则马其顿地区铭刻的字体使用了这种特殊的 E，分别是公元 73/74 年以及公元 156/157 年。

蔻琴尼亚指出，总督的口吻在 A+B 残块组合中，呈现的是协调性质的工作，对于后势发展抱持期待，而到了 Γ+Δ 残块组合时，口吻转换为命令、惩罚、纠正等，似乎是因应不符预期的若干发展而出现的权威态度。①她推论，Γ+Δ 残块应当是在彰显总督执法执政的公权力，已是在 A+B 残块已经刊刻、但其外交辞令与圆融手段皆未达到预设目的之后所发布的第二则政令。宫在理斯与帕斯希底（Gonzales & Paschidis）则认为，A+B 残块在开头就有提到教练场停止营运是莫大羞耻等，且全文结构由总督协调各方组建安排教练场基金，进展到明定各种警告罚则，也是相当合理的公文铺陈。②由于两方论点都面对直接证据缺乏的问题，本文不采取明确立场，但希望能够在后段分析时，尽量考虑蔻琴尼亚所提出的意见，正视这些总督政令残块可能存在的两阶段时间因素。

二、贝瑞亚城教练场的基金特性

如前所述，《政令》最重要的措施，是协调马其顿省内显贵人士以及工商业主为贝瑞亚城的教练场建立专款专用的基金。铭刻受损或残缺部分导致许多收入来源的金额和性质不明，所剩资讯仅显示，最起码的基金组建规则是纳入已经存在的私人基金、调拨公家收入，另外还有若干新开辟的一次性款项以及物资等。来源包括：

1. 某位攸里安努斯的油膏基金③
2. 托付给大祭司控制的基金④
3. 托付给城市财库长控制的基金⑤
4. 某位菲利普斯遗赠的基金⑥

---

① Christina Kokkinia, "Ruling, Inducing, Arguing: How to Govern (and Survive) a Greek Province," *Roman Rule and Civic Life: Local and Regional Perspectives. Proceedings of the Fourth Workshop of the International Network Impact of Empire (Roman Empire, c. 200 B. C. – A. D. 476), Leiden, June 25–28, 2003*, Leiden: Brill, 2004, p. 45 fn. 23.

② Gonzalez & Paschidis 2020, p. 48.

③ 《政令》A+B，第 18 行，αἱ ὑπὸ Ἰουλιανοῦ εἰς αὐτὸ τὸ ἀλειπτικὸν ἀπολελειμμέναι.

④ 《政令》A+B，第 20 行，ἀνδρὶ κρατίσ]τῳ καὶ φιλοπάτριδι Φλαυίῳ Παραμόνῳ τῷ ἀρχιερεῖς ἐν παρ[ακαταθήκη [最显赫与爱祖国的大祭司弗拉维乌斯帕拉蒙努斯为托管]。

⑤ 《政令》A+B，第 24 行，ἅτινα ἐν παρα]]καταθήκη παρὰ Νεοπτολέμῳ Νεοπτολέμου τῷ ταμίᾳ [（若干金额）托付于财库长内欧托勒密之子内欧托勒密为托管]。

⑥ 《政令》A+B，第 26 行，τὰ ὑπὸ Φιλίππου καταλελειμμένα.

5. 由总督控制的水机营收 ①

6. 托付给某位普劳提安努斯阿里山卓的基金 ②

7. 一笔捐助城市的酒神庆典赠款 ③

8. 与某位撒尔希农相关的私人款项（或基金利息）④

9. 由某位攸来欧斯所给予的谷物的收入 ⑤

10. 艾利米人捐助谷物的相关收入 ⑥

11. 某位门南德的水机营收 ⑦

  尼格德里斯与苏里斯指出，这如此多形态、多来源的基金组合，也可以理解为贝瑞亚和马其顿地区本身的经济生产情况相对稳定的征兆，而教练场的财务问题当是别有其他内部压力，如《贝瑞亚城教练场规章》（*EKM* 1. *Beroia* no. 1）（以下简称《规章》）中想要防止的侵吞公款行径，或不当财务管理等人为因素。⑧铭刻中所谓"有必要更加理智使用油膏"的禁制用语，似乎指向过度浪费使用油膏、造成油品支出过大的问题。⑨其中针对教练场油膏的经费问题，《政令》有特别的说明："若有教练长，则充入教练场基金的本金之

---

 ① 《政令》A+B，第 28 行，τὰ διά τῆς] | ἐμῆς συγ[καταθ]έσεως ἀπὸ τῶν ὑδρομηχανῶν ἐνιαύσια πεπτω[κότα .

 ② 《政令》A+B，第 29 行，παρὰ Πλαυτιανῷ Ἀλε[ξάνδρῳ [普劳提安努斯阿里山卓为托管人]。

 ③ 《政令》A+B，第 30 行，τὰ ὑπὲρ τοῦ φαλλοῦ ὑμεῖν ὑπ' αὐτοῦ χα[ρισθέντα [由他捐赠于你等之礼器]。

 ④ 《政令》A+B，第 31 行，τὰ παρὰ Θαρσύνοντ[ι(?) Nigdelis & Souris 2005, p. 74 认为第 32 行 ἃ ἐκ τῆς ἐνιαυσία[ς προσόδου提到一年所得，所指可能是年息。

 ⑤ 《政令》A+B，第 33 行，τὰ ἐκ τοῦ ὑπὸ Εὐλαίου δοθέντος σείτο[υ λογευθέντα [来自攸来乌斯给予的谷物所征集的收入]。

 ⑥ 《政令》A+B，第 34 行，τὰ...] Ἐλημιωτῶν τοῦ σείτου χάριτος συνδεόμενα [艾利米亚地区人士自愿捐赠谷物之相关所得]。

 ⑦ 《政令》A+B，第 35 行，ἀπό τῶν ὑδρομη]χανῶν τῶν γεγενημένων Μενάνδρου [来自门南德所有的水机]。

 ⑧ Nigdelis & Souris 2005, p. 110.

 ⑨ 《政令》A+B，第 81 行，σ]ωφρονικωτέραν ἀναγκάσει ποιεῖσθαι τὴν ἄλειψ[ιν [有必要在用油膏上更节制]。Nigdelis & Souris 2005, p. 86 进一步强调，《政令》对于节制的必要性如此强调，必然代表之前教练场在用油膏上是不节制的，且教练长支持不节制的用油行为，是许多刊刻的褒扬令所赞扬的善举。另可见 F. Quaß, *Die Honorationrenschicht in den Städten des griechischen Ostens. Untersuchungen zur politischen und sozialen Entwicklung in hellenistischer und römischer Zeit*, Stuttgart：Franz Steiner Verlag, 1993, pp. 320-321 讨论一些城市为了解决这类不理性支出对教练长所造成的经济压力，而缩短教练长任期，以较多的公职出资人来冲淡支出的负担。

中，而若是城市提供油膏"，则有另外情况，由于刻文受损，不得而知。①

从《政令》的残存部分来看，行省总督对基金的设计有两种意义。第一种是缓解教练长推举的不确定性，而非取代教练长所能承担的油膏支出。第二种是缓解贝瑞亚城承担教练场油膏经费支出的负担，但是否基金利息足以包含全部支出，仍属未知，或许仍需搭配不同公职出资人缴纳的款项。②若将残块内容综合《规章》铭刻的讯息，大致可以梳理出两种教练场营运模式。第一种是常态情形下，靠教练长、庆典火炬长等公职性出资人为主支撑的模式，③教练场本身也有透过由市政人员监管的费用征收、罚款、训练者刮除之油垢衍生物买卖等方式，④积累支付如日常用油和庆典武器、礼器等项目的营运经

---

① 《政令》A + B，第 47—48 行，ἐὰν μὲν ἦ γυ]μνασίαρχος, τῷ κεφαλαίῳ κολληθήσεται, ἐὰν δὲ ἡ πόλις ἀλείφη, τῷ ε……. [若有教练长，并入本金，若城市支出油膏费用……]

② 例如其他显贵出任公职出资人时缴纳的金额。可见《政令》A+B 第 40—41 行，关于"首席城政长席位之售出"（τὴν τοῦ πρώτου τῶν πολειταρχιῶν τόπον πρᾶσιν）的说法。

③ 《规章》B 面，第 72—75 行，αἱρείσθω δὲ ὁ γυμνασίαρχος τῶν ἐκ τοῦ τόπου λαμπαδάρχας τρεῖς ἐν τῶι | Γορπιαίω μηνί, οἱ δὲ αἱρεθέντες παρεχέ|τωσαν ἔλαιον τοῖς νεανίσκοις ἕκαστος | [ἡ]μέρας δέκα· αἱρείσθω δὲ καὶ τῶν παίδων λαμπαδάρχας τρῖς, οἱ δὲ αἱρεθέντες παρεχέ|τω<ι>σαν ἔλαιον τὰς ἴσας ἡμέρας [教练长当在郭皮艾翁月就地选出火炬长三名，受选者每位当提供青年团十天用油；当选三位童龄团火炬长，受选者当提供同样天数之用油]。

④ 《规章》A 面，第 44—45 行：τὸ ἀποταγὲν ὑπὸ τούτων δ[ι][δ]ῶται ἀπὸ τῶν πρ[ο]σόδων ὧν ἀναλαμβάνη εἰς τὸ ἄλειμμα [由其等安排部分，以来自油膏使用收取的营收给付]；第 46—47 行：ἐὰν δέ τις μὴ ποιήσῃ τῶν προειρη|μένων, ἀποτινέτω κτλ. [若有谁不做前述事项，当惩处……]；B 面，第 5—6 行，不当褪衣罚金，εἰ δὲ μή, κωλυέτω ὁ γυμνασίαρχος καὶ ζημιούτω δραχμαῖς πεντήκοντα [若否，教练长当惩处并课罚金五十德拉马]；第 9—10 行，不尊教练长令罚金，τὸν δὲ μὴ πειθαρχοῦντα, τὸν μὲν ὑπὸ τὴν ῥάβδον μαστιγούτω ὁ γυμνασία ρχος, τοὺς | δὲ ἄλλους ζημιούτω [不停指挥者，教练长得杖击，并课其他人罚金]；第 19—22 行，训练员迟到罚金，（τις τῶν παιδοτριβῶν）μὴ παραγίνεσθαι τὴν τεγαγμένην ὥραν ἐπὶ τοὺς παῖδας, ζημιούτω αὐτὸν καθ᾽ ἡμέ [ρ]αν δραχμαῖς πέντε [训练员无于指定时间出现于孩童之前，当课罚金每日五十德拉马]；第 31—32 行，教练长容许不当人士进入用油罚金，ἐὰν | [δ]έ τινα ὁ γυμνασίαρχος ἐάσῃ ἀλείφεσθαι τῶν διασαφουμένων εἰδός, | [ἡ] ἐνφανίζοντός τινος αὐτῶι καὶ παραδείξαντος, ἀποτινέτω δραχμὰς χιλίας [若教练长纵容某位明确列出（不准进入）之人士用油，或本人知情或经人提报并指明的情况下，当课一千德拉马]；第 39—45 行，辱骂、攻击教练长、不协助教练长之罚金，μὴ ἐξέστω δὲ τὸν γυμνα[σί]αρχον ἐν τῶι γυμνασίωι κακῶς εἰπεῖν μηθενί, εἰ δὲ μή, ζημιούτω αὐτὸν δρα[χ]μαῖς πεντήκοντα· ἐὰν δέ τις τύπτη τὸν γυμνασίαρχον ἐν τῶι γυμνασίωι | [κ]ωλυέτωσαν οἱ παρόντες καὶ μὴ ἐπιτρεπέτωσαν, καὶ ὁμοίως ζημιούτω | τὸν τύπτοντα δραχμαῖς ἑκατὸν … καὶ ὃς ἂν τῶν παρόντων μὴ βοηθήσῃ δυνατὸς ὤν, ζημιού[σ]θω δραχμαῖς πεντήκοντα [不得有人于教练场内对教练长出恶言；若违反，当其以五十德拉马；若有人于教练场内击打教练长，在场者当制止，并不让其得逞，且教练长当课击打者罚金一百德拉马……在场者无协助但能（协助）者，当课以五十德拉马]；第 52—54 行，不愿参加庆典竞赛罚金，ἐὰν δὲ οἱ λαχόντες μὴ κρίνωσιν | [μ]ηδὲ ἐξομόσωνται ἀδύνατοι εἶναι, κύριος ἔστω ὁ γυμνασίαρχος ζημιῶν | τὸν ἀπειθοῦντα δραχμαῖς

费。①教练场的经费在《规章》中属于专款专用的青年人训练费用，为明定城镇行政人员不得侵吞的公款。②但是若公职没有人愿意担当时，教练场和赛会就会出现经费空缺。《政令》解决的问题，就是设立第二种模式，除了协调不同的有钱人士捐款之外，总督还用公权力强行修改特定目的基金的章程或遗产赠与人的遗嘱，③组建一个年息达到显著规模的教练场基金，透过多重避险的方式，来保障教练场的营运经费。

基金组合中，关于水机的收入有二：首先是贝瑞亚城每年水机所得的公家营收。这笔款项似是得由行省总督批准才能动用（διά τῆς | ἐμῆς συγ[καταθ]έσεως），或可解读为行省政府直接掌管的市政财源。尼格德里斯与苏里斯指出，需要经过行省总督批准的水机财产是一种"每年度所得"（ἐνιαύσια πεπτω[κότα）的稳定收入，所指的似乎不是每年实际生产总额，而是比较规律的租金或税金。④水机租税的年息是否持续性投入，以求将教练场基金的本金稳

（接上页）δέκα［若（由教练长抽签选出之）中签者不出任裁判，或不发誓宣告无法出任裁判，教练长当课不听令者罚金十德拉马］；油垢衍生物买卖，第 97—98 行，ὁ δὲ τὴν τοῦ γλοιοῦ πρόσοδον ἀγοράσας［交易刮下油垢之营收者］。

① 《规章》B 面，第 59—60 行，庆典竞赛武器支出，ἡ δὲ εἰς τὰ | [ὅ]πλα δαπάνη γινέσθω ἀπὸ τῶν ὑπαρχουσῶν προσόδων［武器支出当由现有营收支出］。

② 《规章》A 面，第 30—31 行 τῶν ὑπαρχουσῶν προσόδων τοῖς νέοις οὔτε αὐτὸς νοσφιοῦμαι［我不侵占属青年人之现有营收］；第 59—60 行：οὐδὲ τῶν ὑπα]ρχου[σῶν προσ]όδων | [τοῖς νέοις νοσφιούμεθα［我不侵占属青年人之现有营收］；第 87—88 行 κυριευέτω δὲ ὁ γυμνασίαρχος τῶν προσόδων τῶν ὑπαρχουσῶν τοῖς νέοις［教练长当主管属青年人之现有营收］。

③ A. Chaniotis, "The Perception of Imperial Power in Aphrodisias: The Epigraphic Evidence," *The Representation and Perception of Roman Imperial Power. Proceedings of the Third Workshop of the International Network Impact of Empire*, Rome, March 20–23, 2002, de Blois et al., eds., Amsterdam: J. C. Gieben, 2003, pp. 256-258, 指出在亚细亚省的 Aphrodisias 发现了一些刊刻的遗嘱内容，特别定出不允许行省总督、城市参议会等公权力职官或机构介入修改遗嘱的条款。K. Harter-Uibopuu, "Bestandsklauseln und Abänderungsverbote. Der Schutz zweckgebundener Gelder in der späthellenistischen und kaiserzeitlichen Polis," *Tyche* 28 (2013) 79-80 指出，虽然《政令》中为特定目的组建专款基金的模式有他例可循（如 I. Lindos 419，关于罗德岛上一个大城的神庙财务基金），但变更其他专款专用基金的用途却是比较大的变化，有可能牵涉侵犯私人遗嘱相关的法定权利，Harter-Uibopuu 2013, p. 80 认为，其他中央政府派遣的高层长官在处理遗产基金问题时（如 I. Ephesos 27，亚细亚行省总督在以佛所城发布的指示）似是以维持基金既有章程为原则。

④ Nigdelis & Souris 2005, p. 69.

定扩大，并不清楚，但总督曾几次提到，他的设计包含了扩大教练场基金的意图，所以这是个可能存在的安排。不论如何，贝瑞亚城平时的市政财务管理，显然有若干部分是受到罗马中央派遣的行政官员直接节制，并非属于城市公职人员自由调度的范畴。其次是一笔来自门南德的私人水机营收。由于此部分铭刻字符受损情况比较严重（ἀπὸ τῶν ὑδρομη]χανῶν τῶν γεγενημένων Μενάνδρου），复原幅度比较大，是否为水机，存在一定的不确定性。如果确实是与私人拥有的水机设施相关的收入，那可能是因为如布料洗涤工坊、磨坊处理谷类等生产活动需要，租用私人经营的水力驱动设备而产生的租金。①私人产业的收入，也并非贝瑞亚城公职人员能够自由调度的，必须仰赖业主出于爱护祖城之心（φιλοτιμία），以捐赠或出任公职等方式，才能进入支持贝瑞亚城公共支出的财源之中。这两笔款项的特点，是它们与设备的使用价值有直接相关，与最终生产的产品总量仅属于间接关系。

三、贝瑞亚城水资源与相关设施的管理

总督对于自己管辖的水机能够获得的年收入似乎有相当明确的期待，而这种期待似乎不仅仅是针对设备在生产链中的价值而已：他应该也期待水机设备的维修与后援支持能够常态运作。《政令》的后半部所残存的若干片段，是总督关注配套维护系统是否正常运作的旁证。在 Γ+Δ 残块组合中，总督提到关于主管引导水流的园林管理人员，并直接对一个新澡堂的管理问题下达指示，②还就水机使用的某个面向发出了"勿做太过"的禁制命令。③奇特的

---

① Nigdelis & Souris 2005, p. 69；C. Saliou, "Artisanats et espace urbain dans le monde romain：droit et projets urbains（Ier siècle av. J. -C. - VIe siècle ap. J. -C. ），"《Quartiers》artisanaux en Grèce ancienne, A. Esposito, G. M. Sanidas eds. , Lille：Septenrion Presses universitaires, 2012, pp. 48-49. 在法国中部克莱蒙费朗发现一处水轮设备遗址，其第二期遗存包含相当多的木造构件，可复原为一件大型的木造搅拌器，推测与面包工坊的制面工序有关，这也意味着水轮设备架设后，可以在不同时机点改装为不同的生产设备。Martinez & Ollivier 2018, pp. 30-32, Bâtiment F, phase 2b.

② EKM 1. Beroia no. 7, Γ+Δ 第 16 行：τῷ δὲ ἐπαφέντι κηπουρῷ καὶ ὀχετηγοῦντι［排水之园林工作人员与通水沟渠之……]；EKM 1. Beroia no. 7, Γ+Δ 第 17 行：ἀποτάσσω εἰς τὴν τοῦ καινοῦ βαλανείου ἐπι[μελεία ν(?)［我指派关于新澡堂之管理事务……]。Nigdelis & Souris 指出，一则埃及纸草资料里提到了一位园林管理人负责其城镇澡堂店头的引水管（BGU 6. 1258A ll. 4-5），或许代表城镇行政系统中，园林管理的公职承担了相当比例的澡堂引水沟槽维护任务。

③ EKM 1. Beroia no. 7, Γ+Δ 第 17 行：]Εὐδρομη[χαν；第 20 行：ὑδρομηχ(?)]ανῶν μὴ πλέον πράττεσθαι τοῦ συνήθους ὑ[［水机勿要超过一般习惯的使用]。

是，这些人员和设施在行政管理体系中应该已经属于基层，但总督仍然关注到了这个层级的人事与设施，想必不只是因为总督的管理视野具有如此的纵深而已，还因为这些人员和设施对于维持贝瑞亚城的稳定性具有一定的意义。

水机与水利设施维护的讨论，有必要置于蔻琴尼亚对 A+B 与 Γ+Δ 两组残块是否同属一则政令的问题框架之下检验。蔻琴尼亚之所以认为两组残块可能分别属于不同的政令，主要是出于还原后碑体会达到 2.61 公尺高，超过目前已知地中海地区最大的刊刻铭文 30 公分有余、已知刊刻之行省总督政令四倍有余；再来是总督口吻似乎从协调转换为惩处，可能代表时空背景已有转换变迁。①从水机和水利设施的角度来看这个问题，又会如何？以下针对蔻琴尼亚所提出的观察，拟出两种假设情境。

（1）假设两组残块皆为同一则政令：A+B 残块着重在为教练场基金寻找足够的本金，其中甚至可能还包含了两笔一次性捐赠的谷物，连是否确实变现、还是仅仅由市场估价后誊入基金本金行列之中，都无法确定。水机税租既为总督直接掌控的资金，却得支援本应该是由地方显贵或其他市政收入完全承担的教练场营运支出，反映出的窘迫态势，与依仗捐赠谷物变现来达标相似。对于比较琐碎的管理问题，似是着重在大祭司与马其顿议会议员、贝瑞亚城参议会议员等城市显贵与其家人和奴仆是否能用油膏、能用多少，②总体油膏用量能否节制、基金本金是否能够增长等。③在此情境之下，总督仍然在政令后半部 Γ+Δ 残块部分，针对贝瑞亚城水机与水利设施的细部人事与管理问题做出裁示，这意味着总督的治理视野是细腻的。他似乎理解设备运转必然需要的后勤环节，而要保证自己掌握的都市管理资源的顺畅，就必须要

---

① Kokkinia 2004, p. 45 fn. 23.

② 《政令》A+B，第 62—66 行：[...ἀ]ὑτὸν ἐκεῖνον τ[ῶ]ν ἰδίων ἀναλωμάτων εἶναι νομοθέτ[ην...] | [...] ὅταν δὲ ἡ πόλις ἀλείφῃ, τοῖς μὲν ἀρχιερατικοῖς καὶ συνέ[δροις...] | [...] μὲν τέσσαρες παιδ[ά]ρια δὲ δύο, τοῖς δὲ βουλευτικοῖς καὶ [...] | [...] τοὺς δὲ παρὰ τοῦτο τολμῶντας δούλους ἀλείφεσθαι μ[...] | [...]ων δούλων ἐξ ὑδρία[ς] ἀλίψονται ［他当做自己私人财物支出的章程拟定人；当城市负担油膏支出，大祭司与其亲属家人以及共同体议会议员……四名，两名仆从，而参议会议员与亲属家人……对于此外（之其他情况下）胆敢自用油膏之奴仆……奴仆从水罐用油膏].

③ 《政令》A+B，第 58—60 行：εἰ δέ, ὥσπερ ἐλπίζω, πολλοὺς ἔχετε καὶ ἔχο[...] | [...]οσια πρὸς τὸ ἄλειμμα ἀργῶν ἐνιαυτὸς πάλιν ἐνθήκη [...] | [...]ον καθ᾽ ἐλπίδας ἀγαθὰς συναναβαίνειν ［若如我所愿，你等有许多且……每年面向油膏支出未用部分返回基金……依据此良善的期盼，能够递增].

随时维护基层人员的管理文化，将人物配置和行为准则规范等，以行政命令的方式搭建起来。显然如此思路的解读所产生的结果，是一位相当能干的行省总督，从上任以来，不断发现若干城市自治管理文化下隐藏的问题，并借由一次城市财务危机来进行比较系统的管理重组。

（2）假设两组残块为不同的政令：由于 A+B 残块、Γ+Δ 残块两组铭刻，主题、关键字呈现比较高的关联性，总督似是在面对连续的、不断有困难产生的系统性问题。但值得注意的，是 Γ+Δ 残块中仅有一处提及教练场基金，确实有可能代表主旨不同的政令，但是铭刻受损如此严重、刻文残缺不全的情况下将这个特征放大有相当的风险。即便如此，我们若假设，总督虽然介入，将一次性捐助（或强制调度，但用比较委婉的方式形容）的农产品物资，以及年息收入比较稳定，但行政上比较敏感、需要用公权力强制修改款项用途的遗产基金，还有总督支配的贝瑞亚城水机税收等，组合成为一个教练场专款基金，却因为这些调度，导致其他压力产生，并连带影响教练场基金的稳定性，就可能形成第二则政令的发布背景。一个比较不理想的旁证，是 A+B 残块中止之前，总督似乎并没有考虑到水机与水利设施实际管理的面向，仅在成功组建教练场基金之余，加入了前一段所提到的 A+B 残块中琐碎管理细则，按照贝瑞亚城显贵的公职阶级来分配其等之亲属与仆从能够使用教练场油膏与份额，但在 Γ+Δ 残块部分，总督似乎面对了新一轮与水利设施相关的问题，进而关注园林管理人员对引导水流的沟渠所做的管理措施、对一个新澡堂的管理做出直接指示等。①

还值得注意的是总督再次对水机做出了裁示。总督关注的，不再是水机的收入，而是使用的限度。②

总督新的关注点，似乎从财务获利转向水机设备之所以能够获利的实际操作问题。卫坎德（Ö. Wikander）指出，"水机"意味水力驱动的机器，要

---

① *EKM* 1. *Beroia* no. 7，Γ+Δ 第 16 行：τῷ δὲ ἐπαφέντι κηπουρῷ καὶ ὀχετηγοῦντι；*EKM* 1. *Beroia* no. 7，Γ+Δ 第 17 行：ἀποτάσσω εἰς τὴν τοῦ καινοῦ βαλανείου ἐπι[μελείαν(?)。Nigdelis & Souris 指出，一则埃及纸草资料里提到了一位园林管理人负责其城镇澡堂里头的引水管（BGU 6. 1258A ll. 4–5），或许代表城镇行政系统中，园林管理的公职承担了相当比例的澡堂引水沟槽维护任务。

② *EKM* 1. *Beroia* no. 7，Γ+Δ 第 17 行：]Ε ὑδρομη[χαν；第 20 行：ὑδρομηχ(?)]ανῶν μὴ πλέον πράττεσθαι τοῦ συνήθους ὑ[。

能够具有稳定的生产意义，必须要有稳定性、可控性。①以雅典古市场的一座
公元五世纪的水磨坊为例，这是个水泥和石质厢房内架起的齿轮机具，搭配
针对该水轮机具所设计的引水沟槽、分流沟槽以及调节水池，以及出水和排
水沟槽等，来控制水流来源、调控水轮转速、确保水源排出等环节。②最近于
法国中部克莱蒙费朗发现的两座公元一世纪末至二世纪初所建的水轮机组有
稍微不同的特质。一条低洼处河流整治渠道旁，由木架结构支撑起水轮机具，
水轮则直接落渠道中，并有分流道稍微控制水流之流向与流速。③虽然在执行
细节上会有不同，但可以确定的是，架设这类设备与引水道等基础设施，必
然都考量了比较复杂的水轮运转的效率和维修等环节。当考量总督的关注点
从基金问题转向沟渠维护、澡堂管理，乃至于水机使用的方式等，似乎意味
着他意识到了出水源控管与分配的新压力来源，会牵动他对教练场基金的安
排。此情境下，总督治理视野明显由税收、基金等属于数字价值系统的抽象
管理层次，逐渐具体化到城市细部管理问题。在此视野转向下，城市显贵的
地方治理角色如何变化，是值得关注的问题。劳提开亚（Laodikeia）的《水
资源管理法》就明定，总督每年当指派两位显贵，负责确保水资源之安全，
以及城内城外引水道监管数名。④贝瑞亚城郊的斯塔夫罗（Stavros）发现了一
块石碑，是 250/1 年间所立，内容为一位水源督察（ὑδροσκοπός）为贝瑞亚城
建了一段引水道后所造的祭坛。⑤或许总督对于贝瑞亚城视野转向所形成的直

① Ö. Wikander, "Sources of Energy and Exploitation of Power," *The Oxford Handbook of Engineering and Technology in the Classical World*, J. Oleson, ed., Oxford: Oxford University Press, 2008, p. 143 解释，水磨等以水力推动水轮来产生机械动力的设施需要的不止是水流，而是稳定的水源，才能让水轮有效率地运转，也必须要有水闸门等设施来完全关闭水流，以进行彻底的检修工作。附近水源处拉一条专门的引水道是最简单的解决方案。激流或瀑布等位能大的水源，比较能形成足量的水头或落差，而这也意味着有些地区为了追求较佳的动能，会把引水道从比较远的山区拉到生产地。

② R. Spain, "The Roman Watermill in the Athenian Agora: A New View of the Evidence," *Hesperia* 56. 4 (1987) 336-340. A. Parsons, "A Roman Water-Mill in the Athenian Agora," *Hesperia* 5. 1 (1936) p. 88.

③ D. Martinez & J. Ollivier, "Des moulins hydrauliques en périphérie d'Augustonemetum/Clermont-Ferrand, Puy-de-Dôme (IIe-IIIe s. ap. J. -C.), *Revue archéologique du Cenre de la France* 57 (2018) 9-13.

④ C. Şimşek, Laodikeia Su Yasasi, "*Future Cities. Second International Urban Environment Health Congress*, 16-20 *April*, 2018, *Cappadocia*," p. 199. 此铭刻全文见 F. Guizzi, "An Edict of a Proconsul of Asia on the Aqueduct of Laodikeia (114/115 CE?)", 15. *Yilinda Laodikeia* (2003 - 2018), C. Şimşek ed., Istanbul 2019, pp. 143-164.

⑤ *EKM* 1. *Beroia* no. 509, pp. 418-419.

接后果，就是逐步建立以城市显贵为基础、以中央政府派遣官员为监管的水利设施建设与维护系统。

　　行省总督于《政令》开头的一句"并非首次、而是自我上任行省总督以来"，根本上决定了教练场问题根深蒂固、并非短时间就能化解的格局，且由于教练场问题根本上是牵动贝瑞亚城显贵的城市自治传统，并非总督能够专断解决。他实际能够掌控的，反而是水利设备与水利设施。从旁观者来看，一位总督不见得能够说服当地显贵出任教练长，硬是修改离世显贵的遗产基金章程，所可能引起的怨气可能会带来相当大的治理风险；但若总督能够妥善掌握水利设施以及水利设备的正常运作，其相关的租税收入就比较能够规避显贵自治问题所自然会产生的各种风险。一则于 1996 年在贝瑞亚城中心发现的《关于水利工程修缮与水源配给的告示》，可能反映了中央政府于公元一世纪至二世纪间派至马其顿的总督，长期对于贝瑞亚城水利工程方面所投注的心力与财富（*EKM* 1. *Beroia* no. 41；图 3）。

[...]ΑΝΘ[...] | [...] ἀπὸ τῆς Εὐιαστικῆς πύλης τὰ ἀμφοδικὰ
ὕδα|τα σωλῆσι καινοῖς καὶ τὴν πρὸς τῷ κύθρῳ μαρ|
μαρίνην κρήνην σὺν τῷ λοιπῷ αὐτῆς κόσμῳ || καὶ τὸ
πολύκρηνον τὸ ἐν τῇ ἀγορᾷ καὶ τ[ὸ π]ολ[ύκρη]νον τὸ ἐν
τῷ Ἀσκληπεί[ῳ] καὶ τὸν ἐν τῇ ἀγορᾷ ἐξαγω[γὸν ἐ]κ τῶν
ἰδίων ἀποκατέστησεν [κ]αὶ τοὺς μερισμο[ὺς ὡς ἡ] πόλι[ς
αὐτῷ] ἐνέ|τυχε ἀνενεγκεῖ, τὸ ἀπο[κεί]μενον ὕδωρ
ἀνα[μετρ]ήσα[ς καὶ] ἐξ αὐ|τοῦ τὸ λεῖπον τοῖς
βουλευτα[ῖς ἀπόδος], ὧν τὴ<ν> ἀ[ν]αγραφ[ὴν εἰ]ς τὸ ||
vac. γραμματοφυλάκιον ἀπέθε[το].

……城坊水源从攸以阿镇方向大门导入新沟渠里；至于热池旁的大理石池，连同此池之其余装修，以及广场里和医神庙里的多源泉池、广场里的排水道，都由他私人款项修缮，份额按城市向他请求的分配；在将储存的水分配了之后，其中所剩水源分配给了议会成员，名单的记录他提交给了档案管理人。

图 3　*EKM* 1. *Beroia* no. 41《关于水利工程修缮与水源配给的告示》；选图着重铭刻右侧正文上方保存之大号字符 ΑΝΘ 之处

　　该告示第一行仅余三个字符，而铭文其他部分，虽然已经碎成数个残块，

但在多数词汇能够合理复原的情况下，大体能够了解铭刻内所提的工程概略位置与主要目的。此铭刻提到一位出资人动用自己的私人资金修缮贝瑞亚城的水池、沟渠、引道等设施、并与贝瑞亚城公职人员协调水源配给问题后刊刻。无法得知出资者的身份以及事件发生的具体时间，但现存铭文第一行有若干残存字符，可能与人名或职官有关。通篇关键是两个主要动词：修缮（ἀποκατέστησεν/ἀποκαθίστημι）与分配（ἀνεμέτρησε/ἐμμετρέω）。从铭刻内容可知，水资源分配之权不是由贝瑞亚城的公职人员能够拍板决定的，而是出资修缮之人决定的。这还不单纯是个金主说话的问题：此铭刻之编者指出，ὡς ἡ πόλι[ς αὐτῷ] ἐνέ|τυχε这句话所使用的ἐντυγχάνω一词，核心意义包含了下对上呈交正式请求之意。贝瑞亚城的行政体系是以较低的位阶向出资人提交额度分配的提案，而唯有出资人掌有水资源分配的最终裁夺权，是以他们大胆假设，第一行残存 ANΘ 三个字符或可还原为总督（ἀνθύπατος）一词。①除了从敬语位阶考虑外，ANΘ 等字符的位置偏铭刻右侧，与《政令》第一行之配置雷同，此假设颇具说服力。

若此告示确为总督在水利设施上投注心力和钱财的证据，那马其顿行省总督的公权力范畴似乎有一定的转变，从共和末期的裁罚、判案、指派司法公职人员、各类担保、奴隶释放等，逐步扩展到管理辖区市政的基础建设和排解地方法规冲突，并在水资源和水利设施所产生的利益上，有更为显著的节制权力。②但是总督以自己的资金建设希腊城市水利设施，并不常见。按照希腊语地区行省一般的管理方式，公共建设往往是透过集资所建。举例来说，比提尼亚—庞图省总督普林尼向图拉真报告，他辖区内的重要大城尼可米提亚（Nikomedeia）已经两度集资建造引水道，且动工后都不了了之；小普林尼见事态如此，也并未向图拉真表达要自掏腰包的意图，只是强调有再

---

① Gounaropoulou & Hatzopoulos *EKM* 1. *Beroia* no. 40 p. 142：“τὸ ῥῆμα ἐντυγχάνω καὶ τὸ οὐσιαστικὸἐντεύξις εἶναι τεχνικοὶ ὅροι ποὺ δηλώνουν τὴν ὑποβολή αἰτήματος πρὸς ἀνώτερο, ποὺ στὴν συγκεκριμένη περίπτωση δύσκολα θὰ μποροῦσα νὰ εἶναι ἄλλος ἀπὸ τὸν ἀνθύπατο, διοικητή τῆς ἐπαρχείας.”［动词ἐντυγχάνω和名词ἔντευξις皆为技术用语，指低位阶向高位阶提出请求之意，在此案例中，高位阶者很难不是行省之总督］。Cf. LSJ s. v. ἐντυγχάνω A. II. 3.

② *Dig.* 1. 16. 7. 1; I. Arnaoutoglou, "An Outline of Legal Norms and Practices in Roman Macedonia（167 BCE–212 CE），" *Law in the Roman Provinces*, K. Czajkowski et al., eds., Oxford: Oxford University Press, 2020, pp. 291–292.

次集资的必要 ①。一些城市甚至会为了资金，向中央政府请求增额设置参议会议员席位、皇室崇拜相关的公职头衔等。②若总督出于职责，要关注贝瑞亚城的引水道维护工作是否妥善，应该会采取类似于建立教练场基金一般的方式，勒令城市显贵投资或动用其他公家资源，来达到他的治理目的。③从这个角度来看，此告示所提到的出资人若真是总督，那可能代表这位中央派遣官员遇到了相当特殊的情境，是必须要亲自投入维护工程来确保贝瑞亚城水资源取得的稳定性。同样地，《政令》中的总督似乎也必须亲自处理水资源管理的问题。起码该段期间，地方显贵似乎没有意愿或无法承担包括维修以及水资源公平配给在内的关键行政管理工作。

总督并非出于职责，却自掏腰包协助贝瑞亚城修缮水利设施，是出于什么目的？一种可能，是出于中央压力。图拉真在回复普林尼的短信里强调，水必须要引到尼可米提亚里头，普林尼必须得排除万难解决这件事。④若总督无法找到足够的资金来执行中央政府的意志，自掏腰包或许是最直接的解决方法。再来是时机问题。如前所述，教练场的营运顺畅与否，取决于地方显

---

① Plin. *Ep.* 10. 37: hoc quoque relicto nouo impendio est opus, ut aquam habeant, qui tantam pecuniam male perdiderunt. [（前面建设放弃了后）必须得有新的集资，好让（市民们）能有水源，偏偏又是这些人特浪费钱。]同样，Plin. *Ep.* 10.39. 4 报告 Nicaea 为重修遭焚毁的教练场而动用城市公款的举措：iidem Nicaeenses gymnasium incendio amissum ante aduentum meum restituere coeperunt, longe numerosius laxiusque quam fuerat, et iam aliquantum erogauerunt. [这些尼开亚人，在我来之前他们的教练场被一场大火给毁了，现在开始重建，想建得比之前的更繁复、更大，集资也已经有相当规模了。]

② Plin. *Ep.* 10.39. 5 提到，克劳狄欧伯里斯城（Claudiopolis）为了兴建一个大型澡堂，向图拉真请求城市参议会席次增额，来集资承担建筑费用：et quidem ex ea pecunia, quam buleutae additi beneficio tuo aut iam obtulerunt ob introitum aut nobis exigentibus conferent. [所用经费，即由您恩赐之议员增额，或已经于上任时缴交，或将于我们要求时缴交。]Plin. *Ep.* 10.90. 2 向图拉真报告 Sinope 缺水、需要建造引水道，并请图拉真同意由总督带头集资：pecunia curantibus nobis contracta non deerit, si tu, domine, hoc genus operis et salubritati et amoenitati ualde sitientis coloniae indulseris [经费上，当我们处理时，不会短缺，特别是如果您以这类建筑工程来造福饥渴的殖民城市，（带来）健康与快乐]。

③ Coleman 2008, pp. 40−43.

④ Plin. *Ep.* 10. 38: "curandum est, ut aqua in Nicomedensem ciuitatem perducatur. uere credo te ea, qua debebis, diligentia hoc opus aggressurum." [必须得让水引到尼可米提亚里来。我相信你会尽你应该尽的职责，积极处理这个工程]。希腊东部缺乏引水道的问题，似乎是图拉真和哈德良时期受到中央政府关注的重点，可见 A. Sherwin-White, *The Letters of Pliny. A History and Social Commentary*, Oxford: Oxford University Press, 1966, p. 613 的讨论，其中特别指出的案例是 Alexandria Troas，在哈德良时期之前，城内用水设施似乎只有井水和蓄水池。E. Owen, "The Kremna Aqueduct and Water Supply in Roman Cities," *Greece and Rome* 38. 1 (1991) pp. 41−42.

贵是否愿意成为公职出资人，而从显贵的角度，盲目出资不见得是最符合自己或自己家族利益的行为，得考量时机是否适宜、资本是否充足、有无恰当回馈等。①若地方显贵对于出任某个公职的任一个环节不满意，可以透过不同手段来避免自己出任，而总督若要想方法逼迫特定人士就范，就得进入比较复杂的地方纠葛之中。②在考量时间、金钱成本以及风险后，总督或许会采取比较积极的介入举措。从此告示的内容来看，出资人需要承担的不是建造费用，而是修缮费用，两者之间应该有相当差距。总督或许愿意在通盘考量后动用自己的私人财产承包修缮维护工程，一来解决地方上的问题、化解中央政府的压力，二来争取地方上的正面名声，再来对于地方显贵产生直接的影响力。

贝瑞亚城显贵并非毫无管理、建设、分配水资源的记录。一则发现于贝瑞亚城内的铭刻显示，确实有地方显贵凭一己之力修建引水道的案例。③一位当地显贵女业主为了纪念自己死去的孩子，用私家财产建造了一条从自己私有土地到贝瑞亚城的引水道。此铭刻左侧因环境因素，保存情况不佳，但铭刻编者参照十九世纪末出版的录文，④大体能恢复全文梗概（*EKM* 1. *Beroia* no. 40；图4）。

---

① N. Coffee, *Gift and Gain. How Money Transformed Ancient Rome*, Oxford: Oxford University Press, 2017, pp. 11–12, 引入了 Bourdieu 的礼物交换理论来讨论罗马政治圈的捐赠与善举行为，其中包含了对于捐赠与善举的数量、类型、时机、回馈等考量，以求将利益最大化；另可见 Gygax, *Benefaction and Rewards in the Ancient Greek City. The Origins of Euergetism*, Cambridge: Cambridge University Press, 2016, pp. 26–45, 224–234, 讨论希腊古典时期城邦社会政治分析中馈赠与反赠（gift and counter-gift）机制的理论与应用。A. Zuiderhoek, "No Free Lunches: 'Paraprasis' in the Greek Cities of the Roman East," *Harvard Studies in Classical Philology* 107（2013）309–315, 讨论了许多地主对于粮食类赠予的时机，包含了价格操盘、民意操盘、成本操盘等复杂算计。

② 比较著名的例子是 Aelius Aristides, 见 Ael. Arist. *Or.* 50. 99–104；另可见 M. Kleijwegt, "'Voluntarily, but under Pressure' voluntarity and Constraint in Greek Municipal Politics," *Mnemosyne* 47. 1（1994）68–73 对元首时期褒扬决议中，所谓自愿出任公职出资人的细部讨论。

③ E. Stenton & J. Coulton, "The Water Supply and Aqueduct," *Anatolian Studies* 36（1986）47–48 解释，兴建引水道的成本取决于沟渠管线的长度与需要高架的比例，还有市区是否过大，以至于引水道进入平地时需要多管分流来供给城内不同区域等。

④ Gounaropoulou & Hatzopoulos *EKM* 1. *Beroia* no. 40, pp. 140–141；M. Dimitsas, Ἡ Μακεδόνια ἐν λίθοις φθεγγομένοις καὶ μνημείοις σωζομένοις, Αθήνα: Αδελφών Περρή, 1896, pp. 71–72, no. 62.

...Κλ(αυδία) Πειερί[ω]ινος θυγάτηρ Ἀμμία μετὰ τῶν τέκνων | Κλαυδί[ων] Λ[ου]κίας, Πειερίωνος, Ἀμύντου εἰς μ[νήμ]ην Κλ(αυδίου) Ἀερό[π]ου τοῦ υἱοῦ τὸ | ὕδωρ εἰσή[νεγκεν] ἐκ τῶν αὐτῆς χωρίων τό τε ὑ|δραγώγιον καὶ τὸ ἐκτοχεῖον ἰδίοις ἀνα|λώμασι κατεσκευάσασα ἀνέθηκεν.

克劳狄亚阿米亚，克劳狄乌斯皮利翁之女，与她之子女克劳狄亚露琪亚、皮利翁、阿明塔，为纪念她的儿子克劳狄乌斯艾洛波，将水由她的地界导引而来，并将引水道与蓄水池等她私人财产所建之物给上。

图 4 *EKM 1. Beroia* no. 40《引水道与蓄水池捐赠记》

此碑主角虽为克劳狄乌斯皮利翁之女，但女性财富多与继承如丈夫或其他男性亲属的产业有关，在此既提到父亲，这条材料的价值，也在于能够往此女之父辈的显贵身份推导。克劳狄乌斯皮利翁的家族是马其顿省内相当兴旺的显贵，其子为克劳狄乌斯皮利翁二世，是马其顿省共同体议会于公元一世纪末至二世纪初所指派的终身职大祭司、赛会长、教练长，[1]从罗马元首时期显贵命名习惯判断，也当是克劳狄亚阿米亚的兄长。[2]根据《引水道与蓄水池捐赠记》内容，克劳狄亚阿米亚自己似是拥有幅员相当辽阔的土地产业，[3]是否引水道与蓄水池是克劳狄亚阿米亚先是为了自己的产业所建，在儿子死后，才转献为公共财以为纪念，还是用自己所有的土地，特别为贝瑞亚城建

① *EKM* 1. *Beroia* no. 115："τὸν διὰ βίου ἀρχιερέα τῶν | Σεβαστῶν καὶ ἀγωνοθέτην | τοῦ κοινοῦ Μακεδόνων Τι(βέριον) Κλαύδιον | Πειερίωνα Τι(βερίου) Κλαυδίου Πειερίωνος | υἱὸν καὶ δὶς γυμνασίαρχον δόγματι συνέδρων |Μακεδονίας καὶ πρῶτον τῆς ἐπαρχείας."[终身诸皇大祭司、马其顿共同体教练长提伯略克劳狄乌斯皮利翁，提伯略克劳狄乌斯皮里翁之子、马其顿共同体议会决议指派之两任教练长、行省第一人。]

② A. Tataki, *Ancient Beroea. Prosopography and Society*, Athens: Diffusion de Boccard, 1988, p. 191 no. 692 (Κλαυδία) Ἀμμία.

③ Tataki 1988, pp. 199–200。

了一套水利设施，单从铭刻残存内容，无法判别。除了私人建设的引水道外，还有前面提到的斯塔夫罗水源督察祭坛铭刻。①若是采纳铭刻编者的"督察"解读，②这段引水道的修建可能用的是公款，建筑体的性质是公共建筑，就不牵涉水权是否私有的问题了。依此假设，贝瑞亚城公领域到了公元三世纪已经发展出比较系统的水利工程行政系统，连修筑引水道的项目都能够由城镇的公职体系一产生公职负责人甚至出资人，来完善城镇的水源与通路。

水利系统的修建、维护和运作是复杂且繁琐的工作。以罗马城为例，福隆提努斯（Frontinus）在介绍罗马城内引水道维护的方法时指出，共和时期维护工作多是发包给承包商，他们得向城市公职人员申报员工派遣至城内城外何区、任务性质为何等，并接受城市公职人员监管。③罗马城水利管理在奥古斯都时期发展成为常设官职，有专门所属的奴工团队负责清理维护工作，④若有人欲从公共水利设施取水或引水以为私用，必须取得元首办公室发放的许可状，其中载明用水量多少、位置在哪儿、接水方式为何等，并确保私人由蓄水池接水，以避免引水管道遭受过多的切割和破坏。⑤希腊语地区一直有

---

① *EKM* 1. *Beroia* no. 509, pp. 418-419.

② Gounaropolou & Hatzopoulos 1998, p. 149 认为此头衔可能与水卜师有关，但 Gonzales & Paschidis 2020, p. 196 认为，这个头衔与 *EKM II* 596 的情形类似，当为水资源管理相关的公职。

③ Front. *De Aquae.* 96: tutelam autem singularum aquarum locari solitam inuenio positamque redemptoribus necessitatem certum numerum circa ductus extra urbem, certum in urbe seruorum opificum habendi [我发现每个水源维护惯上会被发包出去，并且课承包者以必要责任，需有若干奴工于城外的引水道，有若干奴工在城内]。

④ Front. *De Aquae.* 98: "Primus M. Agrippa... perpetuus curator（aquarum）fuit. qui iam copia permittente discripsit, quid aquarum publicis operibus, quid lacibus, quid priuatis daretur. habuit et familiam propriam aquarum, quae tueretur ductus atque castella et lacus. hanc Augustus hereditate ab eo sibi relictam publicauit." [马库斯阿格里巴……为第一位终身制水源监管人。他决定可用水之总量，哪个引水道导入公共设施、哪个导入水池、哪个让与私人物业。他有一队专门的水工，检视水道、蓄水槽、蓄水池。这队人奥古斯都从阿格里巴遗赠给他的家产中一并继承了，作为公共财之用]。

⑤ Front. *De Aquae.* 105-106: qui aquam in usus priuatos deducere uolet, impetrare eam debebit et a principe epistulam ad curatorem adferre; curator deinde beneficio Caesaris praestare maturitatem et procuratorem eiusdem officii libertum Caesaris protinus scribere... nec statim ab hoc liberum subiciendi qualemcumque plumbeam fistulam permittatur arbitrium... aquam non nisi ex castello duci permittit, ne aut riui aut fistulae publicae frequenter lacerentur. [谁欲将水引入私人物业使用，当取得由元首核可的信件，交予水源监管人。监管人当将凯撒恩赐之权尽速执行，并接续以书面指定一位凯撒自由奴为监管……不规范次级管嫁接至任何类型铅管之随意行为，（监管）不得容许……水除非由蓄水池引导出，否则不得允许，以避免水道或公共铅管受频繁切割破坏]。

不同的水资源管理传统，①但罗马在共和时期发展的公有、私有水权界定和引水道建设与维护，随着其统治范围扩张，影响到了各地区的水资源管理方式。其中最著名的当是劳提开亚的《水资源管理法》，其中明令，未经许可不得擅自改变引水道的管线或公水私用，城市公职人员也不得免费用水或供水给他人，买卖水源明确得纳入罗马元首颁布的水资源法等，但最值得注意的，是总督每年当指派两位显贵，负责确保水资源之安全，以及城内城外引水道监管数名。②若假设劳提开亚的《水资源管理法》是一个希腊语区吸纳罗马法后所形成的本地化模板，那贝瑞亚城的水资源管理应该有类似的法规和总督指派的公职，来系统性修筑、维护水利设施，以及监督水资源使用，如之前所提到的水源督察或同类型公职，可能在水利设施相当发达的公元二世纪就已经产生。

我们现在回到上文告示的脉络中，看引水入城之后，修缮工程出资人与贝瑞亚城公职管理者必须关注的下一步。塞巴（S. Saba）注意到，贝瑞亚城似是有按照城坊规划来安排水资源的分配比例，城外引进之水能够调配到各个城坊所在，并有管理者负责监督等，似乎与其他希腊语区城市雷同。③以该告示来说，蒂莫浦路认为，贝瑞亚城对总督所提出的请求，是由于新铺设的引水道和管线接到了公共财产的蓄水池，或因为之前曾经获得水权使用许可状的参议院显贵死亡或有更替，以至于必须向中央政府派遣的官员要求"审

---

① M. Faraguna, "Water Rights in Archaic and Classical Greek Cities: Old and New Problems Revisited," *Symposion* 2015. *Conferências sobre a História do Direito grego e helenístico* (*Coinbra*, 1-4 *Setembro* 2015), Vien: Verlag derr Österreichischen Akademie der Wissenschaften, 2015, pp. 392-398, 以柏拉图《律法篇》844c-d 作为基底，讨论不同地区的铭刻证据，来说明希腊不同城邦对于水资源的管控与权责区分；另可见 C. Bruun, "Water Legislation in the Ancient World: The Greek World," *Handbook of Ancient Water Technology*, O. Wikander, ed., Leiden: Brill, 2000, pp. 561-573, 总结讨论希腊语区的水资源相关立法和规章制度，其中第 564-568 页关于水资源如何分配的问题提到，对水源的限制似乎有阶级性或私有制，于是有针对偷水所定制的相关法令，以及水权买卖和水资源保护的相关条例。

② C. Şimşek, "Laodikeia Su Yasasi," *Future Cities. Second International Urban Environment Health Congress*, 16-20 *April*, 2018, *Cappadocia*, p. 199. 此铭刻全文见 F. Guizzi, "An Edict of a Proconsul of Asia on the Aqueduct of Laodikeia (114/115 CE?) ", 15. *Yilinda Laodikeia* (2003-2018), C. Şimşek ed., Istanbul 2019, pp. 143-164.

③ S. Saba, Ἄμφοδα in Hellenistic Times: Urban Planning and Philological Interpretation, *L'antiquité classique* 77 (2008) 79-90.

视"城市内水源分配问题。①该告示也相当清楚地说明，总督对于参议院呈交的水权分配名单与配给额度并无异议，显示总督所核可的特权，其实反映的不是总督的选择，而是显贵们自己的选择。也就是说，总督付钱办事后，可能不参与实际利益分派的过程，将这种较为复杂的地方权力算计下放，待有了明确问题或结果，再仲裁或审核即可。

四、结论

从残存铭刻无法判断水机年收入是否确实稳定，也无法判断投入教练场基金的本金占比、水机租税的年息是否持续性投入，来确保教练场基金稳定增加等问题。但总督会选择水机租税的年收入加入基金本金，当可假设为是反映总督对水机税租收入平稳的期待。而总督于政令本文后续讨论的方向，是考虑行省总督在考量教练场基金稳定性时，对于基金组合选择的稳定性所做的判断和选择。

从 $\Gamma+\Delta$ 残块组合看总督的治理视野是，会发现总督对于水道沟槽、新澡堂的管理，以及水机在使用上应当有所节制等做出裁示，意味着高层管理者对于基层运作是否合于预期所产生的焦虑。这种焦虑不仅仅是针对设备在生产链中的价值而已。总督对基础设施和水利设备的维修、后援支持等，必须要能够维持常态运作，保持相当明确的期待。从地理环境来说，贝瑞亚城有得天独厚的条件能够发展水磨坊或水利驱动设施。其西侧、南侧为伯米昂山脉，有丰沛的雨水，而东侧则是切穿伯米昂山脉的哈利艾克蒙河。然而，光有水源，没有水利设施和管理人员，就不可能维持生产力。当引水道、水资源分配出现问题，水机也就只会成为一些昂贵的机械玩具。

《政令》除了可能是地中海地区铭刻中出现水磨坊的最早证据，还能够说明为何贝瑞亚城在罗马元首时期能够长期享有"母城""诸皇庙守"等头衔，能与帖撒隆尼基这个行省总督行辕分庭抗礼，并且一直是"马其顿共同体"这个重要省级组织所在等政治、社会、经济的优势地位。这个城镇的行政效率在总督审慎的监督下，似乎能化解一般单纯依靠公职出资人和本地管理人员所营运的希腊城市可能会出现的恶性循环。

---

① Dimopoulou 2015, p. 415.

东汉《监北江塴郭择赵氾碑》再探讨

王世扬[*]

【摘要】《监北江塴郭择赵氾碑》自出土以来广受关注，已有多名学者对其著有专论。本文认为，该碑是立于郭、赵二人身后的颂德碑，而非生前立碑。碑文涉及东汉时期的水利官制、继承、丧服及诉讼等诸多方面，对于东汉制度史研究具有较高价值。在水利职官体系方面，本文勾勒出了与以往研究不同的五种四级水利职官系统。此外，碑文还体现了"殚财送葬"与《孝经》等颇具东汉时代特色的内容。

【关键词】 监北江塴；郭择；赵氾碑；水利；法制

一、碑文整理与述要

（一）碑文释读

《监北江塴郭择赵氾碑》（以下简称《赵氾碑》）2005 年 3 月发现于都江堰渠首维修施工现场。碑通高 216 厘米，有穿（直径 13 厘米），碑额半圆，无字，表面浅浮雕凤鸟。碑阳浅刻隶书，竖排 15 行，每行 28 或 29 字，碑阴、碑侧无字，全碑共计 415 字（图 1、图 2）。①现依碑拓将碑文按行改横排加句读整理如下：

> 01 建安四年正月中旬，故监北江塴[1]太守守史郭择、赵氾[2]碑
>
> 02 惟择产广都，氾郫县人。择、氾体履仁义，结发修善。择袭父固

---

* 王世扬，撰文时为中国政法大学法学院本科生，现为中国政法大学法学院法律硕士研究生。

① 碑出土的情况可参见陈剑："都江堰建堰历史研究的新视野——都江堰渠首石刻与水文化研讨会侧记"，载《成都文物》2007 年第 3 期。关于碑额的特殊形制，蒙王硝鹏师兄指点，由"圆首"改为"外圆内圭"。

业，治《春秋谷良》，

03 兼通《孝经》二卷[3]。东诣[4]京师，治事府县。故府郭①君召署文学、□薄、兵曹史，县

04 □政□□。择父同生兄文孤无子姓，文以寿终，择单尽家财收葬文，以文

05 所□奴婢二人，□□合直卅五万，让与文养女珍[5]，行丧三年；又择前署县

06 长□□主记掾□□部郡所隐切，对薄广汉绵竹，择为要证，幽□成都狱

07 □□□毋辞对不□□，轻财重义，乡党所称。又氾故县主簿，劝农，僅于政

08 □□□顾分明□□，收养孤嫂函、[6]兄累子二人，兄弟和雍，行之难鳌。三

09 □□□□旬，择、氾受任监作北江塌。塌在百京之首，冬寒凉慄，争时错作，

10 □□□□□不克□□时。陈留高君下车，闵伤黎庶，民以谷食为本，以坍

11 □作□□□□□公掾史，都水郭荀、任南、杜斯，履历平旬。择、氾以身帅下，志

12 □□□□□作，旬日之顷，坍口竟就备毕。佐直修身，契白不文，水栖分

13 □□□，□□不足，淤□不汝，众[7]亦不□[8]，宜建碑表。时塌吏李安、傅阳；作者赵

14 □卿、郑□□、□彦□、苏子邛、定□、杨叔财等百余人报服恩施，比方先后，

15 治造超□□冬□兴意推盛，出家钱勒石纪行，刊示后贤，以劝为善。

---

① "故府郭君"之"郭"字在碑文第2行与第3行之间，应不是刻碑时匠人所为，或为后世随意刻划而成，因其在碑中，故录之。"郭君"与郭择、郭文二人并无关系。

图1　《赵氾碑》　　　　　　图2　《赵氾碑》拓①

以下根据碑拓与诸位学者的论述对碑文中的一些争议文字做出释读：

[1]"北江塯"之"塯"字，初释为"场"，林向认为是"塯"，②学者多从之，将原释"场"作"塯"或"塸"。本文引为定论。

[2]"赵氾"之"氾"，碑中作""，有学者释为"氾"。③"氾"字，《孔彪碑》作"氾"；《范式碑》作"氾"；《衡方碑》作"氾"。"氾"字，

　　① 图1、图2均引自成都文物考古研究院、都江堰市文物局："四川都江堰渠首2005、2014年的发掘与调查"，载《四川文物》2018年第6期。

　　② 林向解释说："此字左边从'土'是没问题的，汉隶习惯在'土'右侧加点，右上从'山'，也是清楚的，至于右下字形近'匆'，应为'朋'字由篆变隶的变体，与秦、汉时留下的'朋'字字形，特别是与之时间更近的三国时的'朋'字相近。可见，《郭择赵氾碑》的这个字确实是从'土'、从'山'、从'朋'的'塸'或'塯'字。而不是从'土'、从'易'的'场'字"。参见陈剑："都江堰建堰历史研究的新视野——都江堰渠首石刻与水文化研讨会侧记"，载《成都文物》2007年第3期；另见林向："都江堰渠首外江新出土汉碑的初步考察"，载《中华文化论坛》2007年第3期。

　　③ 陈剑："都江堰建堰历史研究的新视野——都江堰渠首石刻与水文化研讨会侧记"，载《成都文物》2007年第3期。另见冯广宏："《监北江塯守史碑》的发现及其重要意义"，载《西华大学学报（哲学社会科学版）》2011年第5期；林向："都江堰渠首外江新出土汉碑的初步考察"，载《中华文化论坛》2007年第3期。

《说文解字》作"⿰⺡兀"。可见，汉碑中"氾"字的"乚"一画或自上贯穿至下，或自"一"起笔，并无中间有一画如"⿰⺡己"者，当认为其中间的一画为"氾""巳"画中的勾，且与《说文解字》篆书之"氾"更为相似，故定为"氾"字更为恰当。

[3]"兼通孝经二卷"中"卷"字，碑中已有损坏，稍难分辨。原释文以为"奉"，罗开玉采之，①周九香以为"业"字，②段渝以为"卷"字。③笔者赞同段氏的解释。若以为"奉"，则原文无法读通：读为"孝经二奉"，"奉"为量词，未见有此用法；罗开玉将"二奉东诏京师"断句在一起，其意思也难以理顺，故不应释为"奉"。若释为"业"，则断句为"治春秋谷良，兼通孝经二业"，周九香以郭择与其父均为经师，以为职业，故释为"二业"，依然无法理顺文义。而释为"卷"字则文义通顺：《隋书》有"《孝经》二卷"之记载，④《孟孝琚碑》记载孟孝琚"四岁失母，十二随官，受韩诗，兼通《孝经》二卷"，⑤《赵氾碑》应同此用法；所谓的"《孝经》二卷"，有可能是长孙氏所说《孝经》。

[4]"东诣京师"之"诣"字，原释为"诏"，宋治民以为"诣"之误。⑥诏为皇帝之命令，即使作动词也表现出郭择的被动状态，而皇帝显然是不太可能特诏郭择入京的。而若释为"东诣京师"，则可见郭择是主动选择东往京师的，且此情况于史有例：西汉平帝时，"征天下……五经、论语、孝经、尔雅者……遣诣京师"。⑦

[5]"让与文养女珍"之"珍"，大多学者直接用其古字"珎"，宋治民独以为"珠"。⑧碑文中此字作"⿰王尔"，应当说具备了"珎"的字形，故而释

---

① 参见罗开玉："关于《建安四年北江塭碑》的几点认识"，载《四川文物》2011 年第 3 期。

② 参见陈剑："都江堰建堰历史研究的新视野——都江堰渠首石刻与水文化研讨会侧记"，载《成都文物》2007 年第 3 期。

③ 参见陈剑："都江堰建堰历史研究的新视野——都江堰渠首石刻与水文化研讨会侧记"，载《成都文物》2007 年第 3 期。

④ 《隋书》载，"梁有马融、郑众注《孝经》二卷，亡。"见（唐）魏征、令狐德棻撰：《隋书》卷三二《经籍一》，中华书局 1973 年版，第 933 页。

⑤ 徐玉立主编：《汉碑全集》第 3 册，河南美术出版社 2006 年版，第 834 页。

⑥ 参见宋治民："都江堰渠首新出土汉碑及相关问题"，载《四川文物》2007 年第 4 期。

⑦ 《汉书》卷一二《平帝纪第十二》。

⑧ 参见宋治民："都江堰渠首新出土汉碑及相关问题"，载《四川文物》2007 年第 4 期。

为"琛"或者"珍"应当更为恰当。

[6]"收养孤嫂函、兄累子二人"之"函",碑文中作"▨",字有缺损,学者多以为"齿",①冯广宏独以为"函"。②"齿"字居延汉简作"▨",马王堆帛书作"▨",若碑文中为"齿",上半部分体量应该更大一些,下半部分也应更为丰满,释为"齿"恐不妥;"函"字古字作"圅",居延汉简作"▨""▨""▨""▨",上部较小、下部大而简单,显然与碑文中的"▨"更加相似。然字有缺损,难为定论,仅备一说。

[7]"众亦不□"的"众"字,碑文中作"▨",原释为"罚",许蓉生、罗开玉、宋治民等学者采之,③冯广宏独以为"众"。④"罚"字,居延汉简作"▨",《张寿碑》作"▨",《张君碑》作"▨",碑文中"▨"在"罒"上还有一画,且有向外的撇捺,与"罚"并不相似。"众",古字作"𠂤",《熹平石经》作"▨",《校官碑》作"▨"马王堆简牍作"▨",与《赵氾碑》中"▨"字基本相同,故此字似应定为"众"。

[8]"众亦不□"句中的最后一字,碑文中作"▨",缺损严重,难以辨认,不过其或为"女"部,冯广宏以为"咋",⑤尚且存疑。

(二)碑文今译

不难看出,《赵氾碑》碑文即使加入句读依然有些晦涩,不过我们大致可以将其分为三个部分。第一部分为第2行"惟择产广都"句至第8行"行之难馨"句,是对郭择、赵氾二人监作北江堋前事迹、德行的表述;第二部分为第8行"三□□□旬"句至第13行"宜建碑表"句,是对郭择、赵氾在

① 参见宋治民:"都江堰渠首新出土汉碑及相关问题",载《四川文物》2007年第4期;罗开玉:"关于《建安四年北江堋碑》的几点认识",载《四川文物》2011年第3期。

② 参见冯广宏:"《监北江堋守史碑》的发现及其重要意义",载《西华大学学报(哲学社会科学版)》2011年第5期。

③ 参见陈剑:"都江堰建堰历史研究的新视野——都江堰渠首石刻与水文化研讨会侧记",载《成都文物》2007年第3期;宋治民:"都江堰渠首新出土汉碑及相关问题",载《四川文物》2007年第4期;罗开玉:"关于《建安四年北江堋碑》的几点认识",载《四川文物》2011年第3期。

④ 参见冯广宏:"《监北江堋守史碑》的发现及其重要意义",载《西华大学学报(哲学社会科学版)》2011年第5期。

⑤ 参见冯广宏:"《监北江堋守史碑》的发现及其重要意义",载《西华大学学报(哲学社会科学版)》2011年第5期。

监作北江塴时事迹的记述；第三部分为第13行"时塴吏李安、傅阳"句至碑文结尾，为立碑人的信息与刻碑之原因。

第一部分大致可译为：郭择生于广都，①赵氾是郫县人，二人身行仁义，成年后广修善业。郭择承袭父业治《春秋谷梁传》与《孝经》，曾为学业东往京师，并于府县衙门处理事务。从前的府君曾招募文学、军事方面的属官和主簿……郭择的伯父郭文没有子嗣，在其年老而逝后，郭择竭尽家财将郭文收敛下葬，并将郭文留下的奴婢等合值三十五万钱的财物让给郭文的养女郭珍，助其居丧三年。郭择曾任职的县的县长及曹掾……遭人记恨陷害，郭择被召对簿于广汉郡绵竹县，郭择因是此事的重要人证，被囚禁于成都狱中，郭择坚持不作对县长等人不利的证词。郭择（单尽家财不名一文）的轻财和（毋辞对）的重义，为乡党所称道。赵氾从前做县主簿，在任期间劝课农桑，为政勤勉严谨……收养了孤嫂函以及其兄所托付的两个孩子，兄弟间相处和睦，如此行为难以胜记。

第二部分大致可译为：建安三年（198）某月某旬，郭择、赵氾至北江塴监督修缮工程。北江塴是诸人工堤坝中最紧要的一个，②且当时冬季严寒，（大家）不顾严寒，倒班工作，（彼时）蜀郡新任太守陈留高君刚刚到任，（他）重视人民福祉、保障谷食供给……掾史、都水郭荀、任南、杜斯，亲自实地勘察。郭择、赵氾二人身先士卒，不过十日，北江塴的修缮工程即告完毕。修整完成的堰体笔直而绵长，洁净而朴素……应当刻碑予以表彰。

第三部分大致可以译为：立碑人是时任塴吏李安、傅阳以及作者赵□卿、郑□□、□彦□、苏子邛、定□、杨叔财等百余人，（他们）为报答（郭择、赵氾修缮堰体、以身殉职）的恩情，争先恐后……拿出家中钱财用以刻石记录郭择、赵氾二人的言行、德性，用以告诫后代多多为善。

二、研究回顾及碑石定名、定性

（一）既往研究的归类总结

由于《赵氾碑》为江水冲毁时间较早，于古籍中未见著录，2005 年出土

---

① 汉代广都为今成都双流。

② 碑文第 9 行"百京之首"的"京"有人为垒成的高山之意。《说文解字》云："人所为绝高丘也。从高省，象高形。凡京之属皆从京。"见（东汉）许慎撰：《说文解字》卷五下，中华书局 1963 年版，第 111 页。

后成为一时的学术热点。

目前，直接与《赵沱碑》相关的研究文章有 7 篇，依次为陈剑的《都江堰建堰历史研究的新视野——都江堰渠首石刻与水文化研讨会侧记》（2007）、林向的《都江堰渠首外江新出土汉碑的初步考察》（2007）、宋治民的《都江堰渠首新出土汉碑及相关问题》（2007）、何崝的《蜀中汉碑三题》（2009）、罗开玉的《关于〈建安四年北江堋碑〉的几点认识》（2011）、冯广宏的《〈监北江堋守史碑〉的发现及其重要意义》（2011）以及成都文物考古研究院、都江堰市文物局共同发布的《四川都江堰渠首 2005、2014 年的发掘与调查》（2018）。以上文章及报告在《赵沱碑》的碑文释读、内容分析方面做了大量的工作。

由于《赵沱碑》涉及了水利管理制度、奴隶制度等制度问题，因而在相关问题研究方面，常有以《赵沱碑》为据者，代表性的有彭邦本的《古代都江堰岁修制度——从〈秦蜀守李冰湔堋堰官碑〉说起》（2018）、罗开玉的《秦汉三国时期巴蜀的水利管理》（2009）、《秦汉三国时期的奴隶——以成都为例》（2009）等。

对于既有研究，可归类为以下几个问题。

1. 有关东汉水利职官

罗开玉认为《赵沱碑》体现了东汉水利管理的三个层次：郭择、赵沱和碑文中未具名的掾史为第一层次，是郡守临时指定、代表郡守对都江堰工程进行监督的全权代表；都水郭荀、任南、杜斯属于第二等级，为郡府中专门负责水利的部门的一般官员；堋吏李安、傅阳属于第三等级，是北江堋的堰官，在水利官员中等级最低。他还引用了《汉书·百官公卿表》《晋书·职官志》等古籍梳理了汉代的水利管理体系（不过仅出现了"都水"和"都水衙门"等常设官员和官署）。此外，他还从两汉社会情状差别较大，而蜀地水利制度几无变化，推测出"都水"的水利管理体系独立于地方的行政管理，具有相当的权力。①谭继和认为碑文体现的都江堰管理体系有五层，即太守守史、都水掾与都水、掾史、堋吏和作者。②

---

① 参见罗开玉："关于《建安四年北江堋碑》的几点认识"，载《四川文物》2011 年第 3 期。

② 参见陈剑："都江堰建堰历史研究的新视野——都江堰渠首石刻与水文化研讨会侧记"，载《成都文物》2007 年第 3 期。

宋治民也在文章中论述了水利管理制度的问题，他同样引用了《汉书》等史籍中关于官制的记载，梳理了汉代水利管理的体系和主管官员，并详细辨析了碑文中"都水"郭苟等人的身份，认为他们是都水官的属吏，而非郡守曹掾，等级较低，而"堋吏"则为主管北江堋的长官，即都水官之长。①

周九香则专门讨论了"太守守史"的身份与级别。他认为太守守史即辅佐治理而提拔的本地人，而非由朝廷正式任命的官员（碑中记载的郭择、赵汜即分别为广都、郫县人）。②

2. 有关都江堰修缮管理制度

关于《赵汜碑》，李映发、周九香、林向、冯广宏等学者均根据北江堋修缮时间等要素认为郭择、赵汜监作的工程应为都江堰的岁修。但在同一篇会议记录中又记载了李映发的另外一种观点，即此工程为都江堰的大修，其原因在于从太守与"高君"增派人手，派专员监作北江堋而看出高级官员对此次工程的重视远高于一般岁修的程度。③罗开玉则认为此次工程为都江堰大修，不过并未说明理由，但以此立足攻击刘璋暗弱。④

3. 有关蜀地蓄奴问题

关于《赵汜碑》中有关奴隶制度的部分，周九香根据当时奴婢的市值估测出郭择伯父家只能算作中产之家，并指出奴婢与"田宅"同列，在当时应被视为财产；⑤罗开玉认为东汉时期，即使主人死去，奴隶也无法得到自由，且蜀地即使一般人家（如郭文家）也会有少量奴仆。⑥

---

① 参见宋治民："都江堰渠首新出土汉碑及相关问题"，《四川文物》2007年第4期。注：宋治民教授原文中"堋吏"在"都水"之前，言堋吏为负责北江堋的都水长官，又说都水是都水官的属官，而非太守曹掾，否则应该自行负责北江堋的修理，而非听命于太守守史，从表达顺序看可能少有歧义，但尚不害意，即碑文中都水地位高于堋吏而低于太守守史。

② 参见陈剑："都江堰建堰历史研究的新视野——都江堰渠首石刻与水文化研讨会侧记"，载《成都文物》2007年第3期。

③ 参见陈剑："都江堰建堰历史研究的新视野——都江堰渠首石刻与水文化研讨会侧记"，载《成都文物》2007年第3期；林向："都江堰渠首外江新出土汉碑的初步考察"，载《中华文化论坛》2007年第3期；冯广宏："《监北江堋守史碑》的发现及其重要意义"，载《西华大学学报（哲学社会科学版）》2011年第5期。

④ 参见罗开玉："关于《建安四年北江堋碑》的几点认识"，载《四川文物》2011年第3期。

⑤ 参见陈剑："都江堰建堰历史研究的新视野——都江堰渠首石刻与水文化研讨会侧记"，载《成都文物》2007年第3期。

⑥ 参见陈剑："都江堰建堰历史研究的新视野——都江堰渠首石刻与水文化研讨会侧记"，载《成都文物》2007年第3期；罗开玉："关于《建安四年北江堋碑》的几点认识"，载《四川文物》2011年第3期。

4. 有关汉代证据制度

碑文第5、6、7行出现了郭择作为重要证人而被幽于成都狱中的表述，而他"毋辞对"的表现为"乡党所称"。关于此一段中所体现出的汉代取证程序，宋治民已经进行了充分的论证，他举《后汉书》之例言"幽成都狱"与上述情状类似，汉代各级长官被人举告有罪，可以传其属吏以取证；又引《汉书》之例，并引颜师古、如淳之言，谓碑文释读应为"对簿"，"毋辞对"如周亚夫之"不对"，即不作县令有罪之辞对。①

5. 有关碑的定性——生前立碑还是身后立碑

关于这一问题，宋治民认为郭、赵二人所任太守守史，乃临时官职，事毕即罢，并举《汉书·昌邑王髆传》与《资治通鉴》之例言汉代以"故"为"旧""以往""曾经"之意，言立碑时二人仅是去职，并未死亡；彭邦本则表示，碑文表明前年二人尚活着，但次年维修则称"故"；碑文撰写与维修活动间隔时间较长，所以"故"字背后的故事值得深究；李映发则认为急于立碑表功的原因可能在于二人在都江堰修缮过程中殉职。②

目下所见，学者对于"北江堋"的指涉已经达成共识，即"北江堋"为都江堰；关于碑文记载的北江堋修缮的性质，学者们也进行了相当充分的讨论，由于碑文本身容量的有限，这一点上也难有定论。不过，目前的研究在一些其他地方尚有完善的空间；譬如，对于《赵氾碑》的定名与定性都存在一定的分歧；对碑文体现的水利职官的讨论尚显简略，且可能存在一些错误。以下笔者拟对这些未被关注的问题进行初步探讨。

(二) 碑石定名探讨

从碑铭文本来看，其自名"建安四年故监北江堋太守守史郭择、赵氾碑"。碑文正文开始至"兄弟和雍"句，为郭择、赵氾二人生平功绩的记述和德行的赞扬；其后至"宜建碑表"句为二人监作北江堋时行为功绩的记述；"宜建碑表"之后是立碑人的信息。由此可见，碑文的主体在于对郭择、赵氾二人德行、功绩的表彰，其目的在于表功颂德，是比较典型的颂德碑。

---

① 例举见宋治民："都江堰渠首新出土汉碑及相关问题"，载《四川文物》2007 年第 4 期；林向："都江堰渠首外江新出土汉碑的初步考察"，载《中华文化论坛》2007 年第 3 期。

② 参见陈剑："都江堰建堰历史研究的新视野——都江堰渠首石刻与水文化研讨会侧记"，载《成都文物》2007 年第 3 期。

依汉碑定名例，对颂德碑的定名更倾向于"标示人名、突出人物功绩"。①
目前学界对《赵汜碑》的定名有："建安四年北江堋碑"②（以立碑时间"建
安四年"、立碑地点"北江堋"命名）；"郭择、赵汜碑"③（标示"郭择、赵
汜"的人名）；"监北江堋守史碑"④（以立碑所为之人的官职命名）。按照汉
代颂德碑定名惯例，目前定名中似以"郭择、赵汜碑"为佳；若论其最佳者，
则应另定名为"监北江堋郭择、赵汜碑"。

（三）碑文"故"字解

《赵汜碑》首行作"建安四年正月中旬故监北江堋太守守史郭择、赵汜
碑"，碑文第8行、第9行显示郭择、赵汜二人于建安三年来到北江堋监作，
去建安四年正月中旬尚未盈年，在如此之短的时间后，当地吏民即为二人立
碑，殊为费解。

《赵汜碑》为圆首，亦能看到圭形的纹路，且有朱雀纹、有穿。这一形制
的碑石，在汉代用于墓碑、德政碑中，与祭祀、颂德活动密切联系。⑤有一种
观点认为朱雀为接引灵魂升天之神⑥，但看法并不甚统一⑦。从形制这一维度
上难以确切地判断汉碑的用途。

因而，碑题中的"故"字显得尤为重要。《汉书·苏武传》："前以降
及物故，凡随武还者九人。"谓"故"为人死也。⑧又《汉书·昌邑哀王刘
髆传》："废贺归故国，赐汤沐邑二千户，故王家财物皆与贺"⑨言"曾经，从

---

① 李雪梅："汉代公文碑体式及特征探析"，载《中华文化论坛》2020年第1期。

② 罗开玉："关于《建安四年北江堋碑》的几点认识"，载《四川文物》2011年第3期。

③ 陈剑："都江堰建堰历史研究的新视野——都江堰渠首石刻与水文化研讨会侧记"，载《成都
文物》2007年第3期；宋治民："都江堰渠首新出土汉碑及相关问题"，载《四川文物》2007年第4
期；林向："都江堰渠首外江新出土汉碑的初步考察"，载《中华文化论坛》2007年第3期；何崝：
"蜀中汉碑三题"，载《西华大学学报（哲学社会科学版）》2009年第6期；成都文物考古研究院、
都江堰市文物局："四川都江堰渠首2005、2014年的发掘与调查"，载《四川文物》2018年第6期。

④ 冯广宏："《监北江堋守史碑》的发现及其重要意义"，载《西华大学学报（哲学社会科学
版）》2011年第5期。

⑤ 参见刘海宇：《山东汉代碑刻研究》，齐鲁书社2015年版，第190—200页。

⑥ 参见袁恩培、石琳："柿园汉墓《四神云气图》'四神'形象及作用探析"，载《中州学刊》
2015年第7期。

⑦ 参见李文会："羽化升仙——洛阳博物馆藏汉代文物中的羽人"，载《文物天地》2017年第8期。

⑧ 《汉书》卷五四《苏武传》。

⑨ 《汉书》卷六三《昌邑哀王刘髆传》。

前”之意。①

“故”的这两种解释，显然都合乎道理，难以决断。故笔者拟举碑石铭刻之例，以观“故”之意。

汉碑题中见“故”字，如《汉故益州太守北海相景君铭》②《汉故敦煌长史武君之碑》③《故宛令益州刺史南郡襄阳李字孟初神祠之碑》④《汉故郎中郑君之碑》⑤《故司隶校尉楗为杨君颂》⑥等；碑文中见“故”字，如《汉故益州太守北海相景君铭》《司隶校尉杨淮表记》等⑦；碑文虽未见“故”字，却显然有表达所记之人已死字眼的如《汉故敦煌长史武君之碑》《汉故郎中郑君之碑》等⑧；而显然碑文所记之人已逝，但碑文中无一字言去世之意的有《故司隶校尉楗为杨君颂》⑨。

所谓“碑题”，大多刻于碑额。观《金石萃编》所录汉碑刻，似未见碑题中有“故”而所记之人未死者，而碑题言“故”，所记之人已逝，而碑文中仅记事表功、不见言“死”之词者有之。

由此观之，碑题“建安四年正月中旬故监北江塭太守守史郭择、赵氾碑”，或可说明郭择、赵氾已经去世。

---

① 宋治民教授引以为汉代“故”之语言习惯，以证《建安四年北江塭碑》为生人碑。参见宋治民：“都江堰渠首新出土汉碑及相关问题”，载《四川文物》2007 年第 4 期。

② （清）王昶：《金石萃编》卷七，载林荣华校编：《石刻史料新编》第 1 辑 1 册，新文丰出版公司 1982 年版（本书出版信息以下省略），第 126 页。

③ （清）王昶：《金石萃编》卷八，第 134 页。

④ （清）王昶：《金石萃编》卷八，第 148 页。

⑤ （清）王昶：《金石萃编》卷一〇，第 170 页。

⑥ （清）王昶：《金石萃编》卷八，第 138 页。

⑦ 《汉故益州太守北海相景君铭》有“惟汉安二年仲秋□□，故北海任城景府君卒，呜呼哀哉！”；《司隶校尉杨淮表记》有“兄弟功德牟盛，当究三事，不幸早陨。国丧名臣，州里失覆。”见（清）王昶：《金石萃编》卷一五，第 254 页。

⑧ 《汉故敦煌长史武君之碑》有“生荣死哀，是□万年。伊君遗德，□孔之珍。”见（宋）洪适：《隶释》卷六，中华书局 1985 年版，第 73 页；《汉故郎中郑君之碑》有“乃遘凶悯，年□二，其四月廿四日，遭命殒身，痛如之何?”之语，皆言死之意。见（清）王昶：《金石萃编》卷一〇，第 170 页。

⑨ 《故司隶校尉楗为杨君颂》刻于东汉建和二年（148）十一月，由汉中太守王升撰文，是为顺帝初年（约 125 年前后）的司隶校尉杨涣所写的一篇颂词。据《华阳国志》，司隶校尉已是杨涣的最后官职，参见（东晋）常璩撰：《华阳国志》卷一二《（梁益）［益梁］宁三州先汉以来士女名目录》，齐鲁书社 2010 年版，第 214 页。立碑时去杨涣上奏已有二十余年，此时杨涣绝大概率已去世。按，《司隶校尉杨淮表记》之杨淮即此条所言杨涣之孙，杨淮本初元年（146）拜河南尹，再迁司隶校尉，后徙将作大匠。祖孙二人同时为司隶校尉，似乎并不可能。

立碑时郭择、赵氾已经去世，也就是说二人从到任到立碑或未盈年，而立碑时除二人以外的其他参与修缮北江堋工程的官吏、作者均没有死亡。或许二人就在修缮北江堋的过程中以身殉职（碑文中强调"以身帅下"等）——如此也更好解释二人位卑官低，却因普通的堰体维修工程而让手下吏民"报服恩施""自出家财"为他们立碑作传，甚至作为水利官员的典范而被抬入了李冰祠这样一个在蜀地极其神圣的地方，"刊示后贤，以劝为善"。

三、碑文所见东汉蜀郡水利职官系统

《赵氾碑》第1、10、11行所出现的官吏有以下几位：太守守史（郭择、赵氾）；掾史；蜀郡太守（陈留高君，或即高躬）①；都水（郭荀、任南、杜斯）。碑文第13、14行，见：堋吏（李安、傅阳）；作者（赵□卿、郑□□、□彦□、苏子邛、定□、杨叔财等百余人）。由此可见，在作堰的现场至少有上述六种身份的人出现，其中五种，级别在"吏"以上，至少有官职在身；而"作者"，碑文显示至少百余，应当就是修缮北江堋的工人。以下笔者依碑文行文顺序对蜀郡太守、掾史、都水、太守守史和堋吏的设置和职责进行探讨。

蜀郡太守，地方长官，为常设官职，统筹辖区内各项工作。

掾史，常见于汉代文献：《巴郡太守张纳碑》有"文学主事掾史""文学掾史"；《汉书》载：严延年由郡吏除补御史大夫掾②，李寻除丞相掾史③；《后汉书》载，卓茂辟除丞相府史④，郭伋辟除大司空掾史⑤；《三国志》载，姚伷由广汉太守辟除丞相掾史⑥……可见，所谓"掾史"应是上级官员的属官，各郡长官与中央各长官之附属官吏均可称"掾史"，且郡长官之掾史各有司职。《赵氾碑》中所见"掾史"，大概率为蜀郡太守下属管理水利的属

---

① 冯广宏以为高躬，参见冯广宏："《监北江堋守史碑》的发现及其重要意义"，载《西华大学学报（哲学社会科学版）》2011年第5期；林向以为高靖，参见林向："都江堰渠首外江新出土汉碑的初步考察"，载《中华文化论坛》2007年第3期。高躬、高靖均为陈留圉县人，高躬曾为蜀郡太守，高靖为蜀郡都尉，从郭择、赵氾称"太守守史"来看，似乎"陈留高君"为高躬的可能性更大一些。

② 《汉书》卷九〇《严延年传》。

③ 《汉书》卷七五《李寻传》。

④ 《后汉书》卷二五《卓茂传》。

⑤ 《后汉书》卷三一《郭伋传》。

⑥ 《三国志》卷四五《盛衡传》。

官。①

都水，《汉书·百官公卿表上》"奉常"条载："景帝中六年更名太常。属官有……又均官、都水两长丞……"，颜师古注引如淳曰："律，都水治渠堤、水门。"②"都水"为太常属官，主管水利（渠道、堤坝、水利工程）。《汉书·百官公卿表上》"治粟内史"条载："武帝太初元年更名大司农……郡国诸仓农监、都水六十五官长丞皆属焉。"③即太常、大司农属官俱有都水；"西汉时有些郡国设有都水，直属中央大司农管辖。"④《后汉书·百官志五》载，东汉时都水划归地方："郡有盐官、铁官、工官、都水官者，随事广狭置令、长及丞，秩次皆如县、道，无分士，给均本吏……有水池及鱼利多者置水官，主平水收渔税。在所诸县均差吏更给之，置吏随事，不具县员。"⑤《汉印文字征·第六》有"浙江都水"印⑥，《汉印文字征·第十一》有"长沙都水"印。⑦西安汉城也曾出土西汉时期的"蜀都水印"封泥。⑧《后汉书·方术传上》载："晨大悦，因署杨为都水掾，使典其事。杨因高下形势，起塘四百余里，数年乃立。百姓得其便，累岁大稔。"⑨与《后汉书·百官志五》记载相同，相为印证。可见，浙江郡、长沙国、蜀郡等郡国俱有都水官。郡国都水有时与水曹掾史并置，例见《广汉太守沈子琚绵竹江堰碑》⑩。

太守守史，林向引《后汉书·百官志五》"每郡置太守一人，二千石，丞

① 《中国历代官制大辞典》言：水曹，"乃官署名，汉朝为郡国主管水利的机构，以掾领之，三国时魏或于大将军、相国等府置之，为诸曹之一，以掾、属领之"。见吕宗力主编：《中国历代官制大辞典》，北京出版社1994年版，第192页。水曹掾与都水职能交叉，有时并置，其证如《广汉太守沈子琚绵竹江堰碑》载，广汉郡有都水掾及水曹掾、史各一人，水曹掾与都水职能交叉，有时并置，如《广汉太守沈子琚绵竹江堰碑》载，广汉郡有都水掾及水曹掾、史各一人。见（宋）洪适：《隶释》卷一五，中华书局1985年版，第160—161页。

② 《汉书》卷一九上《百官公卿表第七上》。

③ 《汉书》卷一九上《百官公卿表第七上》。

④ 郭俊然："汉官丛考——以实物资料为中心"，华中师范大学2013年博士学位论文，第99页。

⑤ 《后汉书》卷一一八《百官志五》。

⑥ 罗福颐：《汉印文字征》，文物出版社1978年版，《印征六》第20页。

⑦ 罗福颐：《汉印文字征》，文物出版社1978年版，《印征十一》第9页。

⑧ 参见陈直：《汉书新证》，中华书局2008年版，第96页。

⑨ 《后汉书》卷八二上《方术列传上》。

⑩ 据《广汉太守沈子琚绵竹江堰碑》载，广汉郡有都水掾及水曹掾、史各一人。见（宋）洪适：《隶释》卷一五，中华书局1985年版，第160—161页。

一人，郡当边戍者，丞为长史"①，言"下属为'史'，故可称'太守守史'"，②从碑文叙述顺序来看，其地位应在都水之下。

堋吏，由字面即可明晰乃是管理北江堋堰体的小吏。由其名"吏"可见其尚未入官之列，地位较低，应当只是负责日常管理。

以上五种职官显然等级有所差别。蜀郡太守，是蜀郡的最高行政长官，需统领蜀郡全面工作；掾史、都水是太守曹掾；太守守史是太守属官；堋吏是日常管理北江堋的小吏。其中等级最高的显然是太守，最低的是堋吏，至于太守守史和掾史、都水之高下，笔者认为从掾史、都水并置的情况来看，二者地位应当不相上下；③而太守守史虽然是太守临时派往北江堋监作的属官，与太守的关系更加亲密，但是所谓"守史"并非定制，而是临时委派，同时，都水与掾史这样的太守曹掾也不会常驻北江堋，且从碑文叙述顺序来看，郭、赵二人在掾史、都水之后，故而，笔者偏向于认为太守守史的地位要低于掾史和都水，所"监"的应当是堋吏与作者。这种关系大概可以用以下式子表示：

太守>掾史＝都水>太守守史>堋吏（>作者）。

* * *

综上，笔者认为，《赵氾碑》为颂德碑；立碑时，郭择、赵氾二人已经故去。碑文虽然篇幅不长，但研究价值较高，可论者不止上文之所述，以下方面也值得进一步关注：

其一在财产继承方面，碑文中，郭择将郭文遗产让与郭珍，被称"轻财"。"赠与"这一流程似可体现出东汉时期养女并不享有遗产继承权。当然，郭择还可能以先令继承的方式从郭文处继承遗产。此点可结合当时判例与简牍进行研究。其二在丧服制度方面，郭珍为郭文"行丧三年"，可见当时养女亦须为养父行丧三年，并不减等；当然也并不排除受当时"孝"风气影响的可能。其三在诉讼制度方面，碑文记载了郭择的前署县长等人因被诬告而往

① 《后汉书》卷一一八《百官志五》。
② 林向："都江堰渠首外江新出土汉碑的初步考察"，载《中华文化论坛》2007 年第 3 期。
③ 广汉郡本分蜀郡一部而成，官制上二者或互有继受，蜀郡亦二官并置是很有可能的。

广汉绵竹受审，而郭择作为重要证人被关押于成都狱中，却坚决不诬陷他人的"重义"之举，体现了官员犯罪的异地审理制度——官员本人须"移旁近郡"，而证人则并无此限制，碑文记载亦可补史之阙。①此外，《赵汜碑》还涉及了殚财送葬与重视《孝经》等东汉社会情况，也具有较高的思想史研究价值。

---

① 史书所载的官员犯罪异地诉讼例之总结，参见王安宇："秦汉时期的异地诉讼"，载《中国史研究》2019 年第 3 期。

唐代碑石上的"时政"风范

——以《周公祠灵泉碑》为例

李雪梅*

【摘要】公文在唐代碑石上的表现形式多样，以奏状和批答展现政治开明和君臣礼仪成为唐代公文碑的时尚。碑文的布局、格式、结构，立碑者所署的碑额、碑题，对研究公文碑的刻立目的及命名均有重要价值。唐代记录君臣互动和行政过程的组合性公文碑，较之单件的公文及公文刻石，时政意义更加突出，公文的规范性及公文碑的制度属性因此更加鲜明。同时，"时政"公文碑对地方历史叙事的深远影响也不可忽视。

【关键词】周公祠；润德泉记；公文碑；奏状；批答；时政

一、唐《周公祠灵泉碑》释读

唐《周公祠灵泉碑》也称《润德泉记》（图1），碑文载周公祠中长期枯竭的灵泉因风涌出，君臣以为祥瑞并赞颂之事。碑位于陕西岐山县凤鸣镇凤凰山麓周公庙润德泉北平台上，半圆首，额刻"润德泉记"。①碑石的高、宽、厚尺寸分别为 236 厘米、78 厘米、23 厘米。碑阳有界格，载唐大中二年（848）君臣往来的公文；碑阴为宋元祐八年（1093）府学教授王严撰书的《重修周公庙赋并序》②。碑侧有宋人题刻。其中碑阳所刻几份相互关联的公

---

* 李雪梅，中国政法大学法律古籍整理研究所教授。本文为国家社科基金项目"公文碑与中国古代行政权研究"（18BFX019）的阶段性研究成果。

① 润德泉的位置在"（岐山）县北十五里周公庙后，即古卷阿水，唐大中改赐今名"。详见（清）达灵阿修，周芳炯、高登科纂：《乾隆凤翔府志》卷十《艺文》，载《中国地方志集成·陕西编》31 册，凤凰出版社 2007 年版（本书编者和出版信息以下省略），第 32 页。

② 碑阴所刻宋王严撰《重修周公庙赋并序》与润德泉关系不大，全文载于《乾隆凤翔府志》卷十《艺文》，第 408–410 页。清陆增祥言："元祐八年十二月王［严］撰并正书，在陕西岐山。《关中

文具有较重要的研究价值，兹将碑阳按原格式改竖排为横排整理如下。

图1　唐《周公祠灵泉碑》（左）及拓本（右）①

01　　凤翔府岐山县凤栖乡周公祠灵泉［碑］并　题、奏状及　敕、批答

02 当府岐山县凤栖乡周公祠，旧有泉水，枯竭多年。去②十月［十］七日，忽［因］大风，其泉五处一时涌出，各深一尺已来③。又有七处见出。臣差府参军郭锵

03 专就泉所检验。得状，谨具泉水面方圆、深浅分寸。

04 五处泉面各方圆四尺已下，各深一尺已来。　　　　　七处小泉水面各方圆一尺已下，各深三寸已来。

05 右。臣得县镇状报，有此灵泉，差官勘覆，事皆谐实。询诸故老，

（接上页）金石记》不载此碑，近来金石家亦未著录。"注：此处"不载"，指未载全文。详见（清）陆耀遹纂，陆增祥校订：《金石续编》卷一六，载林荣华校编：《石刻史料新编》第1辑5册，新文丰出版公司1982年版（本书编者和出版信息以下省略），第3360页。

① 拓本图采自北京图书馆金石组编：《北京图书馆藏中国历代石刻拓本汇编》第32册，中州古籍出版社1997年版，第23页。

② "去"，《全唐文》作"去冬"。（清）董诰等编：《全唐文》卷七四一，中华书局1983年版（本书编者和出版信息以下省略），第7657页；《乾隆凤翔府志》卷十上亦作"去冬"，第394页。遵碑文作"去"。

③ "已来"，表示约数，意多、余，常见于唐宋碑文。

博访里［闬］①，咸称"此泉出，必时泰岁丰"者。臣伏以周公［圣］人，爰正礼乐，勤劳周室，克佐成

06 王。载在《诗》《书》，扬于《风》《雅》。宜乎神用不测，泽流无穷。伏惟　　　陛下叶德坤乾，侔功造化，节宣四序，绥怀万方。由是地理呈祥，灵泉感应，名标

07 上善，运属和平。不然，何已涸之泉，因风复有？此盖彰于圣德，发自神功。事出寻常，义高图谍②。岂特挠之不浊③，乃鉴妍蚩；积以成川，方劳舟楫

08 也。臣才非周、邵，时偶成、康，荷　　　恩渥而莫効涓尘，［睹］　　　休征而空增喜跃。谨具奏　　　闻，伏请宣付④［史］官，以光典册，无任欢贺悃款⑤之

09 至。其⑥图一面，谨随状奉进。谨录奏　　　闻。谨奏。

10 　　　中书门下奏：凤翔观察使奏当府岐山县周公祠涌泉出

11 右。伏以川竭，既为时否，泉生必表　　　政成，况近灵祠，寔彰　　　圣德。因风涌出，当　　　风化之所资；遍地澄清，诚地经之载理。近

①　"闬"，此处碑文残缺。《全唐文》卷七四一作"间"；《乾隆凤翔府志》卷十上作"閈"；《金石萃编》作"门"，详见（清）王昶：《金石萃编》卷一一三，载《石刻史料新编》第 1 辑 3 册（本书编者和出版信息以下省略），第 2052 页。里间、里閈、闬闬均指里巷。从碑文残缺字迹看似"闬"，从《乾隆凤翔府志》。

②　"谍"，《全唐文》卷七四一、《乾隆凤翔府志》卷十上作"籙"。籙同箓，意为簿籍。谍通牒，意为谱录。碑文第 20—21 行有"披图案谍"之语。《汉书·礼乐志》有"齐房产草，九茎连叶，宫童效异，披图案谍"之言，为乐舞诗《景星》之片段，载《汉书》卷二二《礼乐志》。据此，碑文中的"谍"更为可信。

③　"挠之不浊"，《全唐文》卷七四一作"淆之不浊"；《乾隆凤翔府志》卷十上作"挠之不浊"。碑文"挠"和《全唐文》"淆"均可。"挠"有搅拌之意。南朝齐王俭《褚渊碑文》有"汪汪焉，洋洋焉，可谓澄之不清，挠之不浊"之语，载（南朝梁）萧统编，（唐）李善注：《文选》卷五八《碑文》，岳麓书社 1995 年版，第 2051 页。"淆"，混也，《后汉书·黄宪传》有"叔度（黄宪字叔度）汪汪若千顷陂，澄之不清，淆之不浊，不可量也"之言，载《后汉书》卷五三《列传第四十三》。此处遵碑文。

④　"宣付"，《全唐文》卷七四一作"付"，无"宣"字，当遵碑文。

⑤　"悃款"，意为诚挚。唐张九龄《进千秋节金镜录表》言："虽闻见偏浅，所择不深。至于区区效愚，其庶乎万一，不胜悃款之至。"载周绍良主编：《全唐文新编》卷二八八《张九龄》，吉林文史出版社 2000 年版，第 3258 页。

⑥　"其"，《全唐文》卷七四一、《乾隆凤翔府志》卷十均作"具"。其、具，无伤文义。《乾隆凤翔府志》卷十上缺碑文第 8 行"无任欢贺悃款之至"一句。

12 者柏树复荣于　　李观，蒙泉亦发于　　神州，考其祥经皆合

理代①。臣等商量，望付史馆②，书为国华。谨具如前。奉十二月八日

13 敕：宜赐名"润德泉"，仍付所司。

14 　　　　答诏③

15 敕崔珙：省所奏"当府周公祠，旧有泉水枯竭。十月中因风，泉

水五处一时涌出，又有七处见出，并画图进上"，事具悉。朕闻致理④之

代，地出醴泉，盖以

16 泽可济时，德推上善。征诸传记，最为休祥⑤。朕以虚庸，敢膺

玄⑥贶，披［图］见瑞，省表增惭。岂惟菲德致之，亦卿循良所感。临

轩嘉叹，至于再三。今赐名"润

17 德泉"，想宜知悉。冬寒，卿比平安好。遣书，指不多及。

18 　　　　谢赐　　手诏⑦表

19 右。臣伏蒙　　圣恩，以臣当府所奏周公祠灵泉涌出画图　　进

上，示臣　　手诏，并赐名润德泉者。　　紫泥缄启，　　鸿泽光临。因

20 圣德以感通，　　诏微臣而褒奖。捧戴无措⑧，兢惶失图。臣伏

以　　君有至德，及于山川；神降休祥，见于祠宇。功宣润下，道叶

流谦。臣所以披图

---

① "理代"，意为治世。唐白居易《德宗皇帝挽歌词》之三有"悬知千载后，理代数贞元"之言，载黄钧等校：《全唐诗》卷四四一《白居易》，岳麓书社1998年版，第5册，第214页。

② "史馆"，《金石萃编》卷一一三同碑文；《光绪岐山县志》卷八为"史管"，《民国岐山县志》卷九作"史官"，从碑文。详见（清）胡升猷修、张殿元纂：《光绪岐山县志》卷八《艺文》，载《中国地方志集成·陕西编》第33册，凤凰出版社2007年版（本书编者和出版信息以下省略），第105页。田惟坤修、白岫云纂：《民国岐山县志》，载《中国地方志集成·陕西编》第33册，第450页。

③ "答诏"，指皇帝回答臣下奏疏的诏书，在新旧《唐书》中数见。

④ "致理"，意为致治。所谓"致理之要，在于辨群臣之邪正"，载（宋）司马光编著，（元）胡三省音注：《资治通鉴》卷二四六《唐纪六十二·文宗开成五年》，中华书局1956年版，第7945页。

⑤ "休祥"，意吉祥。《尚书·泰誓》言："朕梦协朕卜，袭于休祥，戎商必克。"孔传："言我梦与卜俱合于美善，以兵诛纣必克之占。"载李学勤主编：《十三经注疏·尚书正义》卷一一《泰誓中第二》，北京大学出版社1999年版，第276页。

⑥ "玄"，《全唐文》卷七四一作"元"；《金石萃编》卷一一三作"庙讳"。

⑦ "手诏"在唐代使用较多，在《旧唐书》中凡49见，在《新唐书》中凡31见。

⑧ "无措"，《全唐文》卷七四一作"无任"。遵碑文。

21 按谍，考往校今，明　　玄①化之式数，彰　　皇猷②之无远。冀光　　帝典，用表祥经。臣忝守邦，获逢　　理代，不合③蒙蔽，辄具奏　闻。岂谓俯回

22 天眷，乃赐嘉名，特降纶言，垂于不朽；与日月而明并，岂金石之能移！臣见令刻石纪年，置之泉侧，为一时标异，俾百代共观④，无任屏营感抃之至。谨

23 奉状⑤陈谢以　闻。谨奏。

24 大中二年十（一）［二］月廿日。凤翔陇州节度观察处置等使、银青光禄大夫、检校尚书右仆射、兼凤翔尹、御史大夫、安平郡开国公、食邑二千户臣崔珙状奏

二、《周公祠灵泉碑》之结构与要素

（一）碑石上的公文文种及结构

关于碑文结构，当代学者关注不多。⑥传统碑志对此碑的结构说法不一，有视为碑载三种公文者，如明赵崡言："石前刻奏状，中刻宣宗批答，后刻珙谢表文。词宛致有盛世风，书亦遒健有法。"⑦即赵崡将崔珙奏和中书门下奏合为一份奏状（第2—13行）。明郭宗昌看法相同，言"碑勒奏及手诏、谢表"。⑧清顾炎武提到此碑时仅言崔珙奏和答诏两种。⑨而清洪颐煊则认为碑石

---

①　"玄"，《全唐文》卷七四一、《光绪岐山县志》卷八均作"元"；《金石萃编》卷一一三作"庙讳"。

②　"皇猷"，指帝王的谋略或教化。"咸亨中，高宗为飞白书以赐侍臣，赐至德曰'泛洪源，俟舟楫'……赐中书侍郎崔知悌曰'竭忠节，赞皇猷'，其辞皆有兴比。"载《旧唐书》卷七五《戴胄传附兄子至德传》。

③　"不合"，《光绪岐山县志》卷八作"不令"。

④　"共观"，《全唐文》卷七四一作"同观"。

⑤　"谨奉状"，《光绪岐山县志》卷八作"谨陈谢以闻"，无"奉状"二字。

⑥　高居虎认为碑石顺次刻崔珙的奏状、中书门下签呈、唐宣宗李忱的答诏、崔珙的谢赐诏表，四个文件反映了唐代议事公文的整个过程。详见高居虎："中国古代公文探析——从岐山周公庙唐碑《润德泉记》谈起"，载《寻根》2003年第5期。

⑦　（明）赵崡：《石墨镌华》卷四，载《石刻史料新编》第1辑25册，第18624页。

⑧　（明）郭宗昌：《金石史》卷下，载《石刻史料新编》第3辑39册，第484页。

⑨　"周公祠灵泉碑，崔珙奏，答诏，正书，大中二年十一月，今在岐山县周公庙。"详见（清）顾炎武：《金石文字记》卷五，载《石刻史料新编》第1辑12册，第9278页。

上的公文有五种:

> 右《周公祠润德泉记》在岐山县。前列凤翔府岐山县镇检验得泉状,次凤翔观察使崔珙奏,次中书门下并赐名敕,次批答崔珙手诏,次崔珙谢表。可见唐时奏牍之式。①

其实细观碑文第一行"凤翔府岐山县凤栖乡周公祠灵泉碑并题、奏状及敕、批答",已揭示了碑石的名称和主体结构,即碑名为"凤翔府岐山县凤栖乡周公祠灵泉碑",碑上的内容包括了题、奏状及敕、批答数部分。碑文结构及相关文献载录情况见表1。

表1　碑文结构及相关命名

行数	布局	时间	《全唐文》②命名	《乾隆凤翔府志》③命名	《光绪岐山县志》④命名
1行	标题和内容提示				
2—3行	派府参军郭镠调查泉水涌出事	十月十七日泉涌	《周公祠灵泉奏状》	《进周公祠灵泉图奏状》,以"谨录奏闻(十二月八日赐名润德泉)"结尾。署名"唐崔珙"	《润德泉奏状》,署名"唐凤翔节度使崔珙"
3行	府参军郭镠上呈状文				
5—9行	凤翔观察使奏状				《润德泉奏状》,以"凤翔观察使奏"起始。署名"唐中书门下"
10行	中书门下奏事由				
11—13行	中书门下商量状及宣宗敕文	十二月八日敕	十二月八日敕		
14行	标题"答诏"				
15—17行	答诏内容	十月中泉涌	《答崔珙奏敕》,以"省所奏"起始	《答凤翔节度使崔珙手诏》(大中初),⑤以"想宜知悉"结尾。署名"唐宣宗"	《润德泉赐名答诏》,署名"唐宣宗"

---

① (清)洪颐煊:《平津读碑记》卷八,载《石刻史料新编》第1辑26册,第19439页。

② 《答崔珙奏敕》在《全唐文》卷八一;《周公祠灵泉奏状》《谢赐手诏表》在《全唐文》卷七四一,排序是《谢赐手诏表》在前,其后接《周公祠灵泉奏状》。

③ 参见《乾隆凤翔府志》卷十《艺文》,第17–19页。

④ 参见《光绪岐山县志》卷八《艺文》。

⑤ 该文后接唐宣宗《授崔珙凤翔节度使制》,在其他志书中未见。详见《乾隆凤翔府志》卷十《艺文》,第391页。

行数	布局	时间	《全唐文》命名	《乾隆凤翔府志》命名	《光绪岐山县志》命名
18 行	标题"谢赐手诏表"				
19—23 行	崔珙陈谢表文		《谢赐手诏表》		《赐名润德泉谢表》，以"臣伏蒙"起始。署名"唐崔珙"
24 行	状奏时间及崔珙官衔	大中二年十二月廿日			

"题"指碑文第 1 行、14 行、18 行出现的"凤翔府岐山县凤栖乡周公祠灵泉碑""答诏""谢赐手诏表"等碑文及公文的标题。"奏状"有二：一是碑文第 2—9 行的奏状，另一为碑文第 19—24 行的陈谢奏表，均出自崔珙之手。"敕"在碑文第 10—13 行，"答诏（批答）"在碑文第 15—17 行，两者均为王言，出自唐宣宗李忱。

奏为臣子对帝王进言陈事的文书。首份奏状中引有府参军郭镣"专就泉所检验"后上呈的状文；第二份奏状，碑石上题为"谢赐手诏表"。唐代，"凡下之所以达上，其制亦有六，曰表、状、笺、启、辞、牒。表上于天子。其近臣亦为状"。①另"表"有石碑之义。唐杜甫《石笋行》有"恐是昔时卿相冢，立石为表今仍存"之语。②碑文言"臣见令刻石纪年，置之泉侧，为一时标异，俾百代共观"（第 22 行），也交待了刻石为表之意。故碑上虽题为"谢表"③，实为陈请谢贺的奏章。

与崔珙奏状相对应的是唐宣宗李忱的敕文和答诏。唐代王言文种除传统的制、诏、令、册外，新增的主要有批答和敕。

批答为皇帝对百官章奏的书面批示答复，在唐代为王言公文的独立一类，亦是帝王专用文书。在《唐大诏令集》卷六中，载有尊号批答 34 件。④唐学士初入院，"试制、诏、批答共三篇，此试制之始也"⑤；"玄宗初，置翰林待

---

① 《旧唐书》卷四三《职官二》。

② （唐）杜甫：《杜甫草堂诗注》，李谊注释，四川人民出版社 1982 年版，第 107 页。

③ 汉人言："下言上曰表，思之于内表施于外也。"载（汉）刘熙：《释名》卷六《释书契第十九》，中华书局 1985 年版，第 98 页。

④ （宋）宋敏求编：《唐大诏令集》，中华书局 2008 年版，第 36—42 页。

⑤ （宋）王应麟撰：《玉海》卷二〇二《辞学指南二》，江苏古籍出版社、上海书店 1987 年版，第 3682 页。

诏，以张说、陆坚、张九龄等为之，掌四方表疏批答、应和文章。"①会昌元年（841）十二月，中书门下奏修实录体例言："在藩镇上表，必有批答。"②可见，唐代批答的受文者级别较高，主要是地方重要官员和中央高级官员。延续唐代之风，批答在宋代依然盛行。宋人言："执政以上有章奏请，则降批答，以下则降诏。"③

（二）碑文要素

碑文围绕周公祠中的枯泉因风而涌被君臣视为祥瑞，宣宗特赐名"润德泉"之事。碑石所载诸文有明确的地理、时间、人物、事项等要素，且环节清晰、程序连贯，是唐代流行的公文组碑。

1. 地理要素

该碑刻立的地点，在唐代称为凤翔府岐山县凤栖乡周公祠，清代称周公庙（图2、图3）。唐初周公与孔子并祀于国学且级别在孔子之上。"武德二年（619），始诏国子学立周公、孔子庙。七年（624），高祖释奠焉，以周公为先圣，孔子配。"贞观二年（628），"左仆射房玄龄等建言：'周公、尼父俱圣人，然释奠于学，以夫子也。大业以前，皆孔丘为先圣，颜回为先师。'乃罢周公，升孔子为先圣，以颜回配。四年（630），诏州、县学皆作孔子庙。"④之后周公祀礼又几经变化。"永徽中，复以周公为先圣、孔子为先师，颜回、左丘明以降皆从祀。显庆二年（657），太尉长孙无忌等言：'……且周公作礼乐，当同王者之祀。'乃以周公配武王，而孔子为先圣。"⑤"武后天授元年（690），封周公为褒德王，孔子为隆道公。"⑥对显庆年间尊祀周公之事，清初曾有评议，认为"祭祀周公，向在太学。至唐显庆间，以公制礼作乐，功侔帝王，就飨儒宫，欲尊反贬。始定配飨帝王庙，既不与孔子并祭太学……"⑦

---

① 《新唐书》卷四《职官一》。

② 《旧唐书》卷一八上《武宗》。

③ （宋）赵升编：《朝野类要》卷四《文书》，王瑞来点校，中华书局2007年版，第84页。

④ 《新唐书》卷一五《礼乐志五》；《旧唐书》卷一八九上《儒学传上》。

⑤ 《新唐书》卷一五《礼乐志五》。

⑥ 《新唐书》卷一五《礼乐志五》。

⑦ 赵尔巽等撰：《清史稿》卷八四《礼志三》"历代帝王陵庙条"，中华书局1977年版，第2540页。

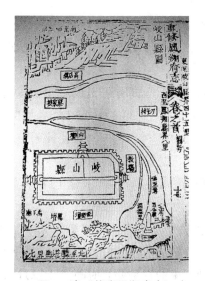 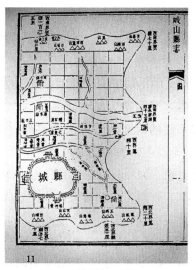

图2 清《乾隆凤翔府志》中
周公庙和润德泉位置图 ①
（在岐山县城右下方）

图3 《光绪岐山县志》中
周公庙和润德泉位置图 ②
（在岐山县城下方偏右）

凤翔府周公祠始建于何时不详 ③，但可以确认其在唐代是被地方尊崇的圣地。《周公祠灵泉碑》刻立的更为具体的地点是周公祠中的灵泉之侧（第22行）。碑文中提到"周公"计6次，其中5次是指周公祠，如"周公祠，旧有泉水"（第2行）、"周公祠涌泉出"（第10行），仅一次为"周公圣人"（第5行）；而"泉"字在碑文中出现多达23次，除"柏树复荣于李观，蒙泉亦丛于神州"（第12行）、"朕闻致理之代，地出醴泉"（第15行）为泛指外，其余21处均意表周公祠中的灵泉、圣泉、泉涌之事。

唐宣宗赐泉名为"润德"，其中"德"为中心字，在碑文中出现了10次，"润"字出现4次，均为"德"的修饰语。崔琪奏状称"周公圣人，爰正礼乐，勤劳周室，克佐成王"（第5行），"陛下叶德坤乾，侔功造化，节宣四

① 图采自《乾隆凤翔府志》卷首《图考》，第16页。另该书记润德泉的位置在"（岐山）县北十五里周公庙后，即古卷阿水，唐大中改赐今名"。详见《乾隆凤翔府志》卷一《岐山山川》，第32页。

② 图采自《光绪岐山县志》卷首《岐山县疆域图》，第11页。

③ 明王祎《谒周公庙记》言："庙之建莫详其所自始。按碑记唐大中二年凤翔府岐山县凤栖乡周公庙出灵泉，则庙祠在唐之前当已有之。"载《乾隆凤翔府志》卷十《艺文》，第437页。

序，绥怀万方。由是地理呈祥，灵泉感应"（第6行），周公、圣德与灵泉成为碑文彰显的核心要素，且相辅相成，①天人感应的祥瑞之征因此更令人信服。

2. 时间要素

碑文中出现了三个时间，即"去十月十七日"的泉涌时间（第1行），宣宗赐名"润德泉"的时间——"十二月八日敕"（第12—13行），及崔珙谢宣宗手诏的时间——"大中二年（848）十（一）［二］月廿日"（第24行）。碑石上未署立碑时间和书、刻人信息。据崔珙谢表"臣见令刻石纪年，置之泉侧，为一时标异"（第22行），可推测崔珙拟写谢表时，已着手安排刻石之事，故谢表和刻石可视为大致同时。

碑文中第一个时间"去十月"有指为去年十月者。按立碑于大中二年的话，"去"或指大中元年（847）之十月，也可能指过去的十月（详见下文），即大中二年十月。第二、三个时间，因碑文中的宣宗赐名时间"十二月八日"和崔珙谢表时间"十一月廿日"出现了倒置，有人推测宣宗赐名时间在大中元年。而传统志书中对时间"错置"的解释各不相同。清顾炎武《金石文字记》言"《周公祠灵泉碑》，崔珙奏，答诏，正书，大中二年十一月，今在岐山县周公庙"，②实即认可大中二年十一月为碑成时间。清朱枫《雍州金石记》所载相同。③清王昶认为赐名时间"十二月八日"当为"十一月八日"之讹。他说：

> 泉涌于十月□七日，则状进奉敕当在十一月八日。奉敕之后，崔珙表谢在十一月二十日。今"奉十二月八日敕，宜赐名润德泉"，此"十二月"是十一月之讹也。④

即王昶认为崔珙表谢时间为大中二年十一月二十日，敕赐时间"十二月"

---

① 元王利用撰《润德泉复出记》言："周公生于岐，封于鲁，今复庙食于此，而泉出其中。盖泉非周公无以示其灵，周公非泉无以表其瑞。泉乎周乎，周公之泉乎！语其幸遇，虽四渎有所不及。"载《光绪岐山县志》卷八《艺文》，第108页。

② （清）顾炎武：《金石文字记》卷五，载《石刻史料新编》第1辑12册，第9278页。

③ "周公庙碑无额，题曰'凤翔府岐山县栖凤乡周公祠灵泉碑并题奏状及敕批答'。大中二年十一月廿日。"载（清）朱枫：《雍州金石记》卷一〇，载《石刻史料新编》第1辑23册，第17177页。朱枫所言"周公庙碑无额"有误，碑有额，题为"润德泉记"。

④ （清）王昶：《金石萃编》卷一一三，载《石刻史料新编》第1辑3册，第2054页。

当是十一月之讹，采取逆推法断定敕、表的时间关系。而清洪颐煊认为第 24 行的落款实为崔珙第一份奏状而非谢表状的时间。他说：

> 崔珙前奏以大中二年十一月廿日上，十二月八日敕赐名润德泉。末行年月衔名是前奏所具，刻石时移列于后。①

但细观碑石拓本，"十二月八日"敕赐的时间，字体疏朗清晰，产生错讹的可能性不高（图 4），反而碑文最后一行（第 24 行）排布紧密，"大中二年十二月"之"十"的末笔和"二"的第一笔因布局紧凑而出现连写。②另从书法习惯看，"十"字的最后一笔多用悬针竖，不会刻意顿笔成垂露竖，"十二月"被误写、误识为"十一月"的可能性相对更大（图 5）。

传统碑志所载立碑时间者，现所见有《关中金石记》采"大中二年十二月立"之说。志载：

> 周公祠灵泉碑并题奏状及敕批答，大中二年十二月立。正书，在岐山周公庙。时崔珙为凤翔陇州节度使，奏灵泉异，诏加泉名曰"润德"。③

图 4　碑文 12 行的宣宗赐名时间　　图 5　碑文 24 行的崔珙谢表时间

从碑文显示的时间线索看，公文中的关键节点有八：

（1）大中二年十一月，崔珙获知十月中旬泉涌的消息（第 1、15 行）。

---

① （清）洪颐煊：《平津读碑记》卷八，载《石刻史料新编》第 1 辑 26 册，第 19439 页。

② 此处感谢马俊杰博士的提示。

③ （清）毕沅：《关中金石记》卷四，载《石刻史料新编》第 2 辑 14 册，第 10682 页。

（2）崔珙马上派府参军郭镣调查（第2行），得到详细状报，并借故老之口说出"此泉出，必时泰岁丰"之祥兆（第5行）。①

（3）崔珙上奏状，汇报泉涌事，解释祥瑞形成之因，并具图随状奉进（第2—9行）。此是第一份公文，《乾隆凤翔府志》特将此名为《进周公祠灵泉图奏状》。②碑文未署时间，但根据后文，可推测为大中二年十一月。"去十月十七日"（第2行）之"去"当为过去之意，非指去年。从得知泉涌派人核查，到询诸故老，均属凤翔府尹的职掌，短时间内均可完成。

（4）宣宗收到崔珙奏状后交中书门下，时间当为十二月初。

（5）中书门下商量后，写明"泉生必表政成，况近灵祠，寔彰圣德"，认同祥瑞并赞同崔珙之主张，"望付史馆，书为国华"，供皇帝参考。

（6）宣宗于十二月八日赐名"润德泉"，中书门下付有司办理相关事宜。此为第二份公文，即宣宗敕（第10—13行）。其中第10行"中书门下"为发文机构，"凤翔观察使奏当府岐山县周公祠涌泉出"为敕书事由。此份敕书未见传递路径，很可能与答诏一同下达凤翔府。③

（7）宣宗给崔珙手书答诏，告知赐名"润德泉"以示关切；并谦逊说明"朕以虚庸，敢膺玄贶，披图见瑞，省表增惭。岂惟菲德致之，亦卿循良所感"，表达君臣互信合作的善意（第15—17行）。此应在十二月八日赐名"润德泉"当日。④

（8）崔珙收到敕和答诏，于大中二年十二月廿日撰成谢表，表达"君有至德，及于山川；神降休祥，见于祠宇"的政治祥瑞观，及守臣的职责——"臣忝守邦，获逢理代，不合蒙蔽，辄具奏闻"，及所拟采取的标榜政治清明的举措："令刻石纪年，置之泉侧，为一时标异，俾百代共观。"（第19—24行）

上述八个环节体现在四份公文，即崔珙奏（第2—9行）、宣宗敕（第

---

① 《光绪岐山县志》所记民间对此泉的利用和传说较为详细。文中载："润德泉在周公庙左侧山足，唐大中元年凤翔节度使崔珙因泉出为瑞上其事，宣宗赐名润德。先是有水，相传源自邠州，十数年辄来去，来此则彼涸，去彼则此涸，土人以之卜岁，名曰圣水，亦曰治泉。水至附近，居民筑堰灌田，颇赖其利。"载《光绪岐山县志》卷一《地理》，第21页。

② 参见表1"碑文结构及相关命名"。另详见《乾隆凤翔府志》卷十上《艺文》，第394页。

③ 此处感谢张雨副教授的提示。

④ 《唐律》载："诸稽缓制书者，一日笞五十，（誊制、敕、符、移之类皆是）。一日加一等，十日徒一年。【疏】议曰：制书，在令无有程限，成案皆云'即日行下'，称即日者，谓百刻内也。"详见（唐）长孙无忌等撰：《唐律疏议》，刘俊文点校，中华书局1983年版，第196页。

10—13 行)、宣宗答诏（第 15—17 行）和崔珙谢表（第 19—24 行）中。诸份公文，唯有最后一份署有落款且布局紧凑，其他三份的落款信息均省略，估计与碑石尺寸局限有关。碑石上有界格，敬空等均按原公文保留，以示原式摹刻。崔珙第一份奏状的官衔应该与谢表同，故在碑文上省略，连同时间也一并省略。采用反推法，如果泉涌是在大中元年十月十七日，答诏是在大中元年十二月，崔珙谢表为大中二年十一月，间隔时间过久，违背了古代常规政治礼仪。因奏报祥瑞在唐代属于日常政务及考核内容。《新唐书·百官志》载："亲王及中书、门下、京官三品以上、都督、刺史、都护、节度、观察使，则奏功过状，以核考行之上下。每岁，尚书省诸司具州牧、刺史、县令殊功异行，灾蝗祥瑞，户口赋役增减，盗贼多少，皆上于考司。"①"元日、冬至，奏天下祥瑞。"②唐宋时祥瑞之事均需在当年奏报。而崔珙的谢表时间临近冬至日，也更有特殊意义。由此也可推证碑文所载整个事件的过程，均发生于大中二年（848）。③

3. 人物要素

碑文中出现的人物和相关职能部门有崔珙（凤翔陇州节度观察处置等使、兼凤翔尹、凤翔观察使）、郭镑（府参军）、中书门下、史馆、宣宗。主导人物是崔珙和宣宗。

崔珙为官履历丰富，曾充任宰执，《唐书》中有传。史载崔珙"以书判拔萃高等，累佐使府。性威重，尤精吏术。大和初，累官泗州刺史，入为太府卿。七年正月，拜广州刺史、岭南节度使。延英中谢，帝问以抚理南海之宜，珙奏对明辩，帝深嘉之"。④崔珙为官期间较关注水利之事。开成二年（837）六月"迁京兆尹。是岁，京畿旱，珙奏浐水入内者，十分量减九分，赐贫民溉田，从之"。⑤会昌年间崔珙官职起伏不定，曾任"中书门下平章事，累兼刑部尚书、门下侍郎，进阶银青光禄大夫，兼尚书左仆射"，后又"坐贬沣州

---

① 《新唐书》卷四六《百官志一》。

② 《新唐书》卷四七《百官志二》。

③ 对此碑所载赐号"润德泉"时间，碑志亦有大中元年、大中二年的不同记载。元王利用撰《润德泉复出记》言："是泉也，涸而复出，唐赐号润德，见于大中二年崔珙之奏状。"载《光绪岐山县志》卷八《艺文》，第 108 页。清宋金鉴撰《重修润德泉记》言："润德泉，唐大中元年赐名也，见凤翔节度使崔珙奏状。"载《光绪岐山县志》卷八《艺文》，第 108-109 页。

④ 《旧唐书》卷一七七《崔珙传》。

⑤ 《旧唐书》卷一七七《崔珙传》。

刺史，再贬恩州司马。宣宗即位，以赦召还，为太子宾客，出为凤翔节度使"。①宣宗在制书中称崔珙"早以器能，周历显重，行已每称其友悌，在公亦竭其精忠。自负谴前朝，远移南徼，及我嗣守，颇闻嘉名"，②可证崔珙颇受宣宗赏识。

碑文所言"当府"（第2、10行），即崔珙主政的凤翔府。凤翔节度使治凤翔府（岐州），下辖凤翔府、陇州；贞元三年（787）兼陇右度支营田观察使。③碑文结尾处崔珙的官衔为"凤翔陇州节度观察处置等使、银青光禄大夫、检校尚书右仆射、兼凤翔尹"。而崔珙兼凤翔尹的时间为大中二年（848）至大中三年（849），④此亦为立碑时间提供了参照。

李忱（810—859）即唐宣宗，宪宗第十三子，长庆元年（821）封光王，会昌六年（846）即位，年号大中。李忱颇锐意政事。史载"帝雅好儒士，留心贡举。有时微行人间，采听舆论，以观选士之得失……凡对臣僚，肃然拱揖，鲜有轻易之言。大臣或献章疏，即烧香盥手而览之。当时以大中之政有贞观之风焉"。⑤碑石上的宣宗赐泉名、书答诏等事，确实展现了一位贤君的形象。

三、唐代公文碑与"时政"

（一）组合公文与日常行政

唐代君王的治国理想是"上下同心，君臣一德"⑥，"永念父兄之忠，克

---

① 《旧唐书》卷一七七《崔珙传》。
② 《贬崔珙太子少师分司东都制》，载《全唐文》卷七九《宣宗一》。
③ 清袁枚《随园随笔》言："唐制节度、观察二使不并置，故节度常兼观察、处置等使。崔珙为凤翔、陇州节度、观察、处置等使，而奏周公祠灵泉状中书门下，奏内但称观察使。不称节度者，节度虽权重于观察，而非军旅之事。陈奏止称观察，唐人奏章之式如此。"参阅王英志编校：《袁枚全集新编》卷七《职官类上》，浙江古籍出版社2015年版，第13册，第123-124页。
④ "珙，博陵安平人……会昌初转户部侍郎，领诸道盐铁转运使。以本官同平章事兼刑部尚书，进门下侍郎银青光禄大夫兼左仆射。素与李铉不协。铉辅政，贬沣州刺史，再贬恩州司马。宣宗立，徙商州。以太子宾客分司东都。起为凤翔节度使。大中三年辞疾，以太子少师分司东都，就拜留守。复节度凤翔。卒。"载《全唐文》卷七四一。崔珙"复节度凤翔"的时间为大中七年，大中八年卒于官。详见吴廷燮：《唐方镇年表》卷一《凤翔》，载二十五史补编委会编：《隋唐五代五史补编》第3册，北京图书馆出版社2005年版，第71页。
⑤ 《旧唐书》卷一八下《宣宗》。
⑥ 《旧唐书》卷三七《五行》。

固君臣之义"①。而唐代碑石上所见诸多奏状和敕、答诏与谢表之组合性公文，正反映了这种政治清明、君臣融洽的态势。"批答"这一王言文种在唐代的流行，也能说明一定问题。据宋人编撰的《宝刻丛编》，仅卷七即载有大历八年（773）《再修隋信行禅师碑并碑阴批答》、大历十一年（776）《化度寺上座光教禅师谥号敕》、建中二年（781）《沙门佛藏等上表并代宗批答》、贞元四年（788）《河中尹浑瑊贺表》等诸多相关碑石。②这种突显君臣礼仪的往来公文，行政过程尤为重要。

唐代公文刻石较之汉代更为流行，碑石上所见公文既有单件刊刻者，如天宝元年（742）《褒封四子敕》和《赐张九龄敕》、天宝三年（744）《封孔子弟子诏》、中和元年（881）《封青城丈人山为希夷公敕》、中和二年（882）《改玄中观为青羊宫诏》等，也有组合刊刻者。组合的方式大致有三种：一是体现君臣互动、时间衔接的纪实性公文组合，如开元十三年（725）《赐张敬忠敕并谢表》载墨敕和谢表，大历二年（767）《会善寺批答碑》载敕牒、谢表、批答，以及本文探讨的大中二年（848）《周公祠灵泉碑》所载两个月内形成的奏状、敕、批答、谢表。此类组合性公文的政治意义及铭功性特征较为鲜明；二是跨越较长时段的累刻式公文组合，如开元十六年（728）《少林寺碑》上所载时间跨度百年以上的武德、贞观和开元年间的公文。此类公文组合具有较明确的公文保全、公示和防患未然的功用；③三是记文加组合性公文的多元式组合，如大中十二年（858）《汾阳王置寺表》载有两组公文和记文，铭赞记事的特性较突出。④

就史料价值和研究方法而言，一般单件公文碑识别性强，规范度高，对公文碑的定名争议不大；而组合性公文碑，重在记录行政流程，结构相对复杂，定名难度较大，但更有利于检视日常行政制度的运行。这也提示我们观察碑石上公文的视角，基于静态和动态往往会得出不同的结论。如东汉永兴

---

① 《旧唐书》卷一六《穆宗》。

② （宋）陈思纂辑：《宝刻丛编》，载《石刻史料新编》第1辑24册，第18197-18205页。

③ 参见李雪梅：《昭昭千载：法律碑刻分类与功能研究》，上海古籍出版社2019年版，第62-100页。

④ 《汾阳王置寺表》第一组公文包括大历七年（772）十一月廿五日郭子仪奏表，同年十二月十二日中书门下牒，及大历八年（773）正月四日牒文；第二组公文由大历八年四月三日郭子仪谢表和代宗批答组成。记文交代达摩禅师塔院建院时间及郭子仪章表、敕牒和皇帝批答等公文发现与刻石缘由。

元年（153）《乙瑛碑》所载公文，历来有四件说、三件说，二件说，造成这些差别的一个重要原因是以静态还是以动态观察。静态观多忽视程序和运作环节，传统金石学家和当代文献整理多采取此法；动态观以信息沟通、政务处理、制度建构为视角，会关注到公文的核心要素、基础要素及其外延。核心部分是公文文种生成的关键，如汉《乙瑛碑》中的"制曰可"，唐宋敕牒碑中的"牒奉敕"，但制、敕形成的基础如请、状奏等，及制、敕的落实与反馈如牒、表、帖等，是可独立存在，还是视为公文组的有机整体，尚需区别对待。

（二）碑额"润德泉记"解

有关唐《周公祠灵泉碑》的定名，清叶奕苞称为"周公祠灵泉颂"①，视为铭功之颂文；清洪颐煊称为"周公祠润德泉记"②，视为记文；清毕沅称之为"周公祠灵泉碑并题奏状及敕批答"③，系遵从唐人对碑的定名；而名为《周公祠灵泉碑》者最多，如明赵崡《石墨镌华》、郭宗昌《金石史》，清顾炎武《金石文字记》、钱大昕《潜研堂金石文跋尾》、朱枫《雍州金石记》、毛凤枝《关中金石文字存逸考》及清《大清一统志》和《六艺之一录》等均同。

唐代公文的一个显著特点是逐层流转的公文用连抄，而不似元明以后的嵌套格式，故各部分内容相对完整，程序连贯清晰。除了每一件公文可单独命名外，更有一个可涵盖一组公文内容的整体名称。此碑中载有奏状、敕、批答、谢表等四种公文，唐代立碑时自名为《凤翔府岐山县凤栖乡周公祠灵泉碑并题奏状及敕批答》，可谓规范、全面。由于碑名过长，可简称为《周公祠灵泉碑》。

唐《周公祠灵泉碑》碑额题为"润德泉记"，与正文关联不大。"记"有记录、载录之义，也有表记、标志之义，如北魏郦道元《水经注·沁水》所载"以宣尼大圣，非碑颂所称，宜立记焉"④即有此义。另自汉代以来，有"记府"之府署名、"记奏"之文体名、"记室"之职官名。而作为文体名的

---

① （清）叶奕苞：《金石录补》卷二，载《石刻史料新编》第1辑12册，第9086页。
② （清）洪颐煊：《平津读碑记》卷八，载《石刻史料新编》第1辑26册，第19439页。
③ （清）毕沅：《关中金石记》卷四，载《石刻史料新编》第2辑14册，第10682页。
④ （北魏）郦道元著，陈桥驿注：《水经注》卷九《沁水》，浙江古籍出版社2013年版，第124页。

"记"，一般以叙事为主，兼及议论抒情和山川景观的描写，著名者有晋陶潜的《桃花源记》。凤翔周公祠内有元代孔克任撰写的《润德泉记》①，记泉所在的地理情况及自唐大中初年泉涌至金元泉复涌之事，并附铭记，也是较为标准的"记"文体。

作为文体名的"记"在唐代法律碑刻上并不具备明显的独立性。而在新旧唐书中，"记"也多表现为记述或解释典章制度的文字，如《考工记》《礼记》《东观汉记》《五行记》《西域图记》等，与《桃花源记》等文学体的"记"的内涵不同。作为公文一种的"奏记"，在唐代仍频繁使用。②综而言之，《周公祠灵泉碑》碑额上的"记"，实更偏重时政制度记，与碑题中的奏状、敕、批答等行政事务形成呼应。

四、"时政"公文的影响力

"时政"性公文碑因其本身的政治含义，往往会产生持久的影响力。检视《乾隆凤翔府志》《光绪岐山县志》及《民国岐山县志》，润德泉频繁出现于山川地理、艺文、祥异、祠祀等篇目中，出现频率最高的当为《祥异》篇，且多会溯及唐大中初年崔珙上奏和皇帝赐名之事。如《乾隆凤翔府志》载录宋代情形道：

> 雍熙二年凤翔奏：岐山县周公庙有泉涌，耆老相传时平则流，时乱则竭。唐安史之乱，其泉竭。至大中年复流，节度使崔珙上其事，赐号润德泉。后又涸。今其泉复涌，澄甘莹洁，太宗嘉之。③

元代以后泉涌涸之事被频繁载录，如：

> （至元）十三年，岐山星陨如雨，润德泉涸。
> （至元）十七年，润德泉复涌出如故。
> 顺帝至正二年，润德泉涸……二十四年秋九月，润德泉复出。

---

① 《乾隆凤翔府志》卷十《艺文》，第426—427页。

② 《旧唐书》载："元翰苦心文章，时年七十余，好学不倦。既介独耿直，故少交游，唯秉一操，伏膺翰墨。其对策及奏记、碑志，师法班固、蔡伯喈，而致思精密。"详见《旧唐书》卷一三七《崔元翰传》。

③ 《乾隆凤翔府志》卷十二《祥异》，第518页。

明成化十一年，岐山润德泉涸。

（万历）十六年，岐山润德泉涸。

（天启）四年，岐山润德泉复出。

（崇祯）十一年六月，蝗食禾，大饥，岐山润德泉涸。

（清顺治）六年九月，岐山润德泉复涌出。①

康熙六十年，润德泉涸。

乾隆二年，润德泉水出……五年九月大风终夜，润德泉河洋溢……
十三年润德泉又涸……十九年润德泉复出……三十三年润德泉复涸。

嘉庆元年泉出，十年涸，十三年泉出。

（道光）十五年泉水涸。二十年出，二十六年涸……二十八年重修润
德泉，三十年水出。翰林宋金鉴有记，见《艺文》。

咸丰十一年润德泉涸……九年十一月泉水出。

光绪四年复涸……（十年）十二月初二日润德泉水出。②

民国十三年泉涸。③

地方对圣泉枯涌的关注，多带有一定的政治隐喻。此外，立于周公庙的
其他碑刻，也多载录唐大中初年守臣上奏、皇帝赐名之事。如元孔克任撰
《润德泉碑》载：

唐大中初，一日风作，群泉涌出，守臣琪上其事，玺书褒嘉，赐名
润德。嘉祐时，苏轼吏兹土，能咏其事。④

尽管唐崔琪上奏的初衷是"宣付史官，以光典册"，中书门下的商量状也
是"望付史馆，书为国华"，但对于地方而言，皇帝赐名无疑是一种政治荣
光，而立碑刻石是将这种荣光持久化的重要方式。崔琪"刻石纪年，置之泉
侧"的做法，对凤翔府和岐山县而言都是功德无量之举，也达到了"为一时
标异，俾百代共观"的立碑目的。

---

① 《乾隆凤翔府志》卷十二《祥异》，第520页。
② 《光绪岐山县志》卷一《灾祥》，第25-26页。
③ 《民国岐山县志》卷十《灾祥》，第556页。
④ 《光绪岐山县志》卷八《艺文》，第106-107页。

* * *

公文是古代行政运行的重要手段，具有明显的时效性。而那些被精选刻于碑石的公文，或为造福地方的标异，或为保障权益之证明，已突破时效局限，成为政务运行、君臣互动、政治清明的样本、示范，对地方治理产生了深远的影响。

南宋《佛窟岩涂田记碑》考辨

闫静怡[*]

【摘要】《佛窟岩涂田记碑》反映了南宋时台州沿海滩涂开发的史实。从碑记内容、当时的法律规定和涂田后来涉及的争讼情况推断，昌国寺并未因涂田开垦行为而自然获得涂田的所有权或租佃权。《佛窟岩涂田记碑》在上述研究中发挥了重要的线索和佐证作用，反映了记事碑在法律史研究中的史料价值。

【关键词】寺产；涂田；土地权利；记事碑

台州市临海县昌国寺①中有《佛窟岩涂田记碑》。据清人黄瑞所著《台州金石录》载，该碑"高七尺一寸，广三尺六寸；碑额篆书'佛窟岩涂田记'六字，横列，直径六寸余；碑文上下列，上列记文刻高四尺二寸，二十四行，行三十五字，字径九分；下列舍钱题名刻，高□尺□寸，共三十八行，行字不等，均为正书"。②《两浙金石志》《台州金石录》和《民国续修台州府志》中存有关于此碑的记录。③关于碑名，《两浙金石志》称《大宋台州临海县佛窟山昌国禅院新开涂田记》（即碑阳记文标题），《台州金石录》称《宋佛窟

---

* 闫静怡，燕山大学教师，中国政法大学法律史专业 2021 级博士研究生。

① 昌国寺在浙江临海县尤溪镇。"昌国院（笔者注：即昌国寺）在县南二十五里楢溪，旧名佛窟，后周广顺二年（952）建。宋大中祥符元年（1008）改今额。"详见（宋）陈耆卿纂：《嘉定赤城志》卷二七，载中华书局编辑部编：《宋元方志丛刊》第 7 册，中华书局 1990 年版，第 7481 页下栏。

② （清）黄瑞编著，王棻批校：《台州金石录》卷五，载林荣华校编：《石刻史料新编》第 1 辑第 15 册，新文丰出版公司 1982 年版（本书编者和出版信息以下省略），第 11038–11041 页。

③ （清）阮元：《两浙金石志》卷八，载《石刻史料新编》第 1 辑第 14 册，第 10380–10382 页；（清）黄瑞编著，王棻批校：《台州金石录》卷五，载《石刻史料新编》第 1 辑第 15 册，第 11038–11041 页；喻长霖：《民国续修台州府志》卷八七，民国二十五年排印本，第 4–5 页。

岩涂田记》，《民国续修台州府志》称《宋台州临海县佛窟山昌国禅院新开涂田记》。本文以李雪梅教授《中国古代石刻法律文献叙录》所录《佛窟岩涂田记碑》来称呼此碑。①笔者推测，昌国寺旧名"佛窟"应是从其所坐落的"佛窟山"而来，而碑中提到的"佛窟岩"也指代"佛窟山"。②

宋朝南渡之后，在人口激增、人地矛盾突出的浙江地区，对滩涂的开垦成了扩大耕地面积的重要形式，这便是此碑所记事件发生的背景。碑文在经济史、水利史、宗教史研究中多次出现，包括对宋代两浙路的粮食生产（1988）和经济发展（2002）的研究，关于宋代浙江佛教与地方公益活动关系（2009）的研究，关于宋代江南滨海地区水利建设（2019）、对宋代两浙滨海地区土地开发（2019）和对宋代浙江民众沿海滩涂垦殖活动（2021）的研究等；③同时也出现在数篇关于水利及人文地理的学位论文中④。关于该碑反映出的宋代寺观土地有关制度，现有学术成果鲜有提及。游彪先生曾专门对两宋寺院土地获取方式，寺院与农民人身依附关系和土地经营做了非常详细的讨论，⑤但其依据的史料中并未含有该碑；《宋代寺院经济史稿》⑥中提到了该碑，但研究重点是寺庙的垦荒行为和赋税问题。有鉴于此，本文以《佛窟岩涂田记碑》为核心，联系相关史料而尝试进行法制史层面的探讨。

一、碑文整理

《两浙金石志》和《台州金石录》对碑文均有记载，《民国续修台州府

① 李雪梅：《中国古代石刻法律文献叙录》，上海古籍出版社2020年版，第63页。
② 笔者注：台州之天台山亦有"佛窟岩"，但它位于天台县，与碑中记录的临海县地点有五十公里左右的距离。故笔者认为碑中"佛窟岩"不是指天台山佛窟岩，而仅指昌国寺所在的佛窟山。
③ 方如金："宋代两浙路的粮食生产及流通"，载《历史研究》1988年第4期；方如金、赵瑶丹："试论宋代两浙路社会经济的发展及其在全国的领先地位"，载《温州大学学报》2002年第3期；何兆泉："宋代浙江佛教与地方公益活动关系考论"，载《浙江社会科学》2009年第10期；金城："宋代江南滨海地区水利建设——以明州为个案的考察"，载《宋史研究论丛》，2019年第1期；苏颂："宋代两浙滨海地区土地开发探析"，载《宋史研究论丛》2019年第2期；刘璐、张宏利、刘倩倩："宋代浙江民众沿海滩涂垦殖活动研究"，载《地域文化研究》2021年第1期。
④ 贾倩："南宋四明地区水利开发研究"，云南大学2019年硕士学位论文；秦欢："元代温台沿海平原水利建设与区域社会发展研究"，浙江师范大学2016年硕士学位论文；傅俊："南宋的村落世界"，浙江大学2009年博士学位论文；陈丽霞："温州人地关系研究：960-1840"，浙江大学2005年博士学位论文。
⑤ 游彪："论宋代佛教寺院的土地占有及其经营"，载《中国经济史研究》1992年第2期。
⑥ 游彪：《宋代寺院经济史稿》，河北大学出版社2003年版，第92页。

志》原文誊录《台州金石录》考证部分。与《两浙金石志》相比，《台州金石录》的录文用□表示脱字，更加准确；按语详尽，对碑文的考证更为严谨，又指出了《两浙金石志》《赤城集》《台州府志》等古籍相关记载的错讹之处——比如对《两浙金石志》对舍钱题名所刻位置的更正、对失载人物的考证、对碑文中错字的订正等。①因此本文采用了《台州金石录》的录文。如前所述，碑之正文分上下两截。②上截所刻的记文题为"大宋台州临海县佛窟山昌国禅院新开涂田记"（以下简称《涂田记》）；下截刻舍钱题名，尽管题名为"舍钱"，但施舍之物也包括田地、牛等。碑文录文如下。

① "案：《两浙金石志》以为篆额五字、碑阴刻舍钱名衔，皆非。又"强以"讹"强弱"，"任着"讹"在着"，"三十里""三"讹"二"，"郡城"讹"都城"，末"住持"上脱"官"字，其舍钱姓氏亦间有脱误处。今并依拓本补正。《宋史·宗室表》有两"子游"，一无结衔，一题再赠正奉大夫，殆即其人，碑所称其初阶也。包彦晖吴越时为检校刑部尚书，《赤城志》失载，以予考之，与左誉皆为吾乡人，今油溪镇花园文昌阁前一带土人犹呼包宅。相传元末明兵下，台包氏子孙率乡兵御之，遂赤其族，其存者悉改姓散处。予隔溪陈翁耀宗实其后事，详《陈氏家牒》中。左誉字与言，号筊翁，大观三年进士，终湖州通判，见《赤城志·科名》。林师蒇《董将军庙记》："庙在东湖南，熙宁中浚湖，欲毁庙，衙校左良玉实董其役，无子，妻忽梦神告曰：'留吾庙，当以判官为汝子。'及寤，语良玉，遂止，不毁。未几得子，名誉，肖庙之判官。"卒为名士记载。《赤城集》张元干有访"左筊翁旧居，居留饮杏花下"《天仙子》词。（案：吾乡有大左左桥二村得名最古，今皆无左姓者，未知谁为筊翁故第也。）《记》云："院北廿里有堰曰高湖，东西尽众田，南伍师山，北及下渡为田□□□。"《赤城志》：临海义诚乡有高湖堰，又县东南二里有下渡，下渡即古之下津，计当在今下浦一带。《赤城集》陈耆卿端平二年《增学田记》称："太守邢侯近至光孝寺，以涂田千亩讼宿竞未已，丐以其半为学需。"又，淳祐二年董亨复《州学增高涂田记》云："先是，台之亡僧有新开（原误'围'）高湖（原误'潮'）涂田，前太守赵公必愿以其半与学，筞窗记之矣（陈记是邢侯事作赵，误）。报恩寺（本名报恩光孝寺，赤城志在州东南巾子山下，本唐开元寺，绍兴十五年以追崇徽宗改额。案：即今天宁寺）争之不胜，思以计取，郡委官履之，其为田五百二十二亩有奇、地已垦者一百二十亩、而缩未垦者二百四十亩、而赢潴水之所一百三十亩有半，而涂之增者未已。今太守赵公与杰（'志'作'杰'）（笔者注：此处疑为两字顺序颠倒，该太守的姓名实为"赵与杰"）因博士杨君点之请，尽挈而归之学。"（案：赵必愿绍定六年至，见陈振孙《陈忠肃公祠堂记》及必愿自撰《养济院并置修复本末序》，邢近端平二年至，赵与杰淳祐二年至，见陈耆卿、董亨复二记；谢文肃《赤城新志》失载邢名，而以赵必愿、赵希芳、赵与杰三守并云淳祐五年至，非是。《府志》本、《新志》误同。）据碑，涂田开于绍兴十年庚申，下距端平二年乙未凡九十二年，其时已为光孝寺僧争踞选讼，迄淳祐二年尽归之学，而讼始息。碑泐出乃纪亩数，殆籍没后划去者。程君名失，其以县丞摄邑事。《赤城志》《康熙府县志》俱脱载。"□'作'旅'，'族党'作'旅党'，皆非。"参见（清）黄瑞编著，王棻批校：《台州金石录》卷五，载《石刻史料新编》第1辑第15册，第11039—11041页。
② 笔者2021年5月在昌国寺访到此碑。碑阴已经封死，无法考证是否有舍钱题名。碑阳两截刻，下截确为舍钱题名，但字迹中断、剥脱，疑似碑在《台州金石录》记载之后断裂，将舍钱题名折去。

【上列碑文】

大宋台州临海县佛窟山昌国禅院新开涂田记

右宣教郎、主管台州崇道观谢伋撰

保信军承宣使知合门事、兼客省四方馆事、权枢密副都承旨曹勋书

右朝请大夫、新差权发遣抚州军州、兼管内劝农营田事、借紫金鱼袋赵子游篆

台之为郡，负山并海，坂田狭薄，下土涂泥，侧耕危获，较计毫厘。以是富者无连阡陌，中人皆争寻常。惟海滨广斥之地聚人力焉，以防止水趋时如猛兽鸷鸟之发，收获如寇盗之至，或可以得大利。农之知此者多矣，过之者挟其枪刈耰铸，咸有击菜疾櫽之心。幸而得请于官，又主伯亚旅强以之力有限，比间旅党乡州之心不同，则人弃我取，多归于佛之徒矣。自佛法之入中国，逃赋役而去业，着幽禅以为高，此唐韩愈氏之所病也。然佛之法大抵以舍身利物而无所任着为心，则韩子之讥学佛者之过也。台之南三十里有山曰佛窟，其院曰昌国。周广顺间吴越国检校刑部尚书包彦晖之所建，真宗朝改赐今名。当南走瑞岩，北入郡城大道上，传车毂击，僧衲肩摩，寝于斯、食于斯，殆无虚时，而岁之盖藏。院之檀越，左朝奉郎、通判湖州左君誉尝为之谋曰："院北廿里有堰曰高湖，岸之涂泥可田也。"左君既亡，而事不就。绍兴庚申季春，僧宗辩来主是刹，首发左君之遗意，以语其徒，愿供租赋以奉公上，出力役以给往来。院众复因等皆是其说，则状其事于县丞。程君时摄邑事，以为无伤于民而利于公，遂从其请。东西尽众田，南伍师山，北及下渡，断长补短为田□□□。于是富者出财，少壮者出力，能者出技，或弃庵而为庐，或舍地而增址。暑不避暴炙，寒不避偃薄，四时之闲，无日休息，沾体涂足，以旦暮从事于斯。固壅塞以防决，蓄灌溉而能旱。二年而成，乃有积仓，取供十方，斋厨以给，飞锡而来者皆大观喜。则具石，将列檀施之名于左方，且求文以记。有僧崇教大师宗敏语宗辩曰："左君之善谋，而师克成之，得所与左善者而记之，则檀施悦矣。今谢祠曹故善左别驾，若求文于谢，其无辞乎。"辩来请记如敏，说余曰："左君吾先人之所知也，善与人谋，尝一言而为兹山永久之利，乐辩能成其意。"故为之书，以示不知者。时绍兴十三年三月上浣日记。

官住持传法默庵苾蒭宗辩立石 郡士王赏摹刊

【下列碑文】

今具列舍钱名衔

胡承璋并妻阮三娘一百千、牛一头。

童居允并妻丁十二娘一百千、牛一头。

柯宗海并妻董十八娘、孙可寿舍庄基一片。

姜廿八娘舍山一片。

高容、王安上各舍田一亩。

比丘用邠二十千。

住瑞岩讷堂如胜比丘德从、道滋、尼景一、净觉、彦□、真了、柯寿胥、柯寿朋、郑德昌、柯寿祺、杞绰各一十千。

刘珵、蒋端卿、陈怀喜、张彦端、李元各六千。

卢允尧、卢积、周子瑶、林颎、倪公信、郑十娘各□千。

林与龄、林鹨、何允从、徐友直、吕文、柯有璋、林文立、卢元冲、林文芝、丘元政、丘大臻、高章、周思□、□庆之、厉德庆、徐元富、李敦仁、胡献麟、蒋□□、□□、刘□□、俞德严、蒋宗信、何德通、尼彦永、吴□、□□、比丘敏□、比丘如一、宗式、景仁、惠印、元静、子澄、宗观、智明、梵清、元晓、用瑶、法□、尼净辩、妙静、王五娘、吕八娘、祝十二娘、卢三一娘、□□娘、高四七娘各三千。

左调、左劲、左劬、葛子文、俞允升、蒋思恭、丘子永、朱允琮、周宗强、卢仲寿、卢琼、卢良、詹珉、杨□、杨宗靖、林元重、徐敦才、林宗茂、林宗懿、王旻、丘璋、比丘体心、元翼、文素、宗译、尼法会、彦钦、元用、元晓、沈七娘、吴九娘、杨廿七娘、□十娘、□□娘、王廿五娘、汪卅三娘、牟十九娘、陈四娘、陈九娘、□永贵、柯志□各二千。

杨宗贵、王琪、金十四娘、涂允崇、金尧、李奭各三千五百。

卢元白、卢元果、周宗旦、丘子尧、□进益、祝宗概、孟瑶、卢允元、解智、丁彦明、蒋宗晖、周文立、梁才之、□□、张彦彬、张俩、朱慎、曹惟实、章尤之、章友直、陈宗有、比丘宗敏、惠超、择基、梵威、景安、梵依、了方、文约、文萃、智诚、陈九娘、郑十三娘、张廿二娘、杨廿六娘、丁十六娘、丁十四娘、祝二十娘、卓七娘、李承富、□□各一千。

李文富、林忠厉、公贤、公竦、公举、潘德各三千。

杨端复、端臣、端一。①

当山助缘僧灵悟、道权、文慧、宗观、梵圆、梵宗、行淳、文表、梵规、文一、文绍、义荣、了戚、慧严、道奇、可咏、如外、国沽、宗一、如月、干当僧复因、知殿宗逸、知藏了存、知库彦绩、维那如鉴、副院梵规、监院惠惇、前住持传法苾蒭宝因。

《涂田记》中提到的"侧耕"是一种针对较小地块的耕作方法，耕地后土垅长短不一而根据地块边界起止，都面向同一侧翻起。"主伯亚旅强以"②"比闾族党乡州"③一句虽然大量用典，但文意其实单一明确：乡民力量分散，难以集中进行涂田改造。工程开始的绍兴庚申年是绍兴十年（1140）。按文中所说"二年而成"，则工程基本完结于绍兴十二年（1142），数月后的绍兴十三年（1143）《涂田记》作而碑立。

主持涂田开发和立碑的僧人默庵宗辩生卒不可考，对其生平事迹的记录也只有此碑文。"苾蒭"同"比丘"，是僧人的代称，该僧人应是法名宗辩、法号默庵。准许涂田开发的县丞程君，其名讳、生平亦不可考，只能通过碑文了解到他当时以县丞身份"摄邑事"。涂田得以开发，宗辩、程君功不可没。建议开垦涂田的昌国寺檀越左誉是临海本地人，北宋大观三年（1109）的进士，最高官阶至湖州通判，在当地有一定影响。书丹的曹勋官至太尉，"自南渡扈驾居台，卒葬临海县西四十里显恩褒亲院"。④篆额的赵子游是宋朝

---

① 此处缺舍钱金额。

② "侯主侯伯，侯亚侯旅，侯强侯以。《传》：'除草曰芟，除木曰柞。畛，场也。主，家长也。伯，长子也。亚，仲叔也。旅，子弟也。强，强力也。以，用也。'《笺》云：'……或往之隰，或往之畛，父子余夫俱行强，有余力者相助，又取佣赁务疾毕，已当种也。'"参见（汉）毛公传、郑玄笺，（唐）孔颖达等正义：《毛诗正义》，上海古籍出版社1990年版，第745页。

③ "令五家为比，使之相保；五比为闾，使之相爱；四闾为族，使之相葬；五族为党，使之相救；五党为州，使之相赒；五州为乡，使之相宾。"王云五、朱经农主编，黄公渚选注：《周礼》，商务印书馆1936年版，第22-23页。

④ （清）黄瑞编著，王棻批校：《台州金石录》附录《砖录五》，《石刻史料新编》第1辑第15册，第11240页上栏。

宗室，"燕懿王赵德昭后裔，赵令虑之子。靖康中，累官至知宁陵县。绍兴二十年（1150）累官为知徽州，迁右奉直大夫、荆湖北路提点刑狱公事。绍兴二十七年（1157）除直秘阁。出知南外宗正司"。① 撰者谢伋"字景思，号药寮居士，上蔡人，谢克家子，能诗文……喜论文章作法，著有《四六谈麈》一卷"。②

《佛窟岩涂田记碑》作为法律碑刻史料，笔者倾向于将它归类为"记事碑"。首先，从记文看，开垦涂田是在官府准许之下的"寺院行为"，立石人也是本院主持涂田开垦的僧人本人。其次，碑衔题名是全名且无押印。综上可以认为该碑不是官府立碑，涂田开垦也不是官府行为。另外，尽管《涂田记》涉及了一些水利修建的组织、方法，且舍钱题名有彰表善举的含义，但其重点不是强调个人功德，也算不上功德碑。总体看来，该碑是一块记录南宋绍兴年间滩涂地水利修筑有关事实的记事碑。

二、碑文中的涂田水利兴建和组织管理

《涂田记》中被开垦为田地的"涂泥"存在于沿海、沿江地域。潮水起落造成沙土和腐殖质淤积在岸边，若采取一定手段使这些滩涂地免受水淹，改善土壤，则可以改造为农田，即所谓"海田""海塘田""海涂田""沙田""涂田""洋田""淤田"等。"涂田者乃海滨涂汛之地，有力之家累土石为堤以捍潮水，月日滋久，涂泥遂干，始得为田。或遇风潮暴作，土石有一罅之决，咸水冲入，则田复涂矣。"③涂田既可以由海水滩涂改造而来，也可以由沿江、河岸滩涂开垦获得。其中海田的工程就尤为浩大。元代王祯的《农书》对海水和淡水滩涂地的特点和处置方式描述得更为详尽："……（海）潮水所泛沙泥，积于岛屿，或垫溺盘曲，其顷亩多少不等。上有咸草丛生，候有潮来，渐惹涂泥。初种水稗，斥卤既尽，可为稼田。所谓'泻斥卤兮生稻粱'。沿边海岸筑壁，或树立桩橛，以抵潮泛。田边开沟，以注雨潦；旱则灌溉，谓之甜水沟。其稼收比常田利可十倍，民多以为永业。又中土大河之侧，及淮湾水汇之地，与所在陂泽之曲，凡潢污洄互，壅积泥滓，水退皆成淤滩，

① 杨倩描主编：《宋代人物辞典》，河北大学出版社2015年版，第1212页。

② 曾枣庄：《中国古代文体学》，上海人民出版社2012年版，第469页。

③ （元）冯福京：《讲究涂田租米状》，载乐承耀：《宁波农业史》，宁波出版社2013年版，第143页。

亦可种艺。秋后泥干地裂，布撒麦种于上。此所谓淤田之效也。夫涂田、淤田，各因潮涨而成，以地法观之，虽若不同，其收获之利则无异也。"①可见，对于滩涂地的垦殖，最主要的是采取三项水利措施：一是针对海水滩涂，修筑海防堰坝，抵御涨潮时对田地的淹渍冲刷（淡水滩涂一般不用此项）；二是挖掘水渠，在田内积水的情况下及时排水；三是田边挖沟，储蓄淡水用来旱季灌溉。

碑中所记昌国寺就是这样进行了涂田的开发。尽管记文中"台之为郡，负山并海，坂田狭薄……惟海滨广斥之地聚人力焉"之语似乎形容该片涂田位于沿海，但若细考涂田地点，可以发现它并非海水滩涂，而是位于山谷、由江水淤泥改造的淡水滩涂。有三种证据可以证明这一推断。第一是结合古籍推论出的，涂田在今日地图中的位置。《涂田记》说"台之南三十里有山曰佛窟，其院曰昌国"。《民国临海县志》引《嘉定赤城志》的记文："昌国寺在县南二十五里楮溪。"②其中"楮溪"当为今日之尤溪镇，从目前台州卫星地图可见，它今日仍位于临海县城南边十五公里左右，位置吻合。又，《涂田记》中记载涂田位置位于寺北廿里，"南伍师山，北及下渡"。《台州金石录》考证说："赤城志临海义诚乡有高湖堰，又县东南二里有下渡，下渡即古之下津，计当在今下浦一带。"③而今昌国寺北二十里、临海县城南二里之处有义城路，又有下浦村，地名再次吻合。从目前台州卫星地图可以看出，该地是山间平地，位于灵江之阴，紧靠河道，满足涂田开发条件。第二是《赤城志》中所记载的古地图。从图 1 中可以看到，昌国寺所在的"瑞岩"和涂田所在的"下渡"均为群山环绕的地形。尽管古地图在比例尺等细节方面有一定失真，但对当时地形的反映不会将海滨描绘成山地。第三是《涂田记》自身文字。它的大意逐句可总结为：台州地理特点不利于发展农业；海滨人口较多及其原因，涂田可能得利；工程较大，无法靠百姓个体完成，涂田归于寺庙的情况反而较多；儒学对佛家的评论；本寺历史及窘迫经济状况；左誉提议"院北廿里高湖堰岸之涂泥可田"；宗辩实际组织完成该工作；记文缘由。可

---

① （元）王祯撰，孙显斌、攸兴超点校：《王祯农书》卷七，湖南科学技术出版社 2014 年版，第 22—23 页。

② 何奏簧纂，丁伋点校：《民国临海县志》卷三五，中国文史出版社 2006 年版，第 342 页。

③ （清）黄瑞编著，王棻批校：《台州金石录》卷五，《石刻史料新编》第 1 辑第 15 册，第 11040 页。

见,《涂田记》前半部是记录高湖堰涂田工程的大背景,强调土地情况、人力充足、寺院对涂田的占有和组织修筑的必要性,唯独没有强调本案所及之地是海滨田地。相反,记文中的昌国寺"当南走瑞岩,北入郡城大道上",在台州东部面海的情况下于"院北廿里"的"有堰曰高湖"的"岸之涂泥"处修建水利工程,看起来也更像是淡水涂田开垦。可作为涂田位置推论的旁证。综上,尽管台州当时在大量开发海涂田,但《涂田记》所述之土地是淡水涂田。

图1 《赤城志》之《州境图》复刻版 ①

对于这块淡水滩涂的改造,《涂田记》记载了两项措施。第一项措施是"东西尽众田,南伍师山,北及下渡,断长补短为田□□□"。"东西尽众田"之"尽"可能有两种解释:或为"尽于众田",即以滩涂东西向现存有主田地为界线;或为"尽收众田"即东西临近滩涂的民田都舍与寺庙。在后一种解释并无证据证明的情况下,笔者倾向于第一种解释。舍钱题名中的舍地并不能证明"尽收众田",因为它描述的位置不明;且被舍之地为"庄基一片(很可能是后文所述"弃庵以为庐",即用作工棚而非稼耕)、山一片、地两

---

① 浙江省测绘与地理信息局编:《浙江古旧地图集》,中国地图出版社2011年版,第550页。图中上部方框"下渡"为涂田所在地,下部方框"瑞岩"为昌国寺所在地。

亩（二人各舍一亩）"，山并非"田"，两亩田似乎也不能算"众田"，所以"东西尽众田"应为开发东西两侧有主田地中间的滩涂之意。在这片滩涂中，改造者采取了"断长补短"的方法。"断长"可以理解为挖掘沟渠，使得田有阡陌，便于耕种；而"补短"根据上下文义，则可推测为滩涂并不连续，需要人为平整、铺垫，加以连通，将零碎的山谷地开发为整片耕地——上述舍田，很可能便做此项用途，即后文所述"舍地而增址"。第二项措施是"固壅塞以防决，蓄灌溉而能旱"。前文提到，沿海涂田开垦的一项重要措施是修筑堰、坝，防止海水冲刷，而河田因为一般不涉及冲刷问题，所以对堰坝并不像海涂田那样必需。《涂田记》中对防水设施的处理，也只是"固壅塞以防决"，即加固原有的"壅塞"，防止水漫农田。其所加固的"壅塞"应该就是左誉所指"有堰名高湖"的高湖堰。关于此堰的始建情况，笔者未能找到相关信息，大抵并非昌国寺所建。昌国寺将已有水利设施"高湖堰"进行了修整，使得涂田能够正常利用。至于"蓄灌溉而能旱"，指开挖田边沟渠，涝时辅助排水，旱时储水灌溉。根据前文所述可知此乃当时涂田垦殖常见措施，适合《涂田记》所述山谷涂田的开垦。

昌国寺从三个方面主导、组织了此次涂田开发。第一是牵头申请了涂田开垦并获得官府批准。正是昌国寺"首发左君遗意"并"状其事于县丞"，这项工作才得以启动。第二是组织了人力物力进行涂田的实际开垦工作。一方面组织"少壮者出力，能者出技"的人力资源，一方面又组织"富者出财""或弃庵而为庐，或舍地而增址"和碑下截舍钱题名中涉及的钱物这些物质资源。舍钱题名所记载的物资共计牛二头、庄基一片、山一片、田二亩、钱663千，此外还有3位施主和28位"当山助缘"也即本寺僧人所舍钱物没有明确开列、六位施主所舍金额缺字。如果按照题名行文逻辑推测其可能捐赠的最小额度，未列金额至少有60千，那么募集到的现金总数很可能超过700千。昌国寺应是实际支配了这笔钱款，用于涂田开发。第三是出寺院财产供给工程所需，即"供租赋以奉公上，出力役以给往来"。"供租赋以奉公上"含义不太明朗，既可以解释为涂田开发后愿向官府缴纳地租、赋税，又可以理解为愿意将寺庙以往收入献出公用而兴建水利。就当时物价而言，笔者倾向于昌国寺在所募集到的财产之外，确实另出纳了寺院财产用于开垦涂田——仅以舍钱题名所记之钱物所购买物资，不足以支撑工程完成。当时，宋朝南渡、浙东饥荒、物价上涨，按照《宋史》"米斗千钱"①的说法，昌国寺所募集的 700 千钱能买米 700 斗。涂田"二年而成"，按工作量而言，700斗米估计不够支用。如果在这个过程中官府拨帑援助，《涂田记》应该不会漏记，既然未记，应是官府没有财政支持。那么，不足的部分可能是寺院填补了。这里的"租赋"应为虚指，意为寺院现有财产，至于是否实际纳税，我们下文讨论。而"出力役以给往来"，与前半句一起用了骈偶的修辞手法，即昌国寺"供租赋、出力役"以"奉公上、给往来"，以财产和人工的贡献使得涂田工程得以开展，其收获之利可以供养往来僧人。由此也可见昌国寺至少开垦涂田之后一定时间内，实际享受了土地收益。

从效果来看，《农书》强调改造后的涂田"稼收比常田利可十倍"，这与《涂田记》中"或可以得大利"的记载是相符的。总之，这些水利工程使得南宋的浙东温、台沿海滩涂地得到了较好的开发，在很大程度上解决了人多地少问题。与打井、开河、筑堤等"改良"土地的水利行为相比，滩涂改造可以算是"创造"土地——水利设施的优劣直接决定了得地的多寡。

三、碑文中涂田的产业性质和税赋

涂田水利的修建是"造田"的过程，水利与土地直接关联。组织了涂田开发的昌国寺能否因此当然获得涂田土地的权利，也是本文关注的重点。

从《涂田记》本身来看，宗辩和尚请当地名士作《涂田记》，并刻立碑石，除了光大善举、记取舍钱名录之外，也不无宣示昌国寺合法占有涂田之意：一是强调涂田开垦获得了当地官员的同意，所谓"则状其事于县丞，程君时摄邑事，以为无伤于民而利于公，遂从其请"。二是强调涂泥之地为佛寺开垦的普遍性和必要性，所谓"幸而得请于官……则人弃我取，多归于佛之徒矣"。联系上下文，这里的"请"应是指"请求"而不是"请射"。三是强调涂田部分地土为施主舍田，所谓"或舍地而增址"，且舍钱题名开头先写舍地情况"柯宗海并妻董十八娘、孙可寿舍庄基一片，姜廿八娘舍山一片，高容、王安上各舍田一亩"。表示辅助用地已经明确施舍给寺庙。四是强调昌国寺对涂田水利修建的贡献，包括"首发左君遗意""状其事于县丞"及"供租

---

① "（绍兴）九年，江东西、浙东饥，米斗千钱，饶、信州尤甚。十年，浙东、江南荐饥，人食草木。"参见《宋史》卷六七《五行志五》。

赋以奉公上，出力役以给往来"，暗示既然水利工程修建为昌国寺主导，那么涂田权利也应归于寺庙。五是强调昌国寺已经享有涂田增产的收益和其造成的良好效果，所谓"二年而成，乃有积仓，取供十方，斋厨以给，飞锡而来者皆大观喜"。六是以当地名士为此水利工程的修建"背书"。但是这些文字，没有一条能作为昌国寺拥有涂田合法权利的实在证据。

事实上，宋代官方组织涂田开垦的记载较少，寥寥几笔如北宋"蔡襄漕福建，莆有陂塘五所，自豪民请筑为田塘，下田皆为旱地。襄奏古塘灌田千余顷，可活八千余家。及筑为田，才百顷，止赡官势户三十余家，利害灼然。后五塘皆复，民立祀"。①以及南宋汪思温"余姚濒海有堤，久而圮。思温修复之，并海田免水患者六十里"。②滩涂地多由民间自行开垦后，宋代沿袭了后周《荒田法》，将民间新开涂田作为荒田对待。后周《荒田法》可以在《五代会要》中查询到原文。③宋代官府援引该法，将涂田视为荒田，即将其定性为官田，并通过一系列程序出让其租佃权。北宋淳化五年（994），"凡州县旷土，许民请佃为永业，蠲三岁、租三岁外输三分之一。官吏劝民垦田，悉书于印，以俟旌赏"。④即无人耕种的荒地可以作为官地，允许百姓租佃，而且允许"请佃为永业"即永久承佃。《淳熙三山志》载"熙宁二年（1069），程大卿师孟表其状于朝，明年，可其请，令自今沿海泥淤之处，不限寺观、形势、民庶之家与筑旱为田，资纳二税……海中又有放牧地八百里（海坛里），皇祐中许民请射如荒田法，今或可耕云"。⑤可知北宋熙宁年间，政府鼓励民间筑旱滩涂为田，但必须缴纳二税；而皇祐年间更是准许民众参照逃户荒田管理的办法，通过请射程序获得土地的合法权利。南宋时上述政策依然

---

① （宋）李俊甫：《莆阳比事》卷六，江苏古籍出版社 1988 年版，第 6 页。

② （宋）胡榘撰，罗浚纂修：《宝庆四明志》卷八《郡志》，北京图书馆出版社 2003 年版，第 32 页。

③ "周显德二年正月二十五日敕：应自前及今后有逃户庄田，许人请射承佃，供纳租税……一应有坐家破逃人户其户下物业，并许别户陈告请射承佃，供纳租税，充为永业，不限年载，不在论认之限……显德二年正月二十五日已前应有逃户抛下庄田，自来全段无人承佃，曾经省司指挥开辟租税者，宜令本州县招携人户归业，及许别户请射为主，与免一年差科色役，至第二年已后据见在桑土及租莳到见苗诣实供通输纳租税。"（宋）王溥：《五代会要》卷二五《租税》，中华书局 1998 年版，第 311 页。

④ 《宋史》卷一七三《食货上一·农田》。

⑤ （宋）梁克家修纂，福州市地方志编纂委员会整理：《三山志》，海风出版社 2000 年版，第 139 页。

延续，所以民众自行开发的海涂田在性质和管理手段上与一般的逃户荒田相同：必须缴纳两税，并且通过"请射"程序方能获得合法的土地权利。至于这种权利的性质，从《荒田法》"请射承佃，供纳租税，充为永业"的记载，可以看出是官地的租佃权，而非所有权，即使这种租佃权可能是"永业"——永久承佃。总之，对于当时的涂田而言，完善水利设施、开垦涂田的行为并不能使开垦人自然获得土地的所有权，但有可能在官府批准的情况下，获得涂田的租佃权或永佃权。

在这种背景下，判断昌国寺是否获取了土地权利，可以考察当时寺院获取土地权利的途径。这种途径可分三类。第一类是通过赐田获得土地所有权。第二类是通过交易获得土地权利。按《涂田记》内容，昌国寺没有购买和承租的记录。至于"庄基一片、山一片、田二亩"转让的是使用权还是所有权，依碑文尚不能判断。从《涂田记》"乃有积仓，取供十方，斋厨以给"的文字判断，只能说所舍土地的收益权由昌国寺享有。第三种途径即如前段所言，参照《荒田法》的规定，通过认缴赋税和请射手续获得田地的租佃权。这就是之前提到的问题："供租赋以奉公上"是不是指涂田垦成之后，昌国寺认缴税赋？游彪先生认为这确实表示昌国寺"要向官府交纳相应的赋税"。但是，"承诺"或"应当"缴纳赋税，不等于昌国寺实际缴纳了赋税，也不代表昌国寺完成了土地租佃的官方手续，所以不能由此认定它获得了土地的租佃权。反观《涂田记》文字，可以发现它对土地权利语焉不详，不仅未提寺院拥有涂田永佃权，反而可以作为寺院没有永佃权的旁证：在涂田的原始状态上，《涂田记》记载模糊。与之形成对比的是，隆兴元年（1163）《普慈禅院新丰庄开请涂田记》记载了普慈禅院"大观中，请海涂一段，地名富都乡白泉隩，岁得谷千斛，自后荒芜不治，以故常住空阙，每有食不足之叹。一日有头陀宗新等七人开发道心，身任劳役，复治其田。凡历三年而后成"。①此涂田开垦过程中，寺庙是"请海涂一段"获得地权在先，"开发道心，身任劳役，复治其田"二次垦荒在后，而《涂田记》没有类似记载。一言以蔽之，尽管昌国寺组织了水利建设、享受了涂田收益，但单以《涂田记》，无法回答"昌国寺是否获得了土地租佃权"的问题。

---

① （宋）王存之：《普慈禅院新丰庄开请涂田记》，载（宋）张津等：《乾道四明图经》卷一，宁波出版社 2011 年版，第 19-20 页。

这个问题的答案，要到作于涂田开发后近百年的两篇文章中去找，即陈耆卿作于端平二年（1235）的《增学田记》和董亨复作于淳祐二年（1242）年的《州学增高涂田记》。它们不仅交待了百年后涂田的归属，也为昌国寺当年土地权利的判断提供了依据。《州学增高涂田记》云："先是，台之亡僧有新围高潮涂田，前太守、今尚书赵公必愿以其半与学，笕窗记之矣。报恩寺争之，不胜，思以计取。阳为租佃，岁输不能厘杪，阴实据之。"①黄瑞《台州金石录》对《涂田记》的考证认为，上述"新围高潮涂田"指的就是昌国寺所耘涂田，但其记录文字有误，"台之亡僧有新开（原误围）高湖（原误潮）涂田"。赵必愿②做太守时，将该田的一半拨付给州学，此事在《增学田记》中亦有记载："又光孝寺私涂田千亩，讼宿竞未已，复丐以其半为学。"③陈记和董记对涉及争讼的寺庙名称分别记为"报恩寺"和"光孝寺"，《涂田记》考证则认可了两种说法，认为该寺全名为报恩光孝寺。④据《州学增高涂田记》，这片田被赵必愿划归学田一半之后，时任太守的赵与杰⑤"因博士杨君点之，请尽挈而归之学，别辍廪余，以惠贫民，然后学总其权而利入丰矣"。至此涂田全归府学，佛寺不复占有和收益。

综合上述事实，可以看到在昌国寺开垦涂田之后九十二年，赵必愿将其

---

① （宋）林表民辑：《赤城集》卷六，上海古籍出版社 2019 年版，第 130-134 页。

② "赵必愿（？~约 1248）南宋饶州徐丁（旧治在今江西余干西北）人，字立夫。汉恭宪王赵元佐后裔，赵崇宪之子。初以荫补官，累官至常熟县丞。嘉定七年（1214）中进士，授知崇安县。修学政，立催科法，行义役，捐缗钱增籴以实均惠仓。端平元年（1234）以直秘阁知婺州。嘉熙元年（1237）贻书政府，论边防事宜，授右司郎中。淳褚五年（1245）以华文阁直学士知福州兼福建安抚使。居官四年而卒。"参见杨倩描主编：《宋代人物辞典》，河北大学出版社 2015 年版，第 1164 页。

③ （宋）林表民辑：《赤城集》卷六，上海古籍出版社 2019 年版，第 134-137 页。

④ "报恩光孝寺在州东南一里一百步巾子山下。"详见（宋）陈耆卿纂：《嘉定赤城志》卷二七，中华书局编辑部编：《宋元方志丛刊》第 7 册，中华书局 1990 年版，第 7477 页下栏。笔者按：在《嘉定赤城志》卷二七《寺观门一》中，报恩光孝寺和昌国寺并存，可见并非同一寺院，报恩光孝寺不是昌国寺九十余年后改名而成。结合前文，如涂田在州东南二里，报恩光孝寺在州东南一里一百步，而昌国寺在州南三十里，则报恩光孝寺几乎就在涂田之侧，比昌国寺与涂田的距离近得多，其侵占涂田自有其便利条件。

⑤ "赵与杰，生卒年不详，南丰县（今江西南丰）人。累官钱塘县（今属浙江杭州）知县，迁工部郎官。南宋淳祐元年（1241）为台州知州，任内重修州学沂咏堂，并将光孝寺所有佛窟岩涂田尽归州学学田。六年十一月，以朝请郎、军器监除提举浙东常平仓事。八年正月除司徒少卿，二月除直宝谟阁，依旧浙东提举暂兼提刑，六月除太府卿。"参见马曙明、任林豪：《台州历代郡守辑考》，上海古籍出版社 2016 年版，第 216 页。

中一半划为学田，而侵占该涂田报恩光孝寺不能争回土地，便"阳为租佃，阴实据之"。随后，赵与杰将另一半也归为学田。官府可以直接划拨土地，说明土地所有权仍为官府掌控。也就是说，当时昌国寺即使获得了土地权利，也只是租佃权。进一步分析，昌国寺的租佃权是否成立都存疑。第一，如果昌国寺得到的是永佃权，它会有公据、租簿为证，如此则报恩光孝寺的"争踞"不太可能成功，官府也不易将田地直接划拨给府学；第二，如果"光孝寺私涂田千亩"之"私"的状态是由昌国寺继受而来，则连昌国寺都没有涂田的合法权利。猜想其原因，可能是昌国寺没有取得租佃权的合法执照；可能其在数十年后山门零落（所谓"台之亡僧"，可以理解为寺院已经没有人继承和管理寺产）；也可能是昌国寺申请到了涂田的永佃权，但由于报恩光孝寺"岁输不能厘杪"，没有履行交租义务而被官府强行收回。

值得解释的一个问题是，昌国寺"真宗朝改赐今名"，作为一所敕建佛寺，有没有可能通过寺院的免税特权和涂田开垦之功，在不纳两税的情况下获得涂田的租佃权？这个答案是否定的。昌国寺在真宗朝改额，具体年份是大中祥符元年（1008），此时宋代管理宗教团体的重要制度——系帐制和敕额制已经施行，出家人和寺庙必须经过登记才能获得合法身份，"敕额"就是寺院合法身份的标志。寺院有敕额仅能表示它是经过批准、合法运行的，并不能成为其免税的依据。田赋和徭役，昌国寺都有义务负担：首先，宋代寺院不免田赋即土地税，朝廷赐田之外的寺地都要纳税。北宋天圣八年（1030）十二月六日的《灵隐寺中书门下牒》就专门提到"牒奉敕，宜令逐州子细勘会，如委实是宣赐到庄田据，合纳夏秋二税并与放免，即不得将不系宣赐到田土内税物一例放免。"[1]开垦得当的涂田收成较为丰厚而缴纳的税赋也比较多，所以官府会经常丈量涂田面积，防止逃税。第二，两税法施行以后，寺院也不再享受免役的待遇。"成丁、单女户、寺观、品官之家，旧无色役而出钱者，名助役钱。"[2]虽然皇室神御寺观和功臣勋贵的功德坟寺可以蠲免上述助役钱，[3]但昌国寺只是一所获得了普通敕额的合法寺庙，并不享受这等待遇，若不纳赋税而获得土地权利，恐怕很难行得通。

---

[1]　（清）阮元：《两浙金石志》卷五，《石刻史料新编》第 1 辑第 14 册，第 10302–10303 页。

[2]　（元）马端临：《文献通考》卷一二，新兴书局 1965 年版，第 37 页。

[3]　王仲尧：《南宋佛教制度文化研究》，商务印书馆 2012 年版，第 107 页。

＊　＊　＊

　　法律视角中的水利碑多含有约束、规制之意，或刊刻公文，或细化律令，或拟定水规，或描画地图。这些水利碑刻在当时起到了明确权利、规范行为的作用；在如今便于进行制度和法律规范的研究。但《佛窟岩涂田记碑》让我们看到，即便不含规范内容的记事碑，也能够起到还原历史细节的作用，同样有助于对古代权利、赋税等问题的探讨。

蒙古时代的晋祠修葺与晋水流域的民众、渠长

——以《重修汾东王庙记碑》为中心

项泽仁*

【摘要】 山西省太原市晋祠唐叔虞祠正殿外廊左侧存有一通《重修汾东王庙记碑》。碑阳为弋毂撰《重修汾东王庙记》，碑阴为两道文书，左侧刻太原路总管府签发的指挥，右侧刻晋祠乡老结罪文状。晋祠的修葺受益于诸路掌教真人张志敬获赐宝钞与李德辉的适时上奏。修缮工程启动前，太原路总管府基于平晋县对晋祠周边乡老的取勘，确认了旧有四至，并签发指挥至晋祠，保证修缮的顺利开展。碑阴文书后附题名显示：蒙古时代"四河"之分与"渠长"一职便已经出现，晋祠修葺关涉"四河"用水利益。彼时晋祠四村以外存在其他村落，北河渠长张秀与南河渠长王显、郭廷可能分别是明清北渠花塔村与南渠王郭村早期居民。

【关键词】 晋祠；重修汾东王庙记碑；水利组织

一、碑石解题与研究史回顾

晋祠坐落于今山西省太原市西南 25 公里处的晋源区悬瓮山麓，系全国重点文物保护单位，祠史可追溯至郦道元笔下的"唐叔虞祠"。[①]今日所见古建多为北宋以降的历史遗存，"但圣母殿前的周柏、战国至隋唐的许多考古发

* 项泽仁，南开大学历史学院中国史专业博士研究生。

① （北魏）郦道元注，杨守敬、熊会贞疏，段熙仲点校，陈桥驿复校：《水经注疏》卷六，江苏古籍出版社 1989 年版，第 609 页。北宋天圣年间（1023—1032），追封唐叔虞为汾东王。熙宁年间（1068—1077），封圣母为"显灵昭济圣母"，庙额"惠远"。故晋祠又称"惠远庙"。

现，还是可以证明这里有过更为久远的历史"。①祠内所存碑刻，上至李唐，下迄民国，以明清为大宗，集中于圣母殿及唐叔虞祠。

《重修汾东王庙记碑》（以下简称《庙记碑》，见图1）位于唐叔虞祠正殿外廊左侧。额、身一体，通高242厘米，广101.4厘米，厚29.2厘米。碑座高42厘米，广124厘米，厚53.5厘米。碑阳正书，额篆书"重修/汾东/王之/庙记"八字。碑身温润如碧，碑文整齐有序，清晰可辨，字体苍劲典雅。除左上侧额、身交接处略有缺损，整体保存完整。碑阴额上无字，泛微黄。碑身下部多有剥蚀，干燥黝黑，似经多次捶拓。碑文高低错落，刻锋潦草，然基本可辨。

图1 《重修汾东王庙记碑》

利用山西地区金石文献，首先查阅明人胡谧所撰《山西金石记》，其中存有"汾东王庙记"一条，谓"至元四年（1267），今在太原县晋祠"。未录碑文，仅对祠史及相关人物略作考证。②嘉靖《太原县志》（以下简称嘉靖《县

---

① 赵世瑜："多元的标识，层累的结构——以太原晋祠及周边地区的寺庙为例"，载《首都师范大学学报（社会科学版）》2019年第1期。

② （明）胡谧：《山西金石记》卷八，载林荣华校编：《石刻史料新编》第3辑第30册，新文丰出版公司1986年版（本书编者和出版信息以下省略），第475页。

志》）首次辑录碑文，但限于碑阳。①清人金石著作中，成书较早的《寰宇访碑录》辑录了元世祖至元年间（1264—1294）的碑刻，系于至元四年（1267）的碑刻仅有七通，并无所寻之碑。②进而搜检《金石汇目分编》，该书卷一一太原府太原县之"已见"部分仅录四通元碑，③亦不得见。及至同卷"待访"部分，方见此碑身影，记作："元重修汾东王庙记，《太原府志》：'弋毂撰。至元四年建，在晋祠。'"④道光《太原县志》（以下简称道光《县志》）录文限于碑阳且文末有阙。⑤《山右石刻丛编》（以下简称《丛编》）辑录碑阳文字，并对所涉人物、官职详加考释。⑥《山右访碑记》所录元代碑刻始自至元十一年（1274），⑦亦无缘得见。就金石志、地方志辑录情况而言，该碑"出镜率"不算太高，显而易见的是，各类文献不约而同遗漏了碑阴文字。思考此现象出现的缘由，首先虑及沿袭传抄因素。嘉靖《县志》、道光《县志》及《丛编》均辑录碑阳文字，兹节录如下。

> 重修汾东王庙记。即唐叔虞祠，提举学校汝阳弋毂撰。《书》于"望秩于山川，祀之有品秩"，……遂招拾前说之可考者而粗书之。至元四年建。⑧
> 重修汾东王庙记。提举学校弋毂。《书》于"望秩于山川，祀之有品秩"，……遂摭拾前说之可考者而粗书之。至元四年建。⑨
> 重修汾东王庙记。宣授太原路提举学校官戈毂撰，中书省左右司员

---

① （明）高汝行纂修：（嘉靖）《太原县志》卷五《集文》，载《天一阁藏明代方志选刊》第8册，上海古籍书店1981年版（本书出版信息以下省略），第26-28页。

② （清）孙星衍、邢澍：《寰宇访碑录》卷一一，载《石刻史料新编》第1辑第26册，第20029页。

③ （清）吴式芬：《金石汇目分编》卷一一，载中国东方文化研究会历史文化分会编：《历代碑志丛书》第25册，江苏古籍出版社1998年版（本书编者和出版信息以下省略），第359页。

④ （清）吴式芬：《金石汇目分编》卷一一，载《历代碑志丛书》第25册，第360页。

⑤ （清）员佩兰总裁、杨国泰纂修：（道光）《太原县志》卷一二《艺文志一》，载《中国方志丛书·华北地方》第431号，成文出版社1976年版（本书出版信息以下省略），第668-672页。

⑥ （清）胡聘之：《山右石刻丛编》卷二五，载《石刻史料新编》第1辑第20册，第15517-15519页。

⑦ （清）鲁燮光：《山右访碑记》，载《石刻史料新编》第3辑第30册，第572页。

⑧ （明）高汝行纂修：（嘉靖）《太原县志》卷五《集文》，载《天一阁藏明代方志选刊》第8册，第26-28页。

⑨ （清）员佩兰总裁、杨国泰纂修：（道光）《太原县志》卷一二《艺文志一》，载《中国方志丛书·华北地方》第431号，第668-672页。

外郎冯袤书丹，宣差五路万户府参议田伯英篆额。《书》曰"望秩于山川，祀之有品秩"，……遂摭拾前说之可考者而粗书之。至元丁卯岁孟秋朔日汝阳戈毂载拜谨记。①

三部文献所记碑文主体部分基本一致，首末文字略有不同。道光《县志》可能照抄了嘉靖《县志》，并对个别文字做了改动（如将"招拾"改为"摭拾"）。《丛编》首末文字异于两部《县志》，应当另有所本。《丛编》卷四十之后所附"后序"辑有胡聘之记文一篇，对考察《丛编》所本颇有裨益。

丙申之春，调居幕府，以所著求正于余，因请设局编纂，而以总纂自任，余深韪之。于是檄通省州县，各拓境内碑刻而输之局。数月之间，居然毕致。②

据此可知《丛编》修纂非据原碑，而是各州县所呈拓片。未录碑阴大致存在以下数种可能：（1）州县遗漏了碑阴，故未拓亦未呈。（2）州县注意到了碑阴，但因某些原因未拓，亦未呈。（3）州县原呈阴阳两拓，但碑阴拓片中途遗失。（4）州县原呈阴阳两拓，但因某些原因，纂者舍弃了碑阴。限于史料，第二、三种可能无从考证。纂者对同卷相邻的《尝谷台碑》碑阳、碑阴与碑侧的详细著录，③强化了第一种可能。学者所持"每通石刻均全录碑阳、碑阴、碑侧文字"的观点显然有失准确。④

逮至清末民初，晋祠镇赤桥村人刘大鹏编成《晋祠志》一书，首次辑录碑阴文字并殿以案语。⑤郭志蕊将该书文献来源分为"传世文献"与"实地调查"两类，并制表说明。⑥现将郭氏釐析《晋祠志》著录金石之"传世文献"来源节录如下，详见表1。

① （清）胡聘之：《山右石刻丛编》卷二五，载《石刻史料新编》第1辑第20册，第15517-15518页。
② （清）胡聘之：《山右石刻丛编》后序，载《石刻史料新编》第1辑第21册，第15874页。
③ （清）胡聘之：《山右石刻丛编》卷二五，载《石刻史料新编》第1辑第20册，第15514-15515页。
④ 欧阳蒙雪："《山右石刻丛编》初探"，山西大学2006年硕士学位论文。
⑤ 刘大鹏：《晋祠志》卷七《金石二》，中国国家图书馆藏赤桥退想斋藏稿，第8页。
⑥ 郭志蕊："刘大鹏《晋祠志》研究"，山西师范大学2015年硕士学位论文。

表1 《晋祠志》著录金石之"传世文献"来源

	旧《山西通志》	新《山西通志》	《太原县志》
版本	清雍正十二年（1734）	清光绪十八年（1892）	清道光六年（1826）
纂修者	觉罗石麟监修，储大文撰修	曾国荃总裁，王轩、杨笃纂修	员佩兰总裁，杨国泰纂修
金石	晋祠铁人题字	晋祠铭碑、晋祠铭碑阴、晋祠铭碑侧题名、新松记碑、修晋祠碑、晋祠谢雨文碣、惠远祠新建外门记碑、重修汾东王庙记碑、姜太中晋溪留题诗刻、子翚祈雨诗碣、三圣堂铭碑、苏叔党明仙寺诗碣、重修奉圣寺记碑	晋祠铁人题字、晋祠铭碑、新松记碑、修晋祠碑、重广水利碑、晋祠谢雨文碣、重修晋祠碑记、步趋图石刻、代祀晋源神祠记碑、千佛楼碑、三圣堂铭碑、苏叔党明仙寺诗碣

据郭氏所述，刘氏录文抄自新《山西通志》。《中国方志大辞典》"〔光绪〕山西通志"条谓："清曾国荃、张煦等修，王轩、杨笃等纂。光绪十八年（1892）刻本。"①明人胡谧撰《山西金石记》即据光绪十八年（1892）刊《山西通志》卷89~98影印，然前文已揭《山西金石记》仅存碑目，不曾录文。因此刘氏录文非抄自新《山西通志》。从郭氏对道光《县志》的梳理来看，此书似未载录《庙记碑》，实则碑阳文字收录于卷一二《艺文志一》。②审视郭氏釐析《晋祠志》著录金石之"实地调查"，未见《庙记碑》。③综上，郭氏所持刘氏录文本于新《山西通志》而非实地考察的观点漏洞频出。《晋祠志》录文应系刘氏实地考察所获，既非抄自新《山西通志》，亦非抄自道光《县志》。

《三晋戏曲文物考》附有该碑简要说明、碑阳照片及碑阳录文，但未留意到碑阴。④目前研究较为透彻的成果，当推日本学者高桥文治《晋祠至元四年碑をめぐって》一文，该文披露了碑阳与碑阴拓片，并概述了立碑经过，从文书学角度对碑阴文书展开了讨论。其录文多有讹误，对文书性质与行政运

① 《中国方志大辞典》编辑委员会编：《中国方志大辞典》，浙江人民出版社1988年版，第149页。
② （清）员佩兰总裁、杨国泰纂修：（道光）《太原县志》卷一二《艺文志一》，载《中国方志丛书·华北地方》第431号，第668-672页。
③ 郭志蕊："刘大鹏《晋祠志》研究"，山西师范大学2015年硕士学位论文。
④ 杨太康、曹占梅编著：《三晋戏曲文物考》，财团法人施合郑民俗文化基金会2006年版（本书出版信息以下省略），第166-167页、第172-173页。

作的认识亦有值得商榷之处。①

二、晋祠修葺始末考

立于至元四年（1267）八月的碑阳《重修汾东王庙记》将修庙始末概述如下：

> 总管李公由山西两路宣慰使承特旨来殿是邦，牒诉之余，讲明典礼，修举百神之祀。如李晋王、狄梁公墓，台骀、狐突、窦鸣犊诸庙，悉为完护。以谓王之庙制，尤甚委靡，而特为厘正之礼也。加之中书右丞张君勉以兴滞补弊之语，适与公意合。遂敦请道者班公守中住持，以图完复之渐，即以其事具奏。天子嘉其意，特降优诏，俾加营护。仍诸路掌教真人张公，以札付令提点庙事。②

中统元年（1260），李德辉为燕京宣抚使。后因忤平章王文统意，去位。中统三年（1262），王文统以谋反诛，遂起为山西宣慰使。③至元改元，忽必烈以太原难治，故以德辉为守，④"授公嘉议大夫、太原路总管兼府尹"。⑤碑阳文末署衔与史合。"即遣谕旨，公拜稽首"，⑥此即碑文所云"承特旨来殿是邦"。中统三年（1262）五月，李璮之乱即将平定。六月，太原总管李毅奴哥、达鲁花赤戴曲薛等领李璮伪檄，传行旁郡，事觉伏诛。⑦至元元年（1264）八月丁巳（十六日），以改元大赦天下。⑧己未（十八日），太原路总管攸忙兀带

---

① ［日］高桥文治：《晋祠至元四年碑をめぐって》，载氏著《モンゴル时代道教文书の研究》，汲古书院 2011 年版（本书出版信息以下省略），第 378-401 页。

② 此为笔者根据碑阳照片录文。《三晋戏曲文物考》录文多有讹误，详见杨太康、曹占梅：《三晋戏曲文物考》，第 172-173 页。

③ 《元史》卷一六三《李德辉传》。

④ （元）苏天爵编：《元文类》卷四九《中书左丞李忠宣公行状》，商务印书馆 1936 年版（本书出版信息以下省略），第 702 页。

⑤ （元）苏天爵编：《元文类》卷四九《中书左丞李忠宣公行状》，第 702 页。

⑥ （元）苏天爵编：《元文类》卷四九《中书左丞李忠宣公行状》，第 702 页。

⑦ 《元史》卷五《世祖纪二》。

⑧ 《元史》卷五《世祖纪二》。《元史》《元典章》均收录此诏，文本、时间均有差异。前书系于八月十六日（丁巳），后书系于八月十九日（庚申）。就文本而言，后书较前书多出"自至元元年八月十六日昧爽以前，除杀祖父母父母不赦外，其余罪无轻重，咸赦除之'开云云'""敢以赦前事相告者，以其罪罪之。故兹诏示，想宜知悉"两段文字。详见陈高华等点校：《元典章》卷一《诏令一·世祖圣德神功文武皇帝·至元改元诏》，中华书局、天津古籍出版社 2011 年版（本书出版信息以下省略），第 6 页。

坐藏甲匿户，罢职为民。①改元之后，德辉奉旨来殿是邦，当与肃清太原叛乱有关。中书右丞张启元发兴补之语，与德辉意合。于是敦请班守中为住持，以图完复庙宇。并将此事上奏忽必烈，得到批准。元廷降下诏书，令诸路掌教真人张志敬提点庙事。

根据《玄门掌教诚明真人道行之碑》的记载，至元二年（1265），张志敬于长春宫建设金箓大醮，出现群鹤翔舞的祥瑞之象。因此受到忽必烈嘉奖，获赐金冠云罗法服。彼时岳渎庙貌罹金季兵火，多有摧毁，内府出元宝钞十万缗，命志敬顾工缮修。志敬择道门中廉洁有干局者，"量工役多寡，给以钱币，使各任其事"。②高桥文治留意到《丛编》卷二六《重修女娲庙碑》中的如下文字：

> 中统建元，有诏敕："郡国名山大川、五岳四渎、圣帝明王，载在祀典者，所在以时致祭。"有司承流，将事惟谨。越至元四年四月，平阳赵城县道士臣申志宽奉其先师臣张志一治命，诣长春宫，恳诚明真人臣志敬奏言，臣志一所居赵城东五里有娲皇庙。……庙废于兵已久，臣以□戌岁承郡人礼召，始来住持。……伏观圣天子建元所颁之诏，臣愚区区，不觉欢喜顿踏，自幸适与诏意会。诚得太史书其事于石，以示永久。③

申志宽大概得到了至元二年（1265）内府出钞给付张志敬，俾修岳渎庙貌的消息。故而于至元四年（1267）四月亲诣长春宫，恳请张志敬奏言女娲庙亟待修葺之事。申志宽的诉求最终得到了满足，所以才有翰林直学士、朝请大夫、知制诰高鸣奉敕所撰《重修女娲庙碑》的问世。晋祠的重修，则赖于李德辉上奏，方得优诏。此诏应即碑阴左侧文书提到的"皇帝御宝圣旨"。高桥文治推测，庙祠名字不同但其他部分大体相同的圣旨恐怕都是被发往了各地有力的庙祠，用十万缗来重修。④

---

① 《元史》卷五《世祖纪二》。

② 陈垣编纂，陈智超、曾庆瑛校补：《道家金石略》，文物出版社 1988 年版（本书出版信息以下省略），第 601 页。拓片见于北京图书馆金石组编：《北京图书馆藏中国历代石刻拓本汇编》第 48 册，中州古籍出版社 1989 年版，第 53 页。

③ （清）胡聘之：《山右石刻丛编》卷二六，载《石刻史料新编》第 1 辑第 21 册，第 15537 页。

④ ［日］高桥文治：《晋祠至元四年碑をめぐって》，载氏著《モンゴル时代道教文书の研究》，第 394 页。

晋祠重修工程启动前，太原路总管府下发一道指挥至晋祠。总管府首先申明钦奉忽必烈即位诏书内崇祭祀款与李德辉上奏所得御宝圣旨节文，[①]以及承奉到中书左三部的符文。[②]符文中提及中书省札付，札付主题为令班提点修葺晋祠庙宇事宜。知宫道士向总管府呈告庙宇四至，请求照详。总管府行下平晋县，要求组织熟知晋祠的乡老，勘察四至，详细记录并画图说明，保结申来。

随后，平晋县申至总管府，申文内详细记录了执行过程：平晋县将此事交与主簿兼尉张天福执行，将通知发到晋祠镇及索村、赤桥等村。以燕德、奚宝为首的 34 人，均系本地久居之人，详知晋祠四至。遂至燕德、奚宝等处勘问晋祠四至。张天福取得诸人执结文状，粘连带回平晋县，县司保结无误。将四至开写于后，乞求总管府照验。总管府收到申文后，复述了事件经过，指出燕德、奚宝等人勘当到的晋祠元旧四至，与晋祠所呈相同。[③]除行下平晋县照会外，又抄录元勘当到的晋祠四至结罪文状，连同指挥，一起发往晋祠。希冀住持提点班大师依照勘到四至，修葺庙宇，不得令诸色人等侵占。以上即碑阴左侧文书的内容。

碑阴右侧是总管府抄录的燕德、奚宝等 34 人关于晋祠四至的结罪文状。[④]确定晋祠四至后，修葺工程如火如荼地展开，"先是殿宇摧毁，神位迫窄废坏，皆补完而更新之。内外列以宫侍、卿大夫、武卫，如王者仪。又创寝殿于其后，多植松柏"。[⑤]至此，将修庙一事所见官厅、人物关系制成图 2。

----

① 崇祭祀款见于陈高华等点校：《元典章》卷三《圣政二·崇祭祀·庚申年四月诏》，第 108 页。庚申年即中统元年（1260）。《元典章》收载忽必烈即位诏共五款，太原路总管府节引之崇祭祀款即其一。陈高华等点校：《元典章》卷一《诏令一·世祖圣德神功文武皇帝·皇帝登宝位诏》，第 3-4 页。

② 中书左三部，即吏、户、礼三部。中统元年，以吏、户、礼为左三部。至元元年，以吏礼自为一部，分立户部。至元三年，复合为左三部。至元五年，又分为吏礼部和户部。详见《元史》卷八五《百官志一》。

③ 高桥文治将总管府收到平晋县申文后续事件理解为"然而总管府恐怕是发现了很久以前的四至记，将其送交平晋县的同时，命令了照会内容。张天福与当地的三十四人一同再度确认，张天福本人作成诏书，将其作为附加材料提交"，详见［日］高桥文治：《晋祠至元四年碑をめぐって》，载氏著《モンゴル时代道教文书の研究》，第 397 页。碑文中并未提及总管府发现以前的四至记并将四至记交到平晋县。晋祠元旧四至，当由知宫道士呈告总管府。

④ 碑阴左侧文书中提到的"结罪文状"应是由平晋县制作，"执结文状"应是由乡老们制作。高桥文治亦持此种观点，但其认为碑阴右侧文书是"执结文状"，碑阴左侧文书末附四至记是"结罪文状"。详见［日］高桥文治：《晋祠至元四年碑をめぐって》，载氏著《モンゴル时代道教文书の研究》，第 397 页。

⑤ 此为笔者根据碑阳照片录文。

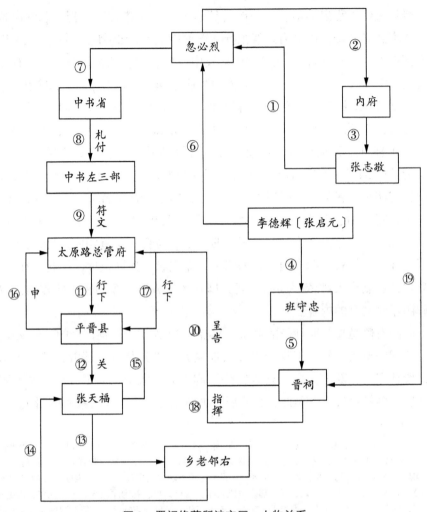

图2　晋祠修葺所涉官厅、人物关系

三、晋水流域的民众、渠长

未若李德辉、张启元等上层官员有正史、行状载录，张志敬等宗教领袖亦有碑铭可考。蒙古时代晋水流域的普通民众，仅赖《庙记碑》碑阴可窥一斑。确定晋祠四至界畔时，知宫道士首先向总管府呈告本庙四至，请求照详。总管府行下平晋县，要求组织熟知晋祠的乡老勘察四至。平晋县的回申中提到，该县主簿兼尉张天福将通知发到晋祠镇及索村、赤桥等村，并向均系本地久居之人且详知晋祠四至的燕德、龚宝等 34 人勘问得四至。总管府收到申文后，指出从燕德等人处勘得的晋祠四至，与晋祠道士所呈相同。故下指挥至晋祠，并在其中详细列出了官方确认的四至，希冀班提点依照修葺庙宇，防止侵占。左侧指挥中的四至，正是从右侧的结罪文状中抄录的。结罪文状中的四至，本于燕德、龚宝等 34 人的证词。碑阴两道文书显示，被取勘的 34 人来自晋祠镇、晋祠村、索村和赤桥四处，涵盖儒人户、匠人户、军户、打捕户、民户与站户六类。晋祠镇与晋祠村地处晋祠中部，索村与赤桥分别位于晋祠南北两侧，四地久居人氏自然详知晋祠旧有四至。太原路下发的指挥中提到，仰班提点照依勘得四至修葺庙宇，"无令诸色人等侵占，别致引惹"。此处的"诸色人等"，恐怕是包括了邻近诸村的各籍民众。张天福的勘问，可以算得上是对潜在的不法之徒的预先示警。

已有关于晋水流域的研究，从水利组织、水权争夺、水利传说、水神信仰等角度展开，成果颇丰。①由于所用史料多为明清以降的产物，论述时段以明清两代为主。②明代晋祠村落与晋王府的斡旋、清代村落间的喋喋争斗均是研究水权争夺的学者难以绕过的话题，③在此起彼伏的水权争夺战中，渠长始

① 美国学者沈艾娣（Henrietta Harrison）通过考察晋水水利系统，具体分析了根植于不同权力结构中两种迥异的价值体系。行龙认为晋水流域不同水神崇拜和水利祭祀背后，蕴涵着不同水利共同体为争夺有限水资源的激烈争夺与冲突，这种冲突是明清以来此区域人口、资源、环境状况日益恶化的表征。赵世瑜通过分析太原晋祠、介休源神庙及洪洞广胜寺这三个汾河流域的分水案例，沿着传说故事的脉络，揭示民众在利用公共资源过程中各种权力、象征的作用。参见［美］沈艾娣："道德、权力与晋水水利系统"，载中山大学历史人类学研究中心、香港科技大学华南研究中心主办：《历史人类学学刊》2003 年第 1 卷第 1 期，香港科技大学华南研究中心 2003 年版。行龙："晋水流域 36 村水利祭祀系统个案研究"，载《史林》2005 年第 4 期。赵世瑜："分水之争：公共资源与乡土社会的权力和象征——以明清山西汾水流域的若干案例为中心"，载《中国社会科学》2005 年第 2 期。

② 王锦萍以山西水利碑刻为主体史料，论述了宗教组织与水利系统的关系，是为数不多的对元朝水利社会的研究。该文旨在分析僧道团体与水利系统的关系，虽提及僧道担任渠长等现象，然并非是对水利组织的专门探讨，且研究范围基本止于晋南水域。

③ ［美］沈艾娣："道德、权力与晋水水利系统"，载中山大学历史人类学研究中心、香港科技大学华南研究中心主办：《历史人类学学刊》2003 年第 1 卷第 1 期，香港科技大学华南研究中心 2003 年版，第 157–164 页。行龙："晋水流域 36 村水利祭祀系统个案研究"，载《史林》2005 年第 4 期。赵世瑜："分水之争：公共资源与乡土社会的权力和象征——以明清山西汾水流域的若干案例为中心"，载《中国社会科学》2005 年第 2 期。赵世瑜："赤桥村与明清晋祠在乡村网络中的角色"，载《社会科学》2013 年第 4 期。曹楠："水案碑的制度属性——以古代山西水利秩序的构建为切入点"，中国政法大学 2018 年硕士学位论文。

终扮演着重要的角色。行龙引《晋祠志》，指出北宋嘉祐年间（1056—1063）陈知白等人治水，"设立渠长水甲管理水渠，使晋水管理有了简而易行的制度"。①周亚藉元贞二年（1296）《重修康泽王庙碑》碑文中"渠有长""沟有老"等词语，指出至少在元代，晋南龙祠泉域已经实行了"渠长—沟头"这一为后世广为沿用的管理体制。②晋南霍泉水利系统水神庙现存的至元二十年（1283）《重修明应王庙碑》提到金末战乱致水神庙煨烬，厥后广胜寺戒师道开与北霍渠长陈忠通力合作，鸠工庀材，新筑十八楹正殿。③研究晋水流域的学者鲜有触及金元之际晋水流域是否设有水利组织的问题，《庙记碑》碑阴提供了十分关键的史料。

　　刘大鹏《晋祠志》系研究晋水流域水利最为重要的史料，该志辑录《庙记碑》碑阴止于正文。尽管有学者曾注意到《庙记碑》碑阴，④基于录自原碑的二手史料，固然难以得知正文后附列的人名题记。高桥文治的研究基于拓片，已留意到碑阴附列的人名题记，但未加著录，也不曾细究。⑤据嘉靖《太原县志》，明代中期已出现"晋水四渠"的说法，⑥《庙记碑》碑阴左侧文书人名题记显示，早在蒙古至元四年（1267）以前，晋水流域便有"四河"之分及"渠长"一职。张秀任北河渠长，冀宝任中河渠长，王显、郭廷任南河渠长，药威、薛贵任清水河渠长。各村落以河流为纽带，基于所处地理位置，形成了"四河"用水利益体。在毗邻晋祠的四处村落外，必然存在其他村落。据34位老人的年龄判断，晋祠镇、晋祠村、索村和赤桥的分布格局至少可溯至金代，其他村落可能也早已出现。结合右侧文书人名题记，可知晋祠村人冀宝担任中河渠长，这说明晋祠村属于中河。

---

　　① 行龙："晋水流域36村水利祭祀系统个案研究"，载《史林》2005年第4期。

　　② 周亚："元明清时期晋南龙祠泉域的水利组织"，载《福建论坛（人文社会科学版）》2017年第3期。

　　③ 黄竹三等编著：《洪洞介休水利碑刻辑录》，中华书局2003年版，第9页。

　　④ 赵世瑜："赤桥村与明清晋祠在乡村网络中的角色"，载《社会科学》2013年第4期。

　　⑤ ［日］高桥文治：《晋祠至元四年碑をめぐって》，载氏著《モンゴル时代道教文书の研究》，第384-389页。

　　⑥ （嘉靖）《太原县志》载："北渠水七分，溉赤桥、花塔、小站、县城外古城、金胜等村屯；南渠水一分半，溉索村、王郭村、张村、枣园头等村；中渠水一分，溉长巷、东庄等村屯；陆堡渠水半分，溉大寺上下等村。"（明）高汝行纂修：（嘉靖）《太原县志》卷一《水利》，载《天一阁藏明代方志选刊》第8册，第22页。

现有研究表明，明清时期的北河渠长一职由花塔村张氏世袭把持。牵扯花塔张氏的水权纠纷中，最早的一桩当属明代弘治年间（1488—1505），因北河渠长张宏秀私自将民间夜水献给晋王府而引发的长达百年的水权争夺。①另有一个关于花塔张氏的动人故事中提到，赃官陈知县为祖护财主朱二，在难老泉边支起一口滚沸的油锅并投入十枚铜钱，根据捞取的铜钱数量确定花塔村的分水量。花塔村的一位张姓青年捞出七枚，使北河人获得七分水量，本人却因烫伤过重而壮烈牺牲。现在金沙滩中的分水石塔，据说就是花塔村为埋葬张郎而建的。②对此，刘大鹏以为荒唐难信。赵世瑜与行龙分别认为花塔村藉助此故事，取得或强化了本村张氏担任北河渠长的地位。③行龙指出，"张郎跳油锅捞铜钱的故事正是宋代嘉祐初年知县陈知白定三七分水之制的直接反映。虽然我们无从判断张郎的故事起于何时"。④回到碑阴左侧文书人名题记，彼时北河渠长恰是张姓人氏。右侧文书附列人名题记中，晋祠村与索村均有张姓村民。晋祠村属于中河，索村地处晋祠南侧，因此张秀必定不是两村村民。

与北河、中河渠长均由一人担任不同，南河、清水河渠长均为两人。北宋嘉祐年间（1056—1063）陈知白等人整顿晋祠水利，实行三七分水，行二乡五村。赵世瑜认为二乡五村中，其中"一乡应为贤辅乡；郭村（刘大鹏注即后世之王郭村）、晋祠村应为五村之二"，并指出"明代这里的一些村落直接源自宋代或更早"。⑤根据官方所立碑石的记载，清代南河的王郭村亦非省油之灯。雍正时期（1723—1735）渠长王杰士越界强霸晋祠稻地水利，后在当地人杨二酉持续数年的奔走状告下，方将其扳倒。⑥蒙古时代，担任南河渠

---

① 赵世瑜："分水之争：公共资源与乡土社会的权力和象征——以明清山西汾水流域的若干案例为中心"，载《中国社会科学》2005 年第 2 期。

② 山西省民间文学研究会筹委会编：《山西民间故事选》，山西人民出版社 1961 年版，第 150-153 页。

③ 赵世瑜："分水之争：公共资源与乡土社会的权力和象征——以明清山西汾水流域的若干案例为中心"，载《中国社会科学》2005 年第 2 期。行龙："晋水流域 36 村水利祭祀系统个案研究"，载《史林》2005 年第 4 期。

④ 行龙："晋水流域 36 村水利祭祀系统个案研究"，载《史林》2005 年第 4 期。

⑤ 赵世瑜："赤桥村与明清晋祠在乡村网络中的角色"，载《社会科学》2013 年第 4 期。

⑥ 王郭村的《王氏家谱》提供了关于此次纠纷完全不同的版本，参见［美］沈艾娣："道德、权力与晋水水利系统"，载中山大学历史人类学研究中心、香港科技大学华南研究中心主办：《历史人类学学刊》2003 年第 1 卷第 1 期，香港科技大学华南研究中心 2003 年版，第 157-158 页。

长的为王显与郭廷。在右侧文书后列人名题记中，王姓见于晋祠镇、晋祠村、赤桥村，郭姓见于晋祠村、索村。晋祠村属于中河，与毗邻晋祠村的晋祠镇同属中河的可能性较大。加之赤桥村位于晋祠北侧，王显应非三村村民。郭廷亦必非晋祠村村民。

嘉靖《太原县志》收录的《县境乡村之图》表明，最迟在嘉靖三十年（1551），花塔村与王郭村已经出现，①上距《庙记碑》不过 280 余年。那么在"大元"国号尚未使用的蒙古时期，花塔村、王郭村是否已经存在呢？花塔村现存花塔寺一座，嘉靖《县志》谓："华塔寺，在县西三里安仁乡，唐贞观八年僧法宝建。内有无垢净光佛舍利塔，天宝中修百尺。宋咸宁二年重修，元至正间塔毁。国朝洪武中重建，并明仙、定慧、明秀、流福四寺入焉。"②王郭村现存明秀寺一座，寺内的嘉靖三十八年（1559）《重修明秀寺记》说明寺史更为久远。赵世瑜在调查晋祠周边村落及寺庙时指出"佛寺的年代往往更古老，或者说有佛寺的地方往往是更古老的聚落"。③"花塔"与"王郭"两个村名在嘉靖三十年（1551）以前的某个时间点早已固定下来，在此时间点前，两村经历了漫长的演变发展。蒙古时代的北河渠长张秀非晋祠村、索村村民，必定是北部某村落（如赤桥村或可能存在的花塔村）村民。南河渠长王显应非晋祠村、晋祠镇、赤桥村村民，可能与郭廷一样，同属南部某村落（如索村或可能存在的王郭村）村民。

碑阴右侧文书附列的人名是县尉取勘晋祠四至的证人，人名题记原本即是结罪文状的构成部分。左侧文书中，太原路签发的指挥止于第 15 列落款日期，后列人名题记应是在立石之际"后来居上"。那么，四河渠长题名为何会出现在此处呢？如碑阳所言，坐落于晋祠内的难老泉及善利泉是晋水之源。善利泉地处汾东王庙西南，两者直线距离仅有数十米。庙宇重修之际，破土动工与多植松柏造成的嘈杂熙攘也许使得各河渠长松弛的神经突然紧绷起来。若因修庙缘故致使泉眼、水道堵塞，恐怕会将原本风平浪静或已涟漪微泛的

---

① （明）高汝行纂修：(嘉靖)《太原县志》卷首《县境乡村之图》，载《天一阁藏明代方志选刊》第 8 册。

② （明）高汝行纂修：(嘉靖)《太原县志》卷一《寺观》，载《天一阁藏明代方志选刊》第 8 册，第 14 页。按宋代无"咸宁"年号，盖为"咸平"或"熙宁""崇宁"之误。

③ 赵世瑜："多元的标识，层累的结构——以太原晋祠及周边地区的寺庙为例"，载《首都师范大学学报（社会科学版）》2019 年第 1 期。

用水事务搅起更多的风波。由此看来，晋祠重修工程启动前，四河渠长可能便已知晓了这一福祸难料的决定。

附录　《重修汾东王庙记碑》校录

一、碑阳

【碑额】重修汾东王之庙记

01 重修汾东王庙记

02　　　　　　　　　　　　宣授太原路提举学校官弋穀　撰

03　　　　　　　　　　　　中书省左右司员外郎冯　袠书丹

04　　　　　　　　　　　　宣差五路万户府参议田伯英篆额

05《书》曰"望秩于山川，祀之有品秩"，所以报功崇德、正人心，实国家之大事，圣王之所重也。是以天子然后祀天地，诸侯则各祀其境内山川百神、丘陵坟衍及圣

06 贤之尝有功、有德于民者。故五岳牲礼视三公，四渎视诸侯，其余视伯、子、男。其或品秩之不明，尊卑之杂糅，则虽粢盛丰洁，牲牷肥腯，神其飨之乎？王始封为

07 唐，子燮更国号为晋，文王之孙、武王之子、成王之母弟，生有手文之征，幼承剪桐之封，盖天启之也。故箕子曰：唐叔之后，必大历世四十，历年六百，其间贤智

08 之君继作，如文侯之复东周、文公之霸诸侯、献襄之启土、平悼之好德，所以藩屏王室，泽润生民者，不为不多，则其奕世之血食，于此邦也宜矣。古无原庙制，

09 今王之祠于此者，意其后世子孙以国号因晋水而为之耶？抑邦人思其遗恩余烈而为之耶？按《晋阳志》载："《魏书·地形志》云：'晋阳，有晋王祠。'"然则王祠之在此，

10 其来远矣。自晋天福六年封兴安王，迨宋天圣后改封汾东王，又复建女郎祠于水源之西东向。熙宁中始加昭济圣母号，则其品秩既明矣。王殿南百余步

11 为三门，又南二百步许为景清门。门之外东折数十步，合南北驿路，则庙之制又甚雄且壮矣。居民利其出入之便，又当圣母殿开道而东

置三门焉。王之祠

12 日就颓圮而弗修，祀事废坠而弗举。因循逮于兵后，累政惟求山水游观之乐。而向之尊王之意，邈不知省，可胜叹哉！总管李公由山西两路宣慰使承

13 特旨来殿是邦，牒诉之余，讲明典礼，修举百神之祀。如李晋王、狄梁公墓，台骀、狐突、窦鸣犊诸庙，悉为完护。以谓王之庙制，尤甚委靡，而特为厘正之礼也。加

14 之中书右丞张君勉以兴滞补弊之语，适与公意合。遂敦请道者班公守中住持，以图完复之渐，即以其事具奏。

15 天子嘉其意，特降优诏，俾加营护。仍诸路掌教真人张公，以札付令提点庙事。先是殿宇摧毁，神位迫窄废坏，皆补完而更新之。内外列以宫侍、卿大夫、武卫，

16 如王者仪。又创寝殿于其后，多植松柏。里人化之，乐助用者惟恐其后。又志书载：《水经注》云：'昔智伯遏水以灌晋阳，后人因之，蓄以为沼，沼西际山枕水为祠。'"

17 齐天保中，大起楼观，祠西山上有望川亭。祠中两泉，北名"善利"，南名"难老"，皆作亭以庇之。祠南大池西岸有"流杯池"，池上曰"均福堂"。堂后曰"仁智轩"，其南曰"涌

18 雪亭"。池中岛上曰"清华堂"，亭曰"环翠"。邦人岁时行乐者甚伙，储香火之资，以为祠中补葺费。然则景清门之北所，为游观之所者，甚丽且幽敞矣。今王殿之外，

19 虽未能尽如旧制。诚能缵承公意营葺不已，足为他日完复张本。一日公语仆曰："庙制之举，略见端绪。将文诸石，以志其梗概。使人不忘前贤之功德，知祀事

20 之有品秩，尊卑之不可杂糅。则聊以明典礼，正人心，以为风化之本。"仆曰："此固有益于人者多矣，敢不承命？"遂捃拾前说之可考者而粗书之。至元丁卯岁孟

21 秋朔日，汝阳弋毂载拜谨记。

22   忠显校尉太原路总管府判官   也先不花

23   武节将军太原路总管府治中   宝合丁

| 24 | 朝请大夫太原路同知总管府事 | 谢仲温 |

| 25 | 嘉议大夫太原路都总管兼府尹劝农使 | 李德辉 |

| 26 | 宣差太原路都达鲁花赤 | 活立歹 |

27　　　　　至元四年八月日太原路教门提点充本宫住持赐紫冲玄大师杜 志夷

28　　　　晋祠住持提点大师班守忠　　太原路教门提举都道录充本宫提点赐紫明真大师李 志端

29　　　　　知宫温志和 樊志全 副知　　立石　　连□

二、碑阴①

【左侧】

01 皇帝圣旨里，太原路总管府：会到先钦奉

02　　诏书内一款："五岳四渎，名山大川，历代圣帝明王、忠臣烈士，载在祀典者，所在官司岁时致祭。"等事。又钦奉

03 皇帝御宝圣旨节文："晋祠庙系祝延

04　　圣寿祈福之地。"除钦依外，承奉

05　　中书左三部符文："备奉

06　　中书省札付：'见行令大师班提点修晋祠庙宇等事。'"据本庙知宫②道士□仲□③呈④告本庙四至界畔，乞照详事。为此，行下平晋县，取合⑤本管地面邻右、村分、

07　　主首、耆⑥老自来知识人等，勘当四至端的，备细开写、画图⑦、贴说，保结申来。去后回申该："移关本县主簿兼尉张天福，就

---

①　2019 年 3 月 30 日，中国政法大学石刻法律文献研读班赴晋祠考察，笔者有幸得见《庙记碑》。承蒙中国政法大学陈虹池同学拍摄并惠示碑阴照片，谨致谢忱。

②　"宫"，刘大鹏作"宾"，高桥文治作"宫"，刘大鹏误。

③　"□仲□"，刘大鹏作"□仲□"，高桥文治作"□□□"。此三字损毁，暂依刘大鹏。

④　"呈"，刘大鹏作"并"，高桥文治作"呈"，刘大鹏误。

⑤　"合"，刘大鹏作"会"，高桥文治作"合"，刘大鹏误。

⑥　"耆"，刘大鹏作"耆"，高桥文治作"薯"，高桥文治误。

⑦　"画图"，刘大鹏作"画图"，高桥文治作"图画"，高桥文治误。

便勘当。今准来文发到晋祠镇并邻右索①村、赤桥等村

08　　　儒户、军、民、人匠、打捕、站赤诸色人等，燕德、奠宝等三十四人，年各七十及□有八旬之上，俱系本土自来久居人氏，备知本处起建晋祠庙宇四至根脚。为此，于燕德、奠宝等处

09　　　取勘到晋祠庙宇四至界畔，并是端的，别无争差。得今②执结文状，粘连前去县司，保结是实。今将四至开申于后，乞照验事。"总府照得：先呈本庙元旧四至，再下平晋县

10　　　取勘，去后来申。有晋祠镇邻右等村耆③老俱系自来本土久居人氏，知识本庙根脚。燕德、奠宝等三十四人勘当到本庙元旧四至，与所呈相同。除已行下平晋县照

11　　　会外，今将元勘当到四至界畔结罪文状录连前去。承此。仰住持提点班大师照依坐去勘当到四至内，从便修葺，无令诸色人等侵占，别致引惹。须至指挥。

12　　　　　　东至草参亭出入至官街并④诸人见住屋后大泊堰⑤为界 南至小神沟⑥旧墙并碓⑦白北景青⑧门根脚⑨为界出入通奉圣⑩道 西至神山大亭台后为界 北至旧⑪大井南神清⑫观院墙为界

13　　　　　右下晋祠庙班提点，准此

14　　　　　下晋祠庙⑬

---

① "索"，刘大鹏作"索"，高桥文治作"云"，高桥文治误。
② "今"，刘大鹏作"今"，高桥文治作"本"，高桥文治误。
③ "耆"，刘大鹏作"耆"，高桥文治作"著"，高桥文治误。
④ "并"，刘大鹏作"并"，高桥文治作"开"，高桥文治误。
⑤ "堰"，刘大鹏作"堰"，高桥文治作"□"，高桥文治未识读出该字。
⑥ "沟"，刘大鹏作"沟"，高桥文治作"□"，高桥文治未识读出该字。
⑦ "并碓"，刘大鹏作"并碓"，高桥文治作"□□"，高桥文治未识读出两字。
⑧ "青"，刘大鹏作"清"，高桥文治作"青"，刘大鹏误。
⑨ "脚"，刘大鹏作"脚"，高桥文治作"御"，高桥文治误。
⑩ "奉圣"，刘大鹏作"奉圣寺"，高桥文治作"奉圣"，刘大鹏误。
⑪ "旧"，刘大鹏作"旧"，高桥文治作"值"，高桥文治误。
⑫ "清"，刘大鹏作"沟"，高桥文治作"清"，刘大鹏误。
⑬ 刘大鹏无此四字。

15 至元四年七 ① 月二十 ② 五日 ③

16　　　　　　　　宣差 ④ 奉御王德真 ⑤　宣差赵璧 ⑥　奏差睢□器 ⑦
监修官平晋县簿尉张天福

17 北河渠长张秀　中河渠长奠宝　　　　南河渠长王显　郭廷　　清
水河渠长药成　薛贵

18 前府酒务副使杜荣　□镇务官　　□□杜天佑　　智通　吕义 ⑧

【右侧】

01 晋祠等村乡老奠宝等、耆 ⑨ 老燕德等，

02　今准

03　簿尉文字该：准

04　县衙关文："备奉 ⑩

05　太原总府 ⑪ 指挥：'将德等勾来，取勘晋祠　　惠远庙四至界畔
根脚等事。'"承此。德等依奉，将晋祠庙宇四至界畔备细 ⑫ 开写前去，
并是端的，中间 ⑬ 别

06　无争差。今开申于后：　　　　　　　　东至草参亭出入至

---

①　"七"字之上摹刻一方边长为 8 厘米的印章，印文为汉字九叠篆"太原路总/管府之印"，清晰可辨。

②　"十"，刘大鹏作"十"，高桥文治作"卜"，高桥文治误。

③　本列末摹刻五枚花押，应即碑阳《重修汾东王庙记》文末所列五位太原路官员（忠显校尉太原路总管府判官也先不花、武节将军太原路总管府治中宝合丁、朝请大夫太原路同知总管府事谢仲温、嘉议大夫太原路都总管兼府尹劝农使李德辉、宣差太原路都达鲁花赤活立歹）的花押。高桥文治认为花押为四枚，首枚形似"羽"和"一"状的花押为李德辉所画。［日］高桥文治：《晋祠至元四年碑をめぐって》，载氏著《モンゴル时代道教文书の研究》，第 396 页。

④　"差"，高桥文治遗漏该字。

⑤　"王德真"，刘大鹏作"王德真"，高桥文治作"庄□□"，高桥文治误，且未识读出后两字。

⑥　"赵璧"，刘大鹏作"赵璧"，高桥文治作"赵□□"，高桥文治误为三字，且未识读出后一字。

⑦　"□器"，刘大鹏作"□点"，高桥文治作"□□"。

⑧　第 17、18 列位于第 16 列之下，刘大鹏与高桥文治均阙此两列录文。

⑨　"耆"，刘大鹏"耆"，高桥文治作"嗜"，高桥文治误。

⑩　"备奉"，刘大鹏作"奉"，高桥文治作"备奉"，刘大鹏遗漏"备"字。

⑪　"太原总府"，刘大鹏作"太原总府"，高桥文治作"太原路总府"，高桥文治衍"路"字。

⑫　"备细"，刘大鹏遗漏两字。

⑬　"间"，刘大鹏作"□"，高桥文治作"间"，该字损毁，本文暂依高桥文治。

官街并①诸人见住屋后大泊堰②为界　　西至神山大亭台后为界

　　07　　　　　　　　　　　　　　　　南至小神沟旧墙
并③碓臼北旧④景青⑤门根脚为界出入⑥通奉圣⑦道北至　旧大井南□⑧
神清⑨观院墙为界

　　08 右德等今将四至开写在前，并是得实。如虚，当罪无词⑩，伏取
　　09 处分。

　　10　　　　　　　　至元四年二月　　　日⑪晋祠镇耆老儒人户
燕德等状⑫　匠人孙福　任平　　军户孙元　郑□　乔椿　打捕户赵恩
魏通 民户李□

　　11　　　　　　　　　　　　　　　　　李显　王荣

　　贾福　智惠　颉宝　任成　石玉

　　12　　　　　　　　　　　　　　　　晋祠村乡老
军户奠宝　耆老李忠　　秦广　郭旺　站户李珎　　民户赵信　李成
魏元　张顺　王乙　李恩

　　13　　　　　　　　　　　　　　　　索村乡老
军户郭元　耆老张福　　白通　民户要稳　白荣　　武□　赤桥耆老
王明　任和 已上俱各背画字点指⑬

---

① "并"，刘大鹏作"并"，高桥文治作"□"，高桥文治未识读出该字。
② "堰"，刘大鹏作"堰"，高桥文治作"垣"，高桥文治误。
③ "并"，刘大鹏作"并"，高桥文治作"宾"，高桥文治误。
④ "旧"，刘大鹏遗漏该字。
⑤ "青"，刘大鹏作"清"，高桥文治作"青"，刘大鹏误。
⑥ "人"，刘大鹏作"人"，高桥文治作"大"，高桥文治误。
⑦ "圣"，刘大鹏作"寺"，高桥文治作"圣"，刘大鹏误。
⑧ "旧大井南□"，刘大鹏作"旧大井南"，高桥文治作"旧大井南□"。
⑨ "清"，刘大鹏作"沟"，高桥文治作"清"，刘大鹏误。
⑩ "词"，刘大鹏作"□"，高桥文治作"词"，刘大鹏未识读出该字。
⑪ "日"，刘大鹏遗漏该字。
⑫ "晋祠镇耆老儒人户燕德等状"，刘大鹏阙，高桥文治作"晋祠镇耆老儒人户燕德等状"。
⑬ "匠人孙福"及以下，刘大鹏与高桥文治均阙。

渠规的生成

——明成化元年《新开通济渠记并渠规碑》探析

张　驰[*]

【摘要】明成化元年（1465）刻立的《新开通济渠记并渠规碑》记载西安城通济渠的开凿始末，碑阴刊刻的十一条渠规内容丰富，为同时期水利碑所少见。本文通过对碑阴的完整解读，再现渠规的制定过程和"刻碑立石"动因。通济渠作为西安城内重要的供水渠，地方政府与军卫、宗亲府邸在分水、渠道利用上存在诸多争端。西安府借助公文和刻碑，最终将渠道日常管理和渠水分用的权力掌握在自己手中。

【关键词】水利碑；渠规；文书；刻石

一、《新开通济渠记并渠规碑》与通济渠

在西安碑林博物馆的第五展厅，竖立着明成化元年（1465）的《新开通济渠记并渠规碑》（见图1—图3）[①]，记载明代西安城重要的水利工程——通济渠的开凿始末及渠道管理细节。此碑圆首方趺，高230厘米，宽81厘米，厚16厘米。两面刻文，碑阳额刻"新开通济渠记"六字，碑文为时任陕西巡抚项忠撰写的《新开通济渠记》，共27行，满行52字。碑阴无题额，内容包括十一条渠规、供事人员名单等，共35行，满行80字。此碑未见收录于金石著录中，地方志中仅康熙七年（1668）《长安县志》卷一完整收录碑阳《新开

　＊　张驰，中国政法大学2019级历史文献学专业硕士研究生。

　①　西安碑林博物馆将此碑定名为《新开通济渠记》。为更完整体现碑阴所载的渠规内容，本文拟使用《新开通济渠记并渠规碑》一名。《西安碑林全集》对此碑有介绍，并载录碑阳及碑阴拓片。见高峡主编：《西安碑林全集》第30卷，广东经济出版社2000年版，第3048-3052页。

通济渠记》一文，①其他地方志只提及"项忠通济渠记"及部分内容，②均未言明此碑的存在。

图 1 《新开通济渠记并渠规碑》碑阳

在明代，通济渠为西安城重要的城市供水渠道。由于西安城地下水苦咸不可饮用，城内用水仅依赖于北宋陈公尧开凿的龙首渠。但龙首渠水量有限，且秦王府城用水量大，城中西城的用水无法得到满足。③除生活用水外，西安作为边防重地，秦王府城和西安城均需护城河以为防御之用。据《明宪宗实录》载，天顺八年（1464）十二月，"巡抚陕西项忠奏，西安府城内井泉咸苦，饮者辄病……其西南皂河，违城仅一舍许，请凿渠引水，从西入城与龙首渠二水相济。则举城居民均享其利，事下工部，请勘实修凿从之"。④开渠引水的工程随即展开，成化元年（1465）项忠撰文《新开通济渠记》记载此

---

① （清）梁禹甸纂修：（康熙）《长安县志》卷一，清康熙七年刻本。
② （清）刘于义修，沈青崖纂：（雍正）《陕西通志》卷三九，清雍正十三年刻本。
③ 王浩志：《史说长安明清卷》，西安出版社 2018 年版，第 119-120 页。
④ 《明宪宗实录》卷一二，我国台湾地区"中研院"历史语言研究所 1966 年版，第 265 页。

事并刻碑。

刻立于当时的《新开通济渠记并渠规碑》作为第一手史料，在西安城市史、水利史的研究中多被用于讨论修渠史实、开凿技术、渠道管理、渠道修建进度等问题。①这些研究注重结合碑刻与正史、地方志书、官员文集等史料，对渠道兴修的史实有详尽考证。但是在碑阴的讨论中，上述研究多关注渠道管理规范的具体内容，而对碑阴其他部分有所忽视。本文拟通过对碑阴内容的整体梳理，展现渠规的动态生成过程，以及背后的利益争端。

二、碑文整理

根据原碑，将碑阳和碑阴录文整理如下：

（一）碑阳

01 新开通济渠记

02 赐进士出身嘉议大夫巡抚陕西都察院右副都御史嘉兴项忠撰

03 中奉大夫陕西等处承宣布政使司左布政使云间张鎣书

04 嘉议大夫陕西等处提刑按察司按察使金台李俊篆

05 城贵池深而水环，人贵饮甘而用便，斯二者亦政之首务也。若城池无水，则防御未周，水饮不甘，则人用失济。此通济渠所以不得

06 不开，而开之其有以利泽乎将来也，大矣。维兹陕西为西北巨藩，

07 亲王秦邸暨都布按三司所在，附郭有西安府，即宋之永兴军。其城围阔殆四十里许，军民杂处，日饱菽粟者亡虑亿万计。井水碱苦，

08 古今病之。宋大中祥符间，龙图阁直学士尚书工部郎中出知永兴军陈公尧咨，尝引龙首渠水自东城而入，以便人用，碣载具悉。

09 迨今世远物迁，堤倚高原，日见削损，水仅一脉，城中军民多于晨昏争汲汰清，然后可用，讵能望其环城而为金汤之固也耶？天顺

10 间，镇守都知监右少监黄沁辈，屡欲大鸠工作，修治龙首渠，计费亿万，弗果于行。时予为按察使，亦预知其难。成化改元，予忝巡抚

---

① 如史红帅运用碑文比较西安的龙首、通济二渠的开凿技术与渠道管理的异同；钞晓鸿运用碑文中修渠时间、修渠长度等内容讨论工程进度问题。见史红帅："明清时期西安城市历史地理问题若干问题研究"，陕西师范大学 2000 年硕士学位论文；钞晓鸿："人物传记中水利史料的考辨与利用——以明清时期的项忠传记为例"，载《厦门大学学报（哲学社会科学版）》2011 年第 1 期。

11 陕西，适附郭父老诣予言曰："去城西南十五里许，地名丈八头，俗名有交皂二河。其交河发源大义峪、小义峪、炭峪、阳峪，归之丰河。

12 皂河发源阿谷泉，泉有一十九窍，上源又有按察使胡公堰，经汉故城，俱入于渭。若能疏导，自西入城，水性且顺，人用之余，可以泄

13 之池，以环厥城，兼以预为龙首渠他日不可修复之计，再余泄经九龙池入于沪。"予闻而疑似未决，及率众相视原隰，咸以为宜。既

14 而具实疏闻，

15 上可其奏。用是予与巡按监察御史吴绰，都指挥使林盛，左布政使张莹，右布政使杨璿，按察使李俊，都指挥同知刑端、司整，都指挥金

16 事申澄、单广、陈杰、张瑛、马沄，左参政胡钦，右参政娄良、张用瀚、张绅，副使刘福、郭纪、姚哲、强宏，右参议杨瓒、杨壁、陶铨，金事李玘、叶

17 禄、赵章、华显、胡钦、胡德盛、刘安止、吕益总理其纲，而都指挥金事樊盛，西安左卫指挥同知张恕，前卫指挥金事东铉，后卫指挥金

18 事毕昱，西安府知府余子俊，大播百工之和而咸其勤；至如计工虑材以供事者，则咸宁、长安二县知县王铎、刘昇，县丞宋泓、柴干，

19 主簿傅源，税课司大使邓永刚辈咸在。虽然纲总分理，各有所司，而督役也严，虑事也详，则又深得樊盛、余子俊能用命也。故工役

20 蝟攒，畚锸云集，度地之高者则掘而成渠，地之卑者则筑而起堰，不三旬，水遽入城。但虑丈八头节水不可无闸，以防泛滥，城中为

21 渠不可无覽，以图永久。且有言城西宜为水磨一具，取息以为将来修理之用，遂便宜调度，不以科民。今工就绪，计土工五千人、石

22 工百人、木工五十人、水工三人，计木三千根、石千块、覽百万块、石灰万石有奇。金谓宜命名以勒诸石，俾将来为有司者所持循，

23 时加修浚，庶几池深水环，而城将不必益高，饮甘用便，而人将不致复病，前后如一日也，故命名曰通济渠。复为之词曰：

24 曰交曰皂兮谁使攸同，洗天浴日兮百折之东，金城汤池兮百二独雄，接蓝曳练兮声潄玲珑。烟火万家兮仰给无穷，鳌翻鲲化兮

25 皆育其中，予心大慰今百司秉公，百司不有今人乐赴工名渠通济
今揆义折衷，呜呼！继不加修今有始无终，呜呼！继不加修今有

26 始无终。

27 成化元年岁次乙酉仲秋月之吉立　　　凤鸣秦旺镌

（二）碑阴

01 西安府为便利军民事。承奉

02 陕西布政使司札付，抄蒙

03 钦差巡抚陕西都察院右副都御史项案验。照得陕西在城通济渠奏

04 准开掘已完。以人工而论，虽是军民相参，以资本而言，悉皆有
司出办。所有城壕出息，若不分定栽种菱藕杂品，诚恐年久，军卫以为
城池不该有司管辖，独专其利，未免互相争执。行间，据西安府知府余
子俊

05 备将合行事宜，开坐呈乞，照验定夺，通行遵守。本府备由刻于
碑阴，以便久远查照等因。到院。参看得本官所呈，现俱系合行时宜，
合准就行。为此，仰三司抄案，都布二司转属，各照地方载□菱藕等物，
日后各

06 依地方采取公用。布政司仍行本府佥取人夫老人，各自分定去处，
常川巡视。遇有河渠损坏，随即修整，毋容沤打蓝靛、洗濯衣服，秽污
不堪食用。冬夏之间，水有消长，以时启闸，勿令□漫。仍将人夫老
人姓

07 名，置立木牌，开写在府，查点比并。所有两岸栽树及分水灌田
并置窑厂、木厂等项，悉依所拟，按察司转行仪卫司晓谕校尉人等，一
体遵依施行。蒙此，合就札仰本府照依案验内事理施行。奉此，拟合
连供

08 事人员刻于碑阴查照。

09 计开

10 本院定行事宜：

11 一自西门吊桥南起，转自东门吊桥南止，仰都司令西安左、前、
后三卫栽种菱藕、鸡头、茭笋、蒲笋并一应得利之物，听都司与各卫采
取公用。自东门吊桥北起，转至西门吊桥北止，仰布政司令西安

12 府督令咸长二县依前栽种，听西安府并布按二司采取公用。若是利多，都司并西安府变卖杂粮在官，各听公道支销。

13 一龙首渠按察司原置木牌，定有老人人夫巡视，俱依旧规，毋得因见通济渠有水，就将河堰不修，妨误迤东人家浇灌食用，照旧本司发放。

14 西安府呈行事宜：

15 一自皂河上源按察使胡公堰起，至西城壕，约长七十里，每长一里，于沿河附近佥定人夫二名，通设老人四名分管，时常巡视，爱护修理。遇有工程颇大，通拘并修十分浩大，另行处置。自丈八头到

16 城两岸栽树，交河亦令前项人夫爱护修理。老人朔望日赴官发放。

17 一丈八头以上军民多用交皂二河之水灌田，前项老人量宜分用，不许潜自多分绝流。

18 一丈八头以上军民多于交皂二河岸边沤打蓝靛，以致灰水浑浊，河水味苦，令前项老人巡视禁约。

19 一丈八头分水石闸于附近佥定二户看管爱护，则定分来之水，深至一尺可勾城中之用，其余乃归皂河故道。

20 一西城壕西岸，置水磨一具。水磨之北，置窑厂一所，于西门外，佥定四户，看管爱护。磨课就收在彼，以备支作修渠物料之价。

21 一西城壕西岸窑厂之东，置木厂一所，收积椿木等物，以备修渠。令看磨者带管爱护。

22 一水自西城入，至东城出。渠用砖灰券砌，券顶以土填与街道相等，每二十丈留一井口，各照地方，每一井口令当地一户看管爱护。冬春二季严寒半月一次，微寒七日一次，夏秋二季，苦热二日一

23 次，微热四日一次，令人入渠往来寻看，防有弃置死物，仍行禁约诸人，责备看管人户。

24 一各府分水入内校尉人等，不系统属分水去处。井口各置锁钥，令当地看管人户收掌，量宜将闸以时启闭，不宜听伊专利。

25 一城内不许诸人于渠上或渠傍开张食店，堆积粮食，不惟惹人作秽，抑恐鼠虫穿穴。此外再有砖渠事理一体禁约。

26 供事人员：

27 一陕西按察司照磨李志。

28 一西安府同知任春、赵珪、赵瓒，通判张俊，经历赖让，知事张泰，照磨贺昭，检校田畯，吏雷允、朱顺、温清、阎洁、田俊、张凤、杨宗、段零、杨芳、李钊，阴阳生陈子昭，

29 水工王材、谢荣，木工申茂、南茂、岳秦、王茂，石工葛英，泥水匠贺全、马亨、石整，井匠马英、刘仲良，搭材匠赵信、卞英、张学、杜旺，木工孟喜。

30 一西安左卫指挥使费澄，指挥同知朱政，知事冀镔，镇抚程真，百户徐镗、张雄、李能。

31 一西安前卫指挥使康永、指挥同知张鼎、指挥佥事周重、经历杨晃、知事谢琰、镇抚张昇、千户刘清。

32 一西安后卫指挥使高玉、指挥同知尤胜、指挥佥事廖斌、经历江仍、知事程鼎、镇抚孙胜、千户刘钊。

33 一咸宁县主簿郝英，典史陈浩，吏李荣、郑文、田贵，老人张安、郑忠、刘□、许成、雷信、宋良、吴□、李成、韩玄、任义、孟益、席真、黄荣、赵贵、郭整、柴铭、张昇。

34 一长安县典史冀宽，吏卢成、薛悦、吕振、白真、赵恕、冀良、张义，老人韩贵、王恕、田秀、常钦、王信、杜郁、白彪、谢兴、翟闰、左林、张广、解林、马昇、周能、李荣。

35 成化元年八月之吉乡贡进士李璨书丹

三、渠规分析

此前对《新开通济渠记并渠规碑》讨论较为详尽的当为西安碑林研究员王其祎、周晓薇《明西安通济渠之开凿及其变迁》一文。[①]该文以碑石为主要线索，在碑阳《新开通济渠记》基础上，结合史籍方志考证了开凿原因和时间、督役人员、渠道长度等问题，对碑阳研究已颇为充分。而碑阴的部分，文章则主要关注渠道长度和日常管理，将渠规内容分为种植树木和经济作物、附设水磨窑厂和木厂、禁止污染、设专人看管四项。但碑阴中部分细节尚待

---

① 王其祎、周晓薇："明西安通济渠之开凿及其变迁"，载《中国历史地理论丛》1999 年第 2 期。

厘清，如其中"札付""案验"等为公文用语；且碑文第10行"本院定行事宜"和第14行"西安府呈行事宜"意味着渠规的制定主体有所不同等。这些细节涉及碑阴的性质、渠规生成过程等重要问题，故下文主要集中于对碑阴的分析。

为讨论便利，本文将碑阴分为三部分展开。第一部分（第1—8行）为公文，由陕西巡抚项忠发出，经陕西布政使司，最终传递到西安府知府，位于碑阴最右侧。第二部分（第10—25行）为"计开"之后的十一条渠规，内容包括"本院定行事宜"两条（第10—13行），"西安府呈行事宜"九条（第14—25行），位于碑阴中部。①最左侧第三部分为供事人员名单（第26—34行），最后一行为碑石刻立日期。以下分别讨论。

 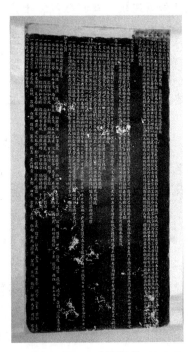

图2　碑阴　　　　　　　　　　图3　碑阴拓片

① 事实上，碑文第一、二部分合起来构成西安府收到的完整公文，为行文便利而分为第一、二两部分单独讨论。

（一）公文与渠规制定流程

虽然碑文中没有保留公文文书的格式，但根据"案验""札付"等文书种类用语，以及"抄蒙"—"蒙此"，"承奉"—"奉此"等文书行移用语，有理由推测，碑阴内容为与渠道管理相关的公文。根据文书的嵌套结构，整理如下图（图4）所示。

西安府为便利军民事

承奉陕西布政使司札付（C）

抄蒙钦差巡抚陕西都察院右副都御史项案验（B）

照得陕西在城通济渠奏准开掘已完。以人工而论，虽是军民相参，以资本而言，悉皆有司出办。所有城壕出息，若不分定栽种菱藕杂品，诚恐年久，军卫以为城池不该有司管辖，独专其利，未免互相争执。行间，据西安府知府余子俊备将合行事宜，开坐呈乞，照验定夺，通行遵守。本府备由刻于碑阴，以便久远查照等因。到院。参看得本官所呈，现俱系合行时宜，合准施行。为此，仰三司抄案，都布二司转属，各照地方栽□菱藕等物，日后各依地方采取公用。布政司仍行本府金取人夫老人，各自分定去处，常川巡视。遇有河渠损坏，随即修整，毋容沤打蓝靛、洗濯衣服，秽污不堪食用。冬夏之间，水有消长，以时启闸，勿令□漫。仍将人夫老人姓名，置立木牌，开写在府，查点比併。所有两岸栽树及分水灌田并置窑厂、木厂等项，悉依所拟，按察司转行仅卫司晓谕校尉人等，一体遵依施行。（A）

蒙此，合就札仰本府照依案验内事理施行。

奉此，拟合连供事人员刻于碑阴查照。

图4　碑阴公文嵌套示意图

上图反映文书的传递过程：首先，陕西巡抚项忠撰写案验公文（图4中的A为案验公文内容）；其次，陕西布政使司抄蒙项忠的案验后，以札文下发给西安府，要求西安府照案验内的规定施行（对应图4中的B）；接着，西安府承奉陕西布政使司的札文（对应图4中的C），文书传递在西安府结束，碑阴刊刻的正是西安府收到的完整公文。

在此过程中传递的公文为案验，案验具体内容为巡抚项忠拟定规条，划分军卫与地方政府在城壕种植经济作物的界限，并且重申旧有的龙首渠管理规章

（对应第 10—13 行"本院定行事宜"的两条渠规）。同时，西安府知府余子俊拟定了九条渠规（对应第 14—25 行"本府呈行事宜"的九条渠规）呈请施行，项忠审阅之后认为这些渠规情理皆合，应当施行，一并写入案验中。然后令都指挥使司、布政使司、按察使司抄此案验施行。可见，这十一条渠规中，其中九条是由知府余子俊拟定的，但是经由巡抚项忠的确认和颁布，具备了同等的效力。

需要说明的是，公文中出现了"到院""本院定行"，那么"院"在这里是指陕西巡抚还是都察院？余子俊在上呈渠规时有"本府备由刻于碑阴"之语，意味着当时碑阳已经存在，碑阴刊刻时间（成化元年八月）与碑阳（成化元年仲秋月）接近，在如此短的间隙内，从西安府到都察院的文书行移显然无法完成，只可能是同在西安城中的项忠进行操作。此外，余子俊直接上呈都察院，也不符合公文逐级行移的规则。在其他的文书中，也可见巡抚使用"院"指称，如陕西巡抚王廷相发布的《巡按陕西告示条约》中，有"本院榜示条目""本院行事过当"等语，院即指陕西巡抚。[①]故此处的"院"应当指巡抚项忠，而非都察院。

（二）渠规背后的用水之争

当清澈的交皂河水随渠引入西安城，流经王府的亭台楼阁、官员的衙门府邸，以及万千军民之家，渠道的走向、渠水的分用自然成为多方争议的焦点。渠规条款不仅是水渠维修的管理规则，更是西安城中多方权力制约后的结果。从渠规细节可窥见，当时最为主要的争端发生在地方政府与军卫，及地方政府与宗亲府第之间。

1. 地方政府与军卫之争

在渠规制定中，巡抚项忠最为关注地方政府与军卫之间的纠纷。明代的西安城为西北边防重镇，除众多衙门治所——陕西巡抚、都布按三司、西安府、长安县、咸阳县外，还有前后左三卫[②]。卫所不仅统辖军士，还管理数

---

① （明）王廷相：《浚川公移集》卷三，载杨一凡、刘笃才编：《中国古代地方法律文献》甲编第 3 册，世界图书出版社 2006 年版，第 22-23 页。

② 西安为西北重地，洪武六年设置西安前、后、左、右、中、秦川、华山七卫，二十五年至二十六年初，相继被废除，军兵补入西安前后左三卫。西安前、后、左三卫除军事防御外，还要负责西北、西南来的诸部族使节迎来送往的工作。参见郭红、靳润成：《中国行政区划通史·明代卷》，复旦大学出版社 2017 年版，第 361 页。

目庞大的家属群。

地方政府和卫所为修渠的主要力量。据碑阳《新开通济渠记》，工程规模浩大，需要土工达五千人、石工达百人之多。在通济渠修建过程中，"大播百工之和而咸其勤"的官员包括都指挥佥事樊盛、西安前左后卫的指挥同知、指挥佥事，以及西安府知府余子俊，可见修渠人力主要来自西安卫所和地方政府。

既然双方都参与了渠道建设，在水渠利用上若不明确范围势必引起争端，项忠虑及："所有城壕出息，若不分定栽种菱藕杂品，诚恐年久，军卫以为城池不该有司管辖，独专其利，未免互相争执。"因而明确约定军卫和地方政府对环城水渠的利用范围，其中"自西门吊桥南起转自东门吊桥南止"为都指挥使司和西安左、前、后三卫所有。"自东门吊桥北起，转至西门吊桥北止"，由"布政司令西安府督令咸长二县依前栽种"，收益则归西安府、布政使司和按察使司。为保证此项规定的顺利施行，项忠进一步明确执行的责任机关："都布二司转属各照地方栽种菱藕等物，日后各依地方采取公用"，由都指挥使司和布政使司负责此渠规的施行，杜绝争端。

2. 地方政府与宗亲府第之争

西安府知府余子俊拟定的九条渠规涉及城外渠道的管理、分水和水质，城壕修建水磨、窑厂、木厂，城内渠道的修建标准和日常管理等内容。其中一条尤为值得注意："各府分水入内校尉人等，不系统属分水去处。井口各置锁钥，令当地看管人户收掌，量宜收闸，以时启闭，不宜听伊专利。"校尉在亲王和郡王府均有设置，①由于通济渠并未流经秦王府，此处分水校尉应指各郡王府的校尉，那么此条渠规约束的对象也就是西安城内的郡王府。

明代西安城内宗亲府邸众多。通济渠被引入宜川王府、兴平王府、永寿王府、保安王府、永兴王府等，引入之水除生活用途外，更多用于修建池塘，美化园宅。②王府的奢侈生活自然使得对水源的需求有增无减，知府余子俊不得不对郡王府的用水加以限制，通过在分水井口置锁并确定看管人户，防止各府校尉擅自启闭井口多分渠水。

为保证此条渠规的实施，巡抚项忠在案验中进一步要求"按察司转行仪

---

① （明）申时行等修：《明会典》卷一四四《力士校尉》，中华书局 1989 年版，第 734 页。

② 史红帅："明清时期西安城市历史地理若干问题研究"，陕西师范大学 2000 年硕士学位论文。

卫司晓谕校尉人等，一体遵依施行"。其中仪卫司"掌侍卫仪仗"，洪武三年（1370）始置。①此处应指西安城内唯一的亲王——秦王府的仪卫司。巡抚项忠经按察使司，利用秦王府的仪卫司对各郡王府的校尉进行约束，保证这一渠规的实施。

（三）渠道供事人员的构成

碑阴第三部分开列的"供事人员"103人名单，包括陕西按察司、西安府、西安左前后三卫、咸长二县的官员，以及阴阳生、石匠、泥水匠、井匠、搭材匠、两县老人等。"供事人员"是指参与渠道修建的人员，还是渠规的责任人员，值得分析。

在另一项由项忠主持的广惠渠水利工程中，留存有《广惠渠记碑》②，这块成化五年（1469）的碑石采用了与通济渠碑相似的格式，碑阳由官员撰文记叙修渠功绩，碑阴刊刻修渠公文、工程物料统计以及供事人员名单。因未涉渠规，其中的"供事人员"应指参与修渠的官员，名单中的"陕西布政司照磨文义、陕西按察司照磨李志、西安府同知赵珪、管工经磨赖让、照磨贺昭、检校田畯"也同样参与了通济渠的开凿，故碑阴的供事人员很可能也是同样的角色，即参与通济渠开凿的官员。

除此以外，碑阳提及了参与通济渠开凿的部分官员，碑阴"供事人员"名单与此毫无重叠。以咸宁县和长安县为例，碑阳列"咸宁、长安二县知县王铎、刘昇，县丞宋泓、柴干，主簿傅源，税课司大使邓永刚"。而碑阴列出"咸宁县主簿郝英，典史陈浩，吏李荣、郑文、田贵"和"典史冀宽，吏卢成、薛悦、吕振、白真、赵恕、冀良、张义"。根据明代县衙的知县、县丞、典史、主簿各一员③的配置，碑阳和碑阴刻列人员恰好组成完整的明代地方县衙人员配置。综上，碑阴开列"供事人员"103人应当是项忠《新开通济渠记》中未能列举完全的参与修渠人员的名单，在碑阴中进行补列，而非渠规的直接责任人。

---

① 《明史》卷七六《职官四》。

② 李慧、曹发展注考：《咸阳碑刻》，三秦出版社2003年版，第503—508页。

③ 杨一凡、刘笃才编：《中国古代地方法律文献》甲编第三册，世界图书出版社2006年版，第98页、第101页。

四、立碑缘由

围绕水资源的利用，自古以来冲突不断，同时规范也不断产生，或是民间的"乡规民约"，或是官府的"设范立制"，不同的水利冲突产生不同的规范类型。相较于多见的有细致规定和罚则的"示禁型"的渠规碑，《新开通济渠记并渠规碑》则属于行政管理类，规范指向的对象并非普通百姓，而是盘踞在西安城内的权力机关——官府、军卫以及皇室宗族。

明代陕西地区农业发展成熟，水利设施的修建是地方政府的重要工程。地方官员在开凿和疏浚渠道润济民生的同时，刻碑铭功，以垂久远，留存了《广惠渠记碑》《重修泾川五渠记碑》等碑石。在西安城重要的通济渠水利工程中，巡抚项忠撰写《新开通济渠记》并立碑以彰功绩。而不同于其他水利碑，在成化元年（1465）仲秋月立碑后，西安府紧随其后，在元年八月于碑阴刊刻有关渠规的公文。

早在草拟渠规的过程中，西安府刊刻碑阴的意图即十分明确："据西安府知府余子俊备将合行事宜，开坐呈乞，照验定夺，通行遵守。本府备由刻于碑阴，以便久远查照等因。"已说明打算将渠规刻于碑阴。而西安府在收到布政使司下发的公文时，回应"奉此，拟合连供事人员刻于碑阴查照"。可见，西安府"刊刻碑阴"的意图为巡抚项忠、布政使司所共知。且这种意图显得颇为急切，项忠撰写《新开通济渠记》并刻立碑石时，通济渠整个工程实际只完成一部分。①碑阴刻立时间与碑阳如此接近，意味着在成化元年八月碑阴渠规刊刻时，城内的渠道尚未开始修建。

西安府知府余子俊急于将渠规刊刻碑阴，与西安城内的皇族、地方政府、军卫各方势力的用水之争密不可分。在通济渠利用中存在诸多争端——地方政府与军卫有关环城河渠之争，新旧二渠的管理之争，城外灌溉用水与城内居民用水之争，以及宗亲府第的争水问题。渠规中明确了渠道主要的管理人员为老人、看管人户等，西安府通过任命掌管分水的"老人"和管理锁钥的"当地看管人户"，掌握了日常管理权和分水权。为保证这些规定的长久实施，

---

① 钞晓鸿："人物传记中水利史料的考辨与利用——以明清时期的项忠传记为例"，载《厦门大学学报（哲学社会科学版）》2011年第1期。

西安府试图借助竖立在重要地点 ①的碑石的巨大公示效力，给渠规注入更多的约束力和执行力。②最终，在西安城内多方权力冲突中，西安府通过公文、刻石立碑的多重效力，力图将通济渠的日常管理和渠水分用的权力控制在自己手中。

---

① 此碑属于 1949 年以前入藏西安碑林，而出土时、地与入藏时间不详。路远推测直接刻立于孔庙或碑林的可能性较大。参见陈忠凯等编著：《西安碑林博物馆藏总目提要》，线装书局 2006 年版，第 19 页；路远：《西安碑林史（修订版）》，西安出版社 2018 年版，第 238 页。

② 根据明人王恕对通济渠的记载："其渠自西关厢入城，俱用砖甃砌一千四百五十丈。"六七成的渠道内壁已经是砖砌的，待弘治十五年（1502）通济渠重修时"补砖甃七百二十丈"，补砌了三四成，可见渠规中有关城内渠道修建标准的规定得到了遵循，具有约束力。参见（明）王恕：《修龙首通济二渠碑记》，载《王端毅公文集》卷一，明嘉靖三十一年乔世宁刻本。

从水案到水规：明中期霍州公文刻石现象分析

刘伟杰*

【摘要】明代中期，霍州水资源形势日益严峻，随之而来的是流域用水纠纷不断增多。为应对这一局面，霍州官署多次将水案公文刊刻于石，置于讼案发生地或衙署门前，以杜后争。这种做法既是对明代以来水案频发状况的应急手段，同时也是逐步实现地区水利秩序稳定的有益尝试。在此过程中，讼案文本也逐渐完成"从水案到水规"的转化。这种由官府主导、民间认可的立石方式也成为霍州地区水利纠纷解决机制的重要部分。

【关键词】霍州；水案；碑刻；公文

明清以来，山西地区因引用河湖泉水和地下水浇灌土地而导致的水案几乎遍布全省各地，境内主要河流均有不同程度的水案发生。①以洪洞霍泉、介休洪山泉、翼城滦池等典型个案为代表，水利社会史研究围绕水案纠纷与水权分配，集中探讨山西"泉域社会"的形成与发展。②然从法律史的角度观察水利纠纷，除了探讨由案件判决延伸出的水利规约与用水原则等实体内容外，③水案判决的执行程序同样值得被关注。换言之，在案件审结后，地方官府与民间社会是通过怎样的互动形式，将水利个案的审判结果予以落实推进，进

---

* 刘伟杰，中国政法大学法律史专业 2020 级博士研究生，主要研究方向为明代公文碑。

① 行龙编著：《以水为中心的山西社会》，商务印书馆 2018 年版，第 33 页。

② 张俊峰：《泉域社会：对明清山西环境史的一种解读》，商务印书馆 2018 年版，第 67-179 页。

③ 行龙："明清以来山西水资源匮乏及水案初步研究"，载《科学技术与辩证法》2000 年第 17 期；赵世瑜："分水之争：公共资源与乡土社会的权力和象征——以明清山西汾水流域的若干案例为中心"，载《中国社会科学》2005 年第 2 期；董晓萍："解决水利纠纷与民间水渠管理的技术活动：晋南旱作山区使用古代水利碑的三个例子及其近现代节水管理技术和现代水费管理"，载《河北广播电视大学学报》2013 年第 5 期；李雪梅："古代法律规范的层级性结构——从水利碑刻看非制定法的性质"，载《华东政法大学学报》2016 年第 4 期。

而对所涉流域产生影响？本文选取明中期平阳府霍州为坐标点，通过对碑刻史料的考察，尝试对上述问题进行探讨与分析。

一、以公文视角重新审视水案碑

霍州古属冀州地，因霍太山而得名，位于晋南地区最北端。汉置霍邑，金置霍州，元明因之。①霍州处于太行与吕梁两大山系对峙之间，中有㴭水东西向横流，汾水自北向南纵流。从实际的渠道数与灌溉面积来看，霍州水利的总体趋势呈现出一种小泉小水众多的小型水利发展模式。尽管从水域覆盖面积来看，霍州在山西地区具备相对优势，但其水源利用程度不高，且区域内部也存在很大差异。②正因水资源的分布不均，使得流域民众围绕用水权益问题，开展持续的诉讼斗争。金明昌七年（1196）《霍州邑孔涧庄碑》（图1）是目前可见霍州地区最早的水利讼案记录，至今保存在水案发生地霍州孔涧村，即碑额所列"霍邑县孔涧庄"。碑文由碑阳至碑阴双面篆刻，记录霍州辖下李庄村头目张厚控告秦壁村上社人户堵塞泉眼，妨害李村与秦壁村下社用水一案。因该碑内容涉及水源地、渠首和下游三村在"社"内发生与解决用水矛盾的过程，反映出村社联盟、级差级别的早期痕迹，故被视作是晋南地区"四社五村"不灌溉制度萌芽阶段的珍贵史料。③然除此之外，碑阴所载文书样式以及结尾处对立碑原因的阐述，也为水案程序研究提供了新思路。现将碑阴文字按行数录文如下：

01 □□□□□□□勒本人准伏其张厚等又于　县官公坐处告覆，则元契凭不实，致将出水泉眼打量在小程皋地内，蒙□□□

02 □□□□□□□公议，若不同来定夺，词讼不绝。以此当年闰十月初十日，行马同来所争地头，对众踏逐定验，得出水处委在小□

03 程皋□□，与　主簿　县尉前后数次定验得相同。及蒙　县官当面省会张厚，除所争小程皋地内泉水外，勒李□指引无主泉

---

① （明）褚相修：《霍州志》卷一《沿革》，中国国家图书馆藏嘉靖三十七年刻本。

② 皇倩倩："明清至民国霍州水利社会研究——以水权为核心的考察"，山西大学 2020 级硕士学位论文。

③ 董晓萍、[法] 蓝克利：《不灌而治——山西四社五村水利文献与民俗》，中华书局 2003 年版（本书出版信息以下省略），第 386 页。

04 水时，其张厚等指说不得告覆，自称更无无主泉水。昨来

05 府衙告状时，将沙凹泉更名，作无主石崖泉眼，□图官中受理，便得开淘。来此上 县官又行省会，逐人即目，县官同来定夺，别无

06 宥顺偏向。蒙勒张厚、王用招讫前后所告虚罪，申过

07 府衙，却奉回降该会

08 法断定，逐人各杖六十，依数归结了当。杨和、乔俊再经 县衙陈告，然蒙依理归断，忧恐已后年深，张厚等计构匿了文案，将水再

09 行昏赖，乞行给据。又于明昌六年六月二十五日给到印署公据，当行司吏常法。今来本庄人户同议，然有官中公据二本，见行收

10 执，诚虑岁久，傥有无失，又致争讼，枉遭被害。今将公据节略要言并公据内 县官职位，请命名匠开石镌碑，以为后记。

11 　　　　　　　　明昌七年正月初十日碑

12 立石人乔俊、何明、张谨、裴进、吴当和、王安、王三奇、任小三、耿元

13 　　　　　何千、兰朱僧、何贵、何小大、赵和尚、韩张僧、张元

14 　　　　　耿四、杨迮、杨远、杨进、大杨仲、小杨仲、靳智

15 　　程六奇、裴高、任兴、杨珪、张管僧、张当僧、乔三、靳原、何全

16 管内立石杨和　　石匠赵城县高显　　书丹人杨法、乔五、任全

17 　　　　　　明昌五年九月二十四日公据一道

18 忠　武　校　尉　行　县　尉　颜　盖

19 忠　武　校　尉　行　主　簿　高　押

20 怀远大将军行县令乌古论押

21 　　　　　　明昌六年六月二十五日公据一道

22 行　县　尉　　颜　盖　　押

23 行　主　　簿　　孟　差出

24 行　县　令　　　裴　满　押①

　　就碑阴第1—8行记载来看，因案件原告李庄村张厚等人以不相干处泉水作有主泉水，"偏曲归断，用招讫前后所告虚罪申过府衙"，最后以张厚等人被处以杖六十而结案。然在官府断定权属划分之后，案件当事人杨和、乔俊

---

① 董晓萍、[法]蓝克利：《不灌而治——山西四社五村水利文献与民俗》，第89页。

先后两次经县衙陈告，乞行"印署公据"收执为证（第8行）。①经本村人户同议，在官府、民间两处均有公据文本收执的基础上，为防止纸本岁久丢失，又恐诉讼纠缠，决定将公据文本的内容节略、文书涉及县官签押刻石以垂永久（第10行）。图1所见碑文布局严格按照商议内容，在第11行"明昌七年正月初十日碑"作为文本结尾之后，便是立石人列名（第12—16行）、所引公文种类的说明（第17行、第21行）及相关官员的签押摹刻（第18—20行、第22—24行）。此碑的刻立以文本规则为基础，突出由官员签押所展现的权力外观，凸显国家强制力对水案纠纷的介入，以期为水利规则的被遵循提供强制法律保障。②

图1　金《孔涧村水利碑记》③　　　　图2　明《库拔村水利碑》④

---

① 公据作为流行于宋金元时期的一种公文书，是古代政府部门为个人和组织出具的证明某种人身关系、财产关系和权利关系的凭证，广泛应用于贸易许可、商贸通关、军功奖赏、课税茶引等不同情境中。参见王梦光："宋金元公据碑整理与研究"，中国政法大学2018硕士学位论文；张东光："宋代官方公据文书略说"，载《档案学通讯》2019年第1期。

② 据田野调查结果，此碑所载用水原则至今仍在发挥作用。参见董晓萍、〔法〕蓝克利：《不灌而治——山西四社五村水利文献与民俗》，第287页。

③ 《三晋石刻大全·临汾市霍州市卷》误将金明昌七年（1196）《霍州邑孔涧庄碑》碑阳、碑阴识为两碑，此件碑阴被定名为《孔涧村水利碑记》，图采自段新莲主编：《三晋石刻大全·临汾市霍州市卷》，三晋出版社2014年版（本书出版信息以下省略），第14页。

④ 图采自段新莲主编：《三晋石刻大全·临汾市霍州市卷》，第26页。

同样，明洪武三年（1370）《库拔村水利碑》（图 2）虽然碑额以"水利之碑"为题，但据文书整体格式以及"须至指挥""右下库拔村社里长，准此"等公文套语判断，此件"文凭"实际上便是平阳府为水案事发出的指挥文书。[①]此件指挥记录了霍州所属库拔村与三教村因使水渠道所灌地土划界而产生的纠纷。经霍州判官、吏目呼集前去踏勘，拟定"库拔、三教二村五月一日行沟，至九月一日住罢，五日一次轮流使水，已后雨水泛涨，将水分作二渠，雨停使用"的渠规。[②]最后经山西等处提刑按察司平阳等处分司批准，由霍州出给文凭，各令依期使水。在这里，指挥不仅作为政令信息传递的文书载体，且作为"官给公凭"，用于官府对于库拔村水利权属的份额认证。正因如此，在碑文结尾日期处可见，"洪武三年七月印""押"等公文标识均被保留（图 2）。立碑者希望通过对公文形式要件的强调，尽可能地将纸本形态誊抄于石，以示其权利正当性。

至明代中期，霍州水资源环境形势日益严峻，"夏秋之际，五七日不雨则有旱象，十日不雨则相率为祈祷之事，官亦不胜其劳"。[③]据《山西通志》记载，明嘉靖七年（1528）至万历二十七年（1599），霍州遭受六次特大干旱，其中嘉靖十三年（1534）"禾稼殆尽，饿殍盈野"、嘉靖四十年（1561）"春夏无雨，民大饥，剥皮而食，及人相食"。[④]与此同时，该时期霍州地区水利讼案频繁发生，以公文为载体的碑石刻立也集中反映出明中期霍州地区水利纷争的处理方式（表 1）。

表 1　嘉靖时期霍州水案碑刻整理表 [⑤]

时间	碑刻名称	案件内容	文书类型	现存位置
嘉靖元年（1522）	霍州水利成案记	郭下地户状告后二庄民侵夺原额泉水	霍州知州撰文，记录成案始末	霍州署仪门东墙

---

① 在元代，指挥是一种常见的下行文书，明初沿袭后不用。《吏学指南·公式》言："示意曰指，戒敕曰挥。犹以指挥斥事务也。"详见（元）徐元瑞：《吏学指南》，杨讷点校，浙江古籍出版社1988 年版，第 36 页。

② 段新莲主编：《三晋石刻大全·临汾市霍州市卷》，第 25 页。

③ （清）崔允昭修：《直隶霍州志》卷九《水利》，中国国家图书馆藏清道光六年刻本。

④ （明）李维桢纂修：《山西通志》卷一〇《水利志》，中国国家图书馆藏崇祯二年刻本。

⑤ 表格信息主要参照段新莲主编：《三晋石刻大全·临汾市霍州市卷》。

时间	碑刻名称	案件内容	文书类型	现存位置
嘉靖十二年（1533）	官定赵家庄水利帖文碑记	赵家庄民张琮争张家坡、柳沟等泉	平阳府向霍州发出帖文	赵家庄观音庙
嘉靖十七年（1538）	霍州辛四里李泉庄成案水利石碑记	李泉庄、郭下争白谷垛水泉	乡绅荀琷汝撰文，内载霍州帖文两件	赵家庄观音庙
嘉靖十七年（1538）	小涧柏乐二村水利碑记	小涧、柏乐二村与东西王村划定水界	霍州向渠长发出帖文两件	霍州署仪门西墙
嘉靖三十八年（1559）	陶唐谷各村用水碣记	窑子头地户李润状告如村截流	霍州知州下令将水利簿刻石	霍州署仪门北墙
嘉靖四十三年（1564）	平阳府霍州为乞均水利事碣	仁二、仁三里民用水纠纷	霍州发出公文，要求刻石记录	霍州署仪门北墙

虽然表 1 所见碑刻文献在《不灌而治——山西四社五村水利文献与民俗》一书中已有录文整理，且著者利用上述资料对"其他碑刻与四社五村碑刻的对比调查简述"部分有详细讨论，①但关于碑刻所见公文载体的特征与作用，还有进一步阐述的空间。故在前述社会史研究的基础上，本文将着眼于前表所列水案碑石的文书形式与刻立程序，进而分析地方官府与民间在面对如此严峻的水利形势下，如何实现对区域水利秩序的控制与维护。

二、霍州水案帖文碑的表现形式

以洪武十五年（1382）颁定诸司文移式为标志，明代公文行移规范正式确立，其中明确"各府帖下各州、各州帖下各县"。②按嘉靖《霍州志》记载，洪武元年（1368）改平阳路为平阳府，二年改霍邑为霍州，赵城入府治，而灵石为州属。③因明代霍州属平阳府管辖，故按行移要求，霍州既可以接受由

---

① 作者利用碑刻反映的灌溉原则与民间组织制度，强调灌溉水利条规的自身特点，提出其他碑刻与四社五村碑刻的区别集中体现为对待水权与地权的不同关系。参见董晓萍、[法] 蓝克利：《不灌而治——山西四社五村水利文献与民俗》，第 386 页。

② （明）李东阳等：《大明会典》卷七六《礼部三十四·行移体式》，广陵书社 1989 年版，第 441 页。

③ （明）褚相修：《霍州志》卷一《沿革》。

上级平阳府发出的帖文，同时也可直接帖下所属县及民间。正因如此，表1所列明代霍州地区水案公文多是以帖文形式出现，但当纸本文书摹刻在碑石时，则会根据立碑者意图的不同，表现为不同的外观形式。

（一）公文样式的摹刻

嘉靖十二年（1533）《官定赵家庄水利帖文碑记》正文起首语为"平阳府为结势重大屈枉乡民无申无凭，妄争无干水□□□□"，结尾为"右帖下霍州"。结合帖文标志性用语"须至帖者"，可判断此为平阳府向霍州发出的帖文。①因碑石部分残损，仅对可识别处进行录文：

01　官定赵家庄水利帖文碑记

02　平阳府为结势重大屈枉乡民无申无凭，妄争无干水□□□□□
□□□□□□□□□

03钦差兼理兵备山西等处提刑按察司分巡河东道佥事张
□□□□□□□□□□□蒙批，姑

04　依拟发落，取实收缴。其水利既踏勘明白，亦速行该州，省
□□□□□□再争，定

05　将为首之人枷号，重治不恕。蒙此，案照先准本府通判张
□□□□□□已经呈详去后，

06　今蒙前因，拟合抄招，通行发落。为此，除将各犯先已发来
外，□□州着落当该官

07　吏照帖备蒙批呈抄招内事理，即将问完犯人□□、张琮
□□□一分，照例折银二

08　钱，省令犯人自行尽银买纳。□□、张琮又各该工食银一
□□钱追完纸，二分类解

09　公用，八分与工食银，俱易谷备赈。取库收一样二本缴报。
□原告争柳沟等泉水，仍

10　断与赵家庄人户张琮等照旧使用。勘出张家坡水泉一渠，让

---

① 《洪武礼制·署押体式》载"某府帖文"基本格式为：某府为某事。云云。合下仰照验。云云。须至帖者。右下某县。准此。参见中国国家图书馆编：《原国立北平图书馆甲库善本丛书》第439册，中国国家图书馆出版社2013年版，第324页。

与洞河南疏通协济

11　　使用。仍备出示晓谕，永为遵守施行。敢有仍前再争，定将为首之人枷号，重治不恕。

12　　通具库收并发落示过缘由，一并申来，以凭缴报施行。须至帖者。

13　　　　计发去问完详允

14　　　　减等各杖七十，照例折纳工食银赎罪，完日宁家。犯人二名□□、张琮

15　　　　　　抄招一纸

16　　　　　右帖下霍州。准此。

17　嘉靖十二年二月　日

18　　　　□告人张琮 同告人张崇德 张翼翔

19　　　　　渠长张展 张万钟

20　　　　　　立石 ①

　　据残存文本释读，此件帖文记录赵家庄、洞河南两村争夺水源一案，经河东分巡道金事审批（第3行），判赵家庄人户张琮等人妄争无干水源，减等各杖七十，照例折纳工食银赎罪（第14行）。同时明确所争柳沟等泉水断与赵家庄人户使用，新勘张家坡水渠让与洞河南地户使用（第10行）。平阳府着令霍州官吏参照抄招内容，将审判结果具体落实，并直言敢有仍前再争，定将为首之人枷号重治不恕（第11行）。或与碑额"官定赵家庄水利帖文碑"的定名有关，所谓"官定"立石之举应是对应碑文要求"出示晓谕"（第11行）。帖文正文应以第17行"嘉靖十二年二月日"为结尾，其后第18-20行均为立石者信息。

　　结合碑文与拓片图版（图3）所见，此碑立石者不仅包括民间管理水利事务的渠长人等（第19行），还包括在此次案件中被"减等杖七十"的犯人张琮人等（第18行），由此推测此碑的刻立不仅是从内容上明确水案判决所划定的权利边界（第10行），同时借由犯人主动在水案发生地将判决结果刊石公示之举，或许能够达到对该流域其他人户的预防震慑作用。同时，帖文

---

① 段新莲主编：《三晋石刻大全·临汾市霍州市卷》，第41页。

公文外观形态的保留也成为"官定水利碑"的重要标志，以此达到官府平息诉讼的秩序追求。与之类似，成化十七年（1481）霍州辖下各村所立《库拔等村使水碑记》主要刻载各村使水日期，其后附有渠长押印。碑石上部虽残，但从碑文结尾处"成化十七年四月初二日，右帖下白道村都第二图库拔村渠长"，便可断定此件文书同样是某府或某州向该处渠长发出的帖文。结合图版所见左上段大字"州押"（图4），推断此件帖文应为霍州发出，此处以发文机构作为大字标识也是明代公文的另一种表现方式。①公文形态的完整保留也赋予前段用水规则以国家强制力作支撑，使之更具备由官府所赋予的强制执行力。

图3 《官定赵家庄水利帖文碑记》　　图4 《库拔等村使水碑记》②

---

① 如明代信牌的标识便会根据发文机构的等级分别注明"府""县"，《刑台法律·各县牌式》标注均为"县"。

② 图3、图4采自段新莲主编：《三晋石刻大全·临汾市霍州市卷》，第41页、第29页。

图 5 《察院定北霍渠水利碑记》①

　　与之对照，在山西洪洞县广胜寺也立有一通帖文碑，为隆庆二年（1568）
《察院定北霍渠水利碑记》。与前碑相似，碑额"察院定北霍渠水利碑记"强
调察院即巡按御史对此案的参与决策，由此强调此案判定原则所赋予的法律
意义。碑文记录了平阳府辖属洪洞县民与赵城县民因霍泉分水权益引发的诉
讼纠纷，平阳府在审结后要求"即将发去帖文，始末情词，刻石为碑，立于
本庙居中，永为遵守"。②或是与平阳府要求有关，此件帖文的样式摹刻程度
更高，特别是结束语"右帖下赵城县""帖"字的文种标识、官员署押原迹
以及"全印""为水利事"的小注说明，从细节处将具备官府权威性的文书外
观予以突出展现。帖文作为处理地方官府行政、司法事务的重要文书，通过官
方主导的刻石宣示行为，对民间水利讼案的"定分止争"产生了积极的作用。

①　图 5 为笔者摄于永定河文化博物馆"利济生民：水利碑刻拓片展"，拍摄时间为 2020 年 10 月 10 日。
②　此碑现在仍刻立于洪洞县水神庙殿前，其位置与平阳府所要求"本庙居中"处吻合，可以断
定此碑内容即为碑文所言"始末情词"。碑文内容参照李国富、王汝雕、张宝年主编：《洪洞金石录》，
山西古籍出版社 2008 年版，第 114 页。

（二）规则记叙的统一

除以公文原本形态用于警示民众遵守水案判决之外，帖文在碑石上的另一种功能集中体现为对其承载规则的公示。嘉靖十七年（1538）《小涧柏乐二村水利碑记》现存于霍州署仪门西墙，碑文首题"小涧柏乐二村水例碑记"，后列霍州知州、同知、判官、吏目等名，证明此碑的刻立与霍州公署官员密切相关（第2—6行）。碑文正文可分为两部分：其一为洪武五年（1372）"霍州据靳二里郭刚为陈告小涧村古旧水例永为遵守事"（第7—30行），其二为嘉靖十七年"平阳府霍州为水例事"（第31—50行），但实际上两件文书均为霍州发出的帖文。现将完整碑文按行录入如下：

01 　　小涧柏乐二村水例碑记

02 　　奉

03 诰进阶奉直大夫知霍州事邯郸安如冈

04 　　　　承务郎霍州同知姚仁　　　　　　曹金玉

05 　　　　从仕郎霍州判官孙仁　　　　　　工房吏孙敏

06 　　　　将仕郎霍州吏目乔岩　　　　　　刘大夏

07 　　霍州据靳二里郭刚为陈告小涧村古旧水例永为遵守事。内开小涧村古迹

08 　　出水李河等沟泉眼九处，系小涧、柏乐二村开辟以来管道堰池，原行使水浇

09 　　灌本村地土，并无东西王村分使水例，已经七十余年。至

10 　　洪武三年三月内，有东西王村人户刘文举、王通等倚恃凶恶，将小涧村古旧

11 　　渠堰欲要强行改拨借水，浇灌东西王村地土。有小涧村郭刚不甘，备情赴

12 　　上司具告。差委平阳卫指挥张彦零，会同本州吏目秦昭，亲诣告所，踏勘询问。

13 　　乡耆执称，自省事以来，止是小涧村、柏乐村一渠使水，并无别村水分。已经明

14 　　白，犹恐未的，仍又批牌，令黡州二十里老人刘思义等复查，

与前相同。取具各

15　　里老人不扶结状，一并具申。本府依拟申报，省令本州照依勘明事理，各给帖

16　　文与小涧、柏乐二村人户照旧使水。东西王村原无古迹管道，查无水分，今后

17　　毋得将小涧、柏乐二村再行妄争管道水例，告扰取罪。本州照详。得此，给帖戒

18　　谕，除小涧、柏乐二村使水外，东西王村敢有仍前侵夺水例，妄行告争，罚白米

19　　五十石，充官使用。已行输服，再无异词。为此，拟合就行，帖仰小涧、柏乐二村人

20　　户收执帖文，永为遵守施行，毋得违错不便。须至帖者。计开出水泉：

21　　李河沟泉眼、石□儿泉眼、北了池泉眼、南了池泉眼、老牛沟泉眼、

22　　到□山泉眼、洪涧谷泉眼、解板沟泉眼、东七平泉眼。

23　　本州踏勘二十里老人

24　　宣化坊四图老人：刘思义、吴信轻、刘满、朱善

25　　仁义都四图老人：高子烟、杨质、彭彦文、杨义

26　　靳壁都四图老人：李林、李国贤、刘克让、杨清甫

27　　辛置都四图老人：杨之义、吴平、张继祖、田孝先

28　　白道都四图老人：李宗、张文清、杨文、刑钊

29　　　　右帖下小涧、柏乐二村告人郭刚收执。准此。

30　　洪武五年四月　　　　初二　日

31　　禁革王村创修渠堰帖文

32　　平阳府霍州为水例事。本州东山古有水峪口出泉水，一渠流往西北小涧、柏

33　　乐二村，轮流浇灌地土，已有定例。其西南王村地土自来无水浇灌，今嘉靖十

34　　七年八月内，有王村地户靳玉、李廷桂、李得济、张九皋等，

因见桃北峪、遗水峪、

35　黑峪口三处屡遇猛水，闲流入河，要得修理渠堰。将前三峪猛水截入本村浇

36　灌地土，不曾告官批示，擅置簿籍，编佥有地人户，点闸齐备，起工创修渠堰。间

37　有小涧、柏乐二村地户樊彪、郭士强，见得创修渠堰与伊水峪泉渠，虑恐

38　日后侵伊二村水例，前去将点名簿夺讫，状赴

39　本州告准，靳玉等亦诉，准理。通拘干审人证到官，再三鞫审，众执水峪口泉水

40　古系小涧、柏乐二村使用，与王村并不相干，其王村自来无水浇灌地土。今靳

41　玉等创修渠堰，欲要截使桃北等峪猛水等情明白，取讫供词在官。除将靳玉

42　等各问拟应得罪名发落外，拟合就行。为此除外，合行帖仰水峪口渠长照帖

43　事理，水峪口泉水只照西北行流浇灌小涧、柏乐二村地土，与王村并不相干。

44　倘遇山水大猛冲渠口，王村、小涧、柏乐三村修理。若王村人户擅开偷使此水

45　西流者，许小涧、柏乐告来，问罪罚粮，责治枷号，仍着王村人户独自修筑堤堰。

46　其桃北、遗水、黑峪三口猛水平令王村人户使用，小涧、柏乐二村亦不得侵使，

47　俱毋违错未便。须至帖者。

48　　　右帖下小涧、柏乐村成璘、马骡、柏其、米大成、李永昌等。准此。

49　嘉靖十七年八月　　二十六日

50　　　　　　　　石匠陈库刊 ①

---

①　段新莲主编：《三晋石刻大全·临汾市霍州市卷》，第45页。

第一件帖文为洪武五年（1372）四月初二日霍州向小涧、柏乐二村告人郭刚发出的帖文。按碑文记载，小涧村古迹李河沟地界内有泉眼九处，该处水源一直为小涧、柏乐两村所用。洪武十三年（1380），邻村东西王村人户欲要强拨借此处水源浇灌地土，小涧村民郭刚等不甘，赴上司状告。后经审理，认定东西王村毋得再词妄争渠道水例。经平阳府批示，霍州向小涧、柏乐两村人户下发帖文，明确"除小涧、柏乐二村使水外，东西王村敢有仍前侵夺水例妄行争告，罚白米五十石，充官使用"。由此小涧、柏乐两村用水权益以官给帖文形式予以确定（第7—30行）。第二件帖文同样起于两村与邻村之间的用水权益划分。霍州东山有一处水峪口自古出泉，小涧、柏乐两村轮流浇灌，已有定例。但嘉靖十七年（1538），其西南王村地户起工创修相邻渠堰，小涧、柏乐两村人户见得所修渠堰与通用泉域相邻，"恐日后侵二村水利"，故将王村擅修渠堰一事上告官府。经审理，除将对私开渠口进行盘查外，向小涧、柏乐两村发出帖文，强调"水峪口泉水只照西北行流浇灌小涧、柏乐二村地土，与王村并不相干"，再次明确水权界限（第32—49行）。

从文本内容来看，无论是洪武五年（1372），还是嘉靖十七年（1538），两件文书均是霍州官署为处理小涧、柏乐二村与邻村之间的用水权益纠纷而向小涧、柏乐两村方面发出的判决文书，此与帖文原本所展现的审判程序并无不同。但从碑石外观来看，此通帖文碑将两件文书的公文格式尽数抹去，统一为记事文本；且从笔迹推断，即使两件帖文的发出时间跨度较大，但此碑应是霍州官署在同一时间刻立（图6）。正如标题"小涧柏乐二村水例碑记"所指，官府官员以集体列名的形式，将小涧、柏乐二村两次水案判处结果汇集公示，使两次判决结果总结为该流域"水峪口泉水只照西北行流浇灌小涧、柏乐二村地土"的用水规范。相比于作为"定分止争"的权力外观，此处的帖文应用似乎更强调文书内容所反映的"用水规则"，且通过碑石的刻立公示，展现出个案判决上升为区域规则的程序可能性，试图以此种方式实现司法判决对该流域内用水民众产生普遍性的法律约束力。

此外，除了官方主导的帖文刻石外，在霍州也保留着由民间自发刻立的水案帖文碑，如嘉靖十七年（1538）《霍州辛四里李泉庄成案水利碑石记》，其文本即是嘉靖十二年（1533）霍州向李泉庄渠长发出帖文。按碑文记载，霍州所辖辛四里李泉庄东北处有地名白谷垛水泉一处，"从古以来惟是灌溉本

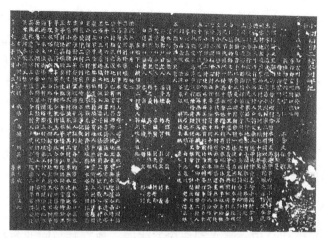

图6　《小涧柏乐二村水利碑记》①

庄"，但"忽被廊下富豪欲行朦胧侵夺水利"。为应对于此，乡民"同心戮力，当道辩理"，最终将用泉权益"归复故处，不失旧物"。以霍州帖文的下发为标志，断令"其告争白谷垛另水一渠，断与李泉庄民荀大厚等照旧浇灌"，使所诉李泉庄所属白谷垛泉水利权益得到保护。而这也成为李泉庄民将此件帖文刊刻于石，作为"霍州辛四里李泉庄成案水利碑石记"的重要原因。

图7　《霍州辛四里李泉庄成案水利碑石记》②

从碑石形态来看（图7），此碑也将帖文固有格式外观省略（第16—28

---

① 图采自段新莲主编：《三晋石刻大全·临汾市霍州市卷》，第46页。
② 图采自段新莲主编：《三晋石刻大全·临汾市霍州市卷》，第43页。

行），将其置于碑记之序言（第1—15行）、案犯供词（第29—53行），以及结尾处渠长、甲头的列名之中。与前述《小涧柏乐水利碑记》相同，此处帖文的预期效果并非落实在定分止争的公文外观，而是强调对判决所载"规则"的关切。立碑者希望通过对帖文内容的公示，再次向公众重申相关水权的明确与分配，在此情境下公文格式并不是碑石刻立的核心要素。借由水案帖文碑刻的不同表现形式来看，刻石立碑的客观效果虽因刻立主体的不同主观目的而有所区别，但帖文在水案碑石上的频繁出现应是基于官府与民众对于公文"立帖为证""执帖为凭"效果的一致认可。

三、公文刻石背后的秩序追求

在山西泉域社会中，当水利纠纷发生时，地方官员除非常特殊事例外，多会根据旧例命令恢复纠纷之前的状态。而在水案裁定环节，水利讼案碑便成为重要的保存旧例的媒介。①如洪洞霍泉流域，以金天眷二年（1139）《都总管镇国定两县水碑》、隆庆二年（1568）《察院定北霍渠水利碑记》以及清雍正四年（1726）《建霍渠分属铁栅详》共同组成的官立水利碑刻群，不仅以公文形式对当朝的水利权属进行划定，同时通过相近援引的原则，使流域社会内"率由旧章"的讼案处理方式得以延续，体现了该流域社会历来沿袭的讼案处理方式。②

同样在山西省曲沃县龙岩村也立有"一石三记"，碑阳、碑阴、碑侧分别为金承安三年（1198）《沸泉分水碑记》、明弘治元年（1488）《平阳府曲沃县为乞恩分豁民情等事》以及清代康熙二十二年（1683）《因砍掀水口罚银事记》。③其中碑阴所刻内容实为弘治元年（1488）十月由平阳府曲沃县向林交、景明二里发出的帖文，根据所载"民人吉俊等毁藏碑记""不知何年月日，被

---

① ［日］井黑忍："旧章再造：以一石三记与三石一记水利碑为基础资料"，载山西大学中国社会史研究中心编：《社会史研究》第5辑，商务印书馆2018年版，第37页。

② 张俊峰："率由旧章：前近代汾河流域若干泉域水权争端中的行事原则"，载《史林》2008年第2期。

③ 碑文参见雷涛、孙永和主编：《三晋石刻大全·临汾市曲沃县卷》，三晋出版社2011年版（本书出版信息以下省略），第42页。有关此碑文字之间的刻录关系已有相关研究成果参见李雪梅："古代法律规范的层级性结构——从水利碑刻看非制定法的性质"，载《华东政法大学学报》2016年第4期；［日］井黑忍："旧章再造：以一石三记与三石一记水利碑为基础资料"，载山西大学中国社会史研究中心编：《社会史研究》第5辑，商务印书馆2018年版，第37-59页。

人将九龙庙碑一座打毁，止有碑额龟趺存在"的记录，可知此案应与金代碑石被毁相关，最后"合行帖仰该里渠长，即将勘断过缘由，并使水分寸，竖立石刻，永远存照，毋再争执。使水取罪不使。须至帖者"。①在水案碑石作为援引旧例、承袭传统的背景下，帖文碑的刻立不仅作为明代官府致力于分水秩序恢复的历史见证，自然也成为该流域长时段内水利文化传统的重要组成部分。

但由前述对霍州水案碑石的分析来看，霍州地区显然没有具备援引条件的水利讼案碑刻群，甚至未见在当地具备影响力的官方纠纷处理机制的历史传承。或许正是这个原因，当小泉小水众多的水利地域在面对明代以来骤增的水资源压力与频发的水利讼案状况下，一方面能够看到以"四社五村"为代表的民间自救力量逐步庞大，另一方面便是地方官府利用个案的审结来逐步推动流域内水利规则的建设。其中具有代表性的成果应是霍州署仪门外墙所嵌四方嘉靖年间水利碑。据学者考证，嵌于东山墙的嘉靖元年（1522）碑最早，四周有木条护框，墙砖砌筑整齐，其位置似砌墙时已预设妥当；余三碑，按时间先后，嘉靖十七年（1538）碑嵌西山墙，嘉靖三十八年（1559）嵌东门墙，嘉靖四十三年（1564）嵌西门墙，均与围墙有打破关系，显是凿墙后嵌者。②四通碑石中，嘉靖十七年碑即指前述《小涧柏乐水利碑记》，以记事形式将讼案判决与水利规则公示，而余下三通均与霍州署为水利事发出的公文相关。

嘉靖元年（1522）《霍州水利成案碑记》载李泉庄、赵家庄、郭下三处因民人开垦无粮滩地，致使水利分配不均一案。与《小涧柏乐水利碑记》相同的是，嘉靖元年碑采用记事格式，且均有霍州署官员的参与：碑文由知州宇文镛撰文，同知刘沛书，判官张鸾、工房吏员列名。宇文镛在碑文前段对立碑原因做出解释：

> 霍古䜌地，以䜌水得名。水发源□□□□野狐诸泉始大，民导之以资灌溉，□□□□赋加于常田焉，盖自上世已然矣。□□□□浸广，水用始不均而争端起矣。民日嚣讼□□□□遣良有司厘其事，别某地为水

① 雷涛、孙永和主编：《三晋石刻大全·临汾市曲沃县卷》，第42页。
② 李志荣："霍州大堂与霍州州署的布局"，载《文物》2007年第3期。

籍赋重，某地□□□□轻，定用水之期，于水籍赋重者，亦加于常田□□□□然定矣。郡有张鸿胪者，老儒也，叹曰：今虽定矣，□□□□巨奸赂吏毁成案，争端何时已乎？盍以条件始末，勒坚珉，置郡壁。虽世远无遗虑矣。乃率耆老请余述其意，许之立石。①

　　按其观点，此碑置于郡壁是缘自当地老儒的建议，为避免巨奸赂吏破坏已有成案规则，将案件审判全过程向地方公示。但此案之所以能够在霍州署立石记事，与所涉审判层级以及牵涉范围密切相关。按碑石记载，以郭下地户张韶等向山西巡按御史状告为开端，此案分别经山西巡按御史、分巡河东道副使、分巡河东道佥事、平阳府推官批复，勘察地土一项则经由霍州知州、赵城县丞、洪洞知县以及郭下、李泉庄、赵家庄渠长共同负责，最后由巡按御史核验后，交由霍州署负责对浇水地亩、用水规则进行确认明示，以杜后争。霍州定言："本州定立每岁自二月初二日为始，起番使水。九月终下水淘渠。凡兴工，每地五亩出人一工。仍行印信帖文，给与数处渠长收执，以为永远备照。""印信帖文，四处渠长收执，以杜后争。"此处"印信帖文"两次出现，用以颁给地方渠长作为明确权属内容，其凭证功能可见一斑。在记录成案时，将颁帖勒石过程置于案件审判程序之后，也反映出官署在解决水利纠纷时的固有思维逻辑。至于"置郡壁"之举，在客观上也展示出此案处理程序的典型示范意义。

　　余下两通碑石中，嘉靖三十八年（1559）《霍州陶唐谷各村用水碣记》的文本实际上为陶唐谷水利簿内容，按其记载，成村、如村、窑子头等处"每分轮流七日，历有成案，为定规"。但因如村村民纠众创开新渠，截流水道，故窑子头地户状告至霍州署，知州褚晋心"问断如律，命典膳官督工，令窑子头各地建亭树碑，于陶唐谷避暑行居，为永久息争计"。②一般来说，水利簿是经由神授仪式的确立与传承，经"永不违例"的盟誓，形成小社会内部的公益权利保护圈，使有限水源被延续利用。③然一旦将秘而不宣的水利簿记通过碑刻的形式向社会公示，官府的授权与许可便成为明确文本效力的重要

---

① 段新莲主编：《三晋石刻大全·临汾市霍州市卷》，第38页。
② 段新莲主编：《三晋石刻大全·临汾市霍州市卷》，第49页。
③ 董晓萍、[法] 蓝克利：《不灌而治——山西四社五村水利文献与民俗》，第314页。

依据。也正是出于上述考虑，在碑石的谋篇布局中，在使水时间的公示之前列有相关公文内容。另一通嘉靖四十三年（1564）《平阳府霍州为乞均水利事》碑文虽保留公文行文格式，但因结尾处公文套语的省略，难以判断公文文种。此案"蒙巡守河东道佥事杨、左参议谷批"，审判本州在城、仁二、仁三里三处人户为汾河西白龙村地土浇溉纠纷，判决结果如下：

> 除省令渠长地户先行修理外，公议分日使水，每昼夜可浇地二百亩，以十一昼夜半为一轮。上截八百亩，分使水四昼夜。中截五百四亩二分，使水三昼二夜。下截九百八十四亩，分使水五昼夜。自上而下轮流浇灌，周而复始。倘遇河水泛涨，冲塌渠堰，各渠长即便督率地户，无分彼此，协同修理，完日仍照前分水日期补灌。庶绝后词，具申照详。蒙分守河东道批：既查各均平准，如拟行，仍立石以垂永久，并候巡道详示。缴。又蒙分巡河东道批：据申，该州计各田部分日使水已得均平，如拟行，令刻石永为遵守。若有势豪强占水利者，许指名申来，以凭拿问重治。此缴。为此，刻石以垂悠久。①

从文本看，除了对用水权限公示的反复强调外，从分巡河东道、佥事多次明示"刻石以垂永久"的指令中也能感受到在官方的预期中，通过刻石公示的方式能够达到维持流域秩序的良好效果。当然作为公共性的纪念物，碑在很多情况下是通过形制与空间的规划来呈现其景观效应，进而传递刻石背后的政治讯息，特别是对于文化层次不高的普通庶民而言，更多的是碑的"观众"而非"读者"。②刻立于官衙门前的碑石可能更具权威与震慑功能。当官府讼案、地方公文乃至民间水利簿记均通过碑石的形式，先后集中于霍州署仪门外墙处，由此形成的水利规范"宣传空间"，也在不断地向地方民间传递着官府平息水利纠纷、重建地区水利秩序的决心。

在地方官府行政兼理司法体制下，水案纠纷的解决似乎不会以一纸判决的下发而终止，审判结果的最终落实可能还需借助诸如立碑、张榜等具体的官府行为持续推进。这种程序上的延伸应是以霍州为代表的区域水利纠纷解

---

① 段新莲主编：《三晋石刻大全·临汾市霍州市卷》，第52页。

② 仇鹿鸣："中古石刻研究如何超越传统金石学"，载 https://www.thepaper.cn/newsDetail_forward_1316966，最后访问日期：2020年12月27日。

决机制的独特之处。尤其是在自然灾害频发的明嘉靖时期，霍州署衙通过将判决纸本转换为规则碑本，由司法个案的判决上升为水利制度的总结，进而完成对流域用水规则的修正与补充。在"从水案到水规"的落实过程中，无论是保留公文原本形态，还是强调制度的记事文体，水案公文的频繁刻石既是针对明代以来水案频发状况的应急手段，同时也是逐步实现地区水利秩序稳定的有益尝试，当然这更是官府与民间对水案争讼与水利秩序建构的深刻反思与总结。

明嘉靖十五年《黄河图说碑》释读

杨 帆[*]

【摘 要】《黄河图说碑》是明代中期黄河治理水利工程图的典型代表，刻有黄河流经今河南、山东、江苏、安徽一带的情形，与碑身三处刻文一同记载了明中期及以前的黄河流向及治理情况。本文依据碑石实物和拓片对碑文进行录文并作相应考释分析。

【关键词】 图碑；黄河治理；刘天和；《问水集》

一、明《黄河图说碑》概貌与录文

（一）碑石概貌及图注、图说

1. 碑石概貌

《黄河图说碑》，明嘉靖十五年（1536）刻，现存陕西西安碑林博物馆，高 176 厘米、宽 975 厘米、厚约 19 厘米。额题"黄河图说"，由时任钦差总理河道、都察院右副都御使刘天和刻立。[①]碑身刻黄河流经今河南、山东、江苏、安徽一带的图示，反映了当时黄河与运河的关系以及黄河分为三支（一由梁靖出徐州小浮桥口、一由宿州出宿迁小河口、一由涡河出怀远荆山口）通合于淮入海的情况。图中行政区划主要有府、州、县三级，分别用不同等级的图例表示，共有地名注记百余处。除河道与行政区划注记外，《黄河图说碑》还以形象的画法绘出山脉、寺庙、堤坝等要素，并在一些重点区域标注治理黄河、运河水利工程的文字说明，是明代中期黄河治理水利工程图的典型代表。碑身

---

* 杨帆，中国政法大学法律古籍整理研究所教师。

① 《黄河图说碑》左下角刻《治河臆见》，末尾题为"嘉靖乙未夏四月，钦差总理河道、都察院右副都御史麻城刘天和书"。

共有三处刻文。右上题为《国朝黄河凡五入运》，共 16 行，满行 32 字，记述自洪武二十四年（1391）至嘉靖十三年（1534）黄河五次决口入运河及用夫役 83 万余人治理黄河的史实；左上《古今治河要略》记述历代治河方略，共 42 行，满行 51 字；左下为刘天和所撰《治河臆见》，共 30 行，满行 41 字。①

刘天和（1497—1545），字养和，号松石，麻城人，正德三年（1508）进士，历任南京礼部主事、陕西巡按御史、金坛县丞、湖州知府等职，后以都察院右副都御史总理河道。嘉靖十三年冬，"黄河南徙，历济、徐皆旁溢。天和疏汴河，自朱仙镇至沛飞云桥，杀其下流。疏山东七十二泉，自凫、尼诸山达南旺河，浚其下流。役夫二万，不三月讫工……十五年改兵部左侍郎，总制三边军务"。②刘天和治河后著《问水集》③一书。碑身刻文与书中记载多有重合，治水过程中的重要事项也大多刻载于图碑之上。

图 1　明嘉靖十五年《黄河图说碑》（左）及拓片（右）

2. 相关研究及碑石特性

对于此碑及与之相关的《问水集》的研究，有周伟洲《明〈黄河图说〉

---

① 周伟洲《明〈黄河图说〉碑试解》与苗向阳《浅析西安碑林古石刻地图》均认为《治河臆见》为每行 40 字，经仔细辨认，该段刻文满行共 41 字，详见后文录文。

② 《明史》卷二○○《刘天和传》。

③ （明）刘天和：《问水集》，齐鲁书社 1996 年版（本书出版信息以下省略），第 245-328 页。

碑试解》①、卢勇《〈问水集〉校注》②、《明代刘天和的治水思想与实践——
兼论治黄分流、合流之辨》③、邹逸麟《明代治理黄运思想的变迁及其背景——
读明代三部治河书体会》④、贾乃谦《明代名臣刘天和的政绩》⑤、葛文玲
《明代治河类著述略说》⑥、王钧《刘天和的〈问水集〉》⑦、苗向阳《浅析
西安碑林古石刻地图》⑧、孙果清《石刻〈黄河图说〉》⑨等成果，分别从对
碑图的分析、碑文的释读、刘天和的治水思想和实践等方面进行了研究。但
上述成果均未附完整录文，使此碑的利用价值未能充分展现。

　　《黄河图说碑》碑额题"黄河图说"，"图"指占据碑石大部分面积的黄
河中下游流域图；"说"除了指《国朝黄河凡五入运》《古今治河要略》《治河
臆见》三个集中的段落，还包括了图中长短不一的注记文字。碑上的"图"与
"说"紧密结合、互为补充。明永乐年间迁都北京后，治理黄河不再单纯是河道
治理的技术问题，而是牵扯到被明代朝廷视为"国计"的漕运畅通和对明朝祖
陵与皇陵的保护问题。从碑图上可以看出黄运交汇处往往也是治河工程最为密
集和复杂的地方。《黄河图说碑》通过图文结合的方式，对明代以前的治河历程
进行了记录，对自明洪武朝以来的黄河决口泛滥情形、治理措施以及"保运"
和"护陵"的掣肘进行了详细叙述，最终落脚于对刘天和本人领导的此次治河
经验的总结以及对其治河思想的展现。因此有必要将图像和文字进行综合研究。

　　（二）图说录文

　　明《黄河图说碑》是图、说兼备的石刻。"说"的部分主要体现为三处
长段刻文，分布于碑石的右上、左上和左下。因关系到对碑石的正确解读，

---

　　① 周伟洲："明《黄河图说》碑试解"，载《文物》1975 年第 3 期。

　　② 卢勇：《〈问水集〉校注》，南京大学出版社 2016 年版。

　　③ 卢勇："明代刘天和的治水思想与实践——兼论治黄分流、合流之辨"，载《山西大学学报
（哲学社会科学版）》2016 年第 3 期。

　　④ 邹逸麟："明代治理黄运思想的变迁及其背景——读明代三部治河书体会"，载《陕西师范大
学学报（哲学社会科学版）》2004 年第 5 期。

　　⑤ 贾乃谦："明代名臣刘天和的政绩"，载《北京林业大学学报（社会科学版）》2002 年第 4 期。

　　⑥ 葛文玲："明代治河类著述略说"，载《图书与情报》2007 年第 2 期。

　　⑦ 王钧："刘天和的《问水集》"，载《中国水利》1988 年第 4 期。

　　⑧ 苗向阳：《浅析西安碑林古石刻地图》，载西安碑林博物馆编：《碑林集刊》第 5 辑，陕西人
民美术出版社 1988 年版，第 196-198 页。

　　⑨ 孙果清："石刻《黄河图说》"，载《地图》2006 年第 5 期。

兹按原碑格式改竖排为横排录文如下：

【右上】

01 国朝黄河凡五入运

02　　　洪武二十四年河徙阳武①黑洋山，由陈、颍入淮。先是元至正间，河北入会通河。

03　　　至是南徙，而会通河遂淤。永乐九年

04 命工部尚书宋礼发山东丁夫十六万五千疏浚之，九月工成。

05　　　正统十三年河决荥阳，北经开封、曹、濮，至阳谷入运河，溃沙湾东堤，累塞弗绩。

06　　　景泰四年

07 命左佥都御史徐有贞②役夫五万八千治之，十有八月工成。

08　　　弘治二年河决金龙口，东北趋运河。

09 命户部侍郎白昂③役夫二十五万治之，三月工成。

10　　　弘治五年河复决金龙口，溃黄陵岗堤，趋张秋，入运河，治弗效。六年

11 命右副都御史刘大夏④役夫十二万有奇治之，二年工成。

---

①　碑文中刻"阳武"，《问水集》原文为"河南徙决阳武东南"。按《明史》应为"原武"。见（明）刘天和：《问水集》卷二《治河始末》，第266页；《明史》卷八三《河渠一》。

②　徐有贞上治河三策：置水闸门、开分水河、挑深运河，并以其为指导思想，否定了督漕都御史王竑急塞决口的意见，先疏水后浚淤，自张秋开广济渠向西连接河、沁，引黄河水自张秋北出济漕而不再向东冲沙湾。治理黄河工程完工，又拒绝了发京军治理运河的提议而率民夫疏浚了自沙湾北至临清、南抵济宁的运道。自此为患多年的沙湾之决终于得到较为彻底的治理，山东河患暂息。

③　户部侍郎白昂前往河南考察后，发现黄河决口"水入南岸者十三、入北岸者十七"，提出应于北流所经之原武、考城等七县筑堤以卫张秋。于是役夫二十五万，筑阳武长堤；引中牟决河入淮、疏浚宿州古汴河入泗水、疏浚睢河会运河；开凿十二条小河使部分河水入大清河及古黄河入海。历经三个月后功成。白昂此次治河，采用北堵南疏的方法，暂时缓解了河患。

④　在保运方针的指导下，刘大夏提出"是下流未可治，当治上流"。于是自决口西岸开月河约三里，使粮运可济，疏浚贾鲁河故道、孙家渡口（碑图："孙家渡……弘治二年塞后，累开累塞"），凿新河导黄河南行由中牟、颍川东入淮。又浚祥符四府营淤河，由宿迁小河口和亳州涡河入淮。上游疏浚分水后，十二月筑塞张秋决口工成，改张秋为安平镇。（碑图："安平镇即张秋"）张秋决口得到治理后，黄河下游北入东昌、临清至天津入海，运河也恢复畅通，但上流需要导之南下徐淮，于是弘治八年（1495）正月，筑塞黄陵冈及荆隆口（金龙口）等七处，黄河复归兰阳、考城，分流迳徐州、归德、宿迁，南入运河，会淮水，东注于淮。

12　　　正德四年河决曹、单，由沛县飞云桥入运河。嘉靖七年庙道口淤，

13　　命右都御史盛应期①治之，役夫九万八千，开新河，用工四月余停止。九年飞云桥淤，

14　　　　河北出谷亭口。十三年冬，河南徙，济宁鲁桥下至徐、沛，运河淤，

15　上命臣天和役夫十四万有奇疏浚之。始于十四年正月中旬，迄工于是年四月初

16　　　旬云。

【左上】②

01　　　　古今治河要略

02　夏书《禹贡》："导河积石，至于龙门。南至于华阴，东至于底柱，又东至于孟津，东过洛汭，至于大伾。北过泽③水，至于大陆，又北播为九河，同

03　　为逆河入于海。"

04　贾让治河三策：堤防之作，近起战国，齐与赵、魏，以河为境。齐地卑下，作堤去河二十五里，赵、魏亦为堤去河二十五里，虽非其正，水尚

05　　有所游荡，时至而去，则填淤肥美，民耕田之，或久无害。稍筑室宅，排水泽而居之，湛溺固其宜也。今堤防狭者去水数百步，远者数

---

①　嘉靖六年（1527）冬，以盛应期为总督河道右都御史，七年（1528）正月，用左都御史胡世宁策，在昭阳湖东新开一运河。因庙道口淤（碑图："七年，庙道口淤"），派遣官员疏浚赵皮寨、孙家渡，修筑从武城到沛县的河堤以防北溃。盛应期主持开凿新河，役夫九万八千，计划用六个月的时间开浚一百四十余里的新河。工程进行四个多月后，因遇旱灾皇帝欲修省而中止，彼时工程已完成十之八九，停工殊为可惜。（碑图："嘉靖七年开挑新河未成"）直到三十年后，才由朱衡继续完成新河的开凿。

②　碑文多处漫漶不清，不清处参考刘天和《问水集》中汪胡桢的录文补充。详见（明）刘天和：《问水集·附黄河图说》，中国水利工程学会 1936 年版。

③　《尚书·禹贡》记载为"降"，碑文刻为"泽"。见（唐）孔颖达：《宋本尚书正义》卷六，国家图书馆出版社 2017 年版，第 2 册，第 181 页。

06　里，此皆前世所排也。今行上策，徙冀州之民当水冲者，放河北入海，难者将曰："败坏城郭、田庐、冢墓以万数，百姓怨恨。"昔大禹凿龙

07　门，辟伊阙，折①砥柱，破碣石，堕断天地之性，此何足言也？今濒河十郡治堤岁费且万万，及其大决，所残无数。如出数年治河之费，以

08　业所徙之民，遵古圣之法，定山川之位，使神人各处其所而不相奸。且以大汉方制万里，岂其与水争咫尺之地哉？此功一立，河定

09　民安，千载无患，谓之上策。若乃多穿漕渠，旱则开东方下水门溉冀州，水则开西方高门分河流。富国安民，兴利除害，支数百岁，谓

10　之中策。若缮完故堤，增卑倍薄，劳费无已，数逢其害，此最下策也。张仲义曰②："河水浊，一石水六斗泥。"谓伏秋暴水也。

11　欧阳修曰③："禹得《洪范》书，知水润下之性，乃疏而就下，水患乃息。然则以大禹之功不能障塞，但能因势而疏决尔。今欲逆水之性，障而

---

①　"拆"，按《汉书》原文应为"析"；颜师古注曰"析，分也"。见《汉书》卷二九《沟洫志》。

②　"张仲义曰"应为"张仲功议曰"，《汉书·沟洫志》原文为"大司马史长安张戎言：水性就下，行疾则自刮除，成空而稍深。河水重浊，号为一石水而六斗泥。"颜师古引桓谭《新论》：张戎"字仲功，习灌溉事也"。《水经注》载"汉大司马张仲议曰：河水浊，清澄，一石水、六斗泥"，脱"史"字、"功"字。嘉靖十二年（1533）成书的《治河通考》中写为"张仲义曰"，碑文疑是参考了《治河通考》中的说法致有此误。见《汉书》卷二九《沟洫志》；（北魏）郦道元：《水经注》卷一，上海涵芬楼影印武英殿聚珍本1929年版；（明）吴山：《治河通考》卷三，明嘉靖顾氏刻本。

③　欧阳修的主张引自《论修河第一状》《论修河第二状》两篇上疏。北宋庆历八年（1048），黄河在澶州商胡埽决口，改道北流。（碑图："商胡，宋时河决此。"）此后由于复杂的政治、经济、民族矛盾和各派的党争，朝廷中对黄河北流还是恢复东流多有争论。至和二年（1055），欧阳修连上两疏陈述不能回河东流的理由。"禹得……此大禹之所不能也。"摘自《论修河第一状》，"且河本……而利少"节选自《论修河第二状》。欧阳修从黄河淤决的规律出发，反对大规模堵塞决口、恢复故道。当时贾昌朝欲复故道，李仲昌请开六塔，欧阳修指出，治河时应顺水性而疏导之，择其害少者而为之。复故道、开六塔河为"有害而无利"，"是皆智者之不为也"。如若强行力塞决口、力复故道，必不能长久。然而他的奏疏最终未被朝廷采纳，君臣坚持回河。嘉祐元年（1056）四月，开六塔河工程完工当夜，因黄河水量巨大，六塔河无法容纳，商胡决口复决，"溺兵夫、漂刍藁不可胜计"，回河东流的工程以失败告终。

12 塞之，夺洪河之正流，使人力斡①而回注，此大禹之所不能也。且河本泥沙，无不淤之理。淤常先下流，下流淤高，水性渐壅，乃决上流

13 之低处，此势之常也。然避高就下，水之本性，故河流已弃之道，自古②难复。是则决河非不能力塞，故道非不能力复，所复不久，终必

14 决于上流者，由故道淤而水不能行故也。智者之于事有所不能，必则较其利害之轻重，择其害少者而为之，犹愈③害多而利少。"

15 宋神宗时河决恩、冀等州，司马光言④："北流幸而可塞，则东流浅狭，必致⑤决塞，是移恩、冀之患于沧、德也。不若俟二三年东流益深，北流

16 渐浅，然后塞之。"神宗曰："东北流之患，孰为重轻?"光曰："两地皆赤子⑥，但北流已残破，而东流尚全尔。"

17 宋神宗谓辅臣曰："以道治水，无违其性可也。如顺水所向，迁徙城邑以避之，复有何患?"

---

① 《论修河第二状》及《宋史》均为"斡以人力而回注"，碑文为"斡"。见（宋）欧阳修著，李逸安点校：《欧阳修全集》卷一〇九《奏议卷十三》，中华书局2001年版（本书出版信息以下省略），第4册，第1644页；《宋史》卷九一《河渠一》。

② 《宋史》与碑文同为"自古难复"，《论修河第二状》为"自是难复"。见《欧阳修全集》第4册，第1646页；《宋史》卷九一《河渠一》。

③ 《宋史》与碑文同为"愈"，《论修河第二状》为"犹胜害多而利少，何况有害而无利"。见《欧阳修全集》，第1647页；《宋史》卷九一《河渠一》。

④ 司马光的治河意见主要引用自熙宁二年（1069）宋神宗与司马光关于第二次回河问题的讨论。仁宗朝第一次回河失败后，嘉祐五年（1060），黄河在大名第六埽决为二股河，除原有的北流河道外，又分一支东流，沿马颊河故道至信阳东北入海。神宗熙宁元年（1068）六月，河溢恩州乌栏堤，又决冀州枣强埽，北注瀛。七月，又溢瀛州乐寿埽。都水监丞宋昌言提议开二股河导河东流，熙宁二年（1069）正月，司马光经过实地考察，同意开二股河导河东流、塞北流。三月，司马光看到治河官员急于求成，上书指出"近者二三年，远者四五年，候及八分以上，河流冲刷已阔，沧、德堤埽已固，自然北流日减，可以闭塞，两路俱无害矣。"八月，司马光再次指出骤然堵塞北流必然导致决口，因而恢复东流不可操之过急。"不若俟三二年，东流益深阔，堤防稍固，北流渐浅，薪刍有备，塞之便。"神宗及治河大臣未采纳司马光的意见，在王安石的主导下闭塞北流。当年便于闭塞处以南向东决口，"河自其南四十里许家港东决，泛滥大名、恩、德、沧、永静五州军境。"至元丰四年（1081），河决澶州，黄河全部北流，不复东流。

⑤ "必致决塞"，《宋史》为"必至决溢"。见《宋史》卷九一《河渠一》。

⑥ "两地皆赤子"，《宋史》为"两地皆王民，无轻重"。见《宋史》卷九一《河渠一》。

18 任伯雨曰①："河流混浊，流行既久，逶迤淤淀，久而必决者，势也。或北而东，或东而北，安可以人力制哉？今宜因其所向，宽立堤防，约拦水

19 势，使不致漫流尔。"

20 吕祖谦曰："禹不惜数百里地，疏为九河，以分其势。善治水者，不与水争地②也。"

21 欧阳玄《至正河防记》③："治河一也，有疏、有浚、有塞，三者异焉。酾河之流，因而导之，谓之疏。去河之淤，因而深之，谓之浚。抑河之暴，因而扼

22 之，谓之塞。疏浚之别有四：曰生地，曰故道，曰河身，曰减水河。生地有直有纡，因直而凿之④。故道有高有卑，高者平之以趋卑，高卑相

23 就，则高不壅、卑不潴，虑夫壅生溃、潴生湮也。河身者，水虽通行，身有广狭，狭难受水。水溢悍，故狭者以计辟之，广难⑤为岸，岸善崩，故

24 广者以计御之。减水河者，水放旷则以制其狂，水骤突则以杀其怒。治堤一也，有创筑、修筑、补筑之名。有刺水堤，有截河堤，有护岸

---

① 徽宗朝建中靖国元年（1101）春，左正言任伯雨上反对回河东流的奏疏，指出三次回河造成巨大损失之后，切不可再兴大役、人为使黄河改道，也只能宽立堤防、约拦水势，使不致漫流尔。

② "不与水争地也"《大学衍义补》中引用吕祖谦言为"不与水争利也"。见（明）丘濬：《大学衍义补》卷一七，上海书店出版社2012年版，第166页。

③ 元代欧阳玄对治河工程技术中治河、治堤、塞河三个方面的总结主要引自《河防记》，《元史·河渠志》收录全文。至正十一年（1351），贾鲁治河工成，朝廷命翰林学士欧阳玄制河平碑文。欧阳玄认为历代的史书中的《河渠志》《沟洫志》仅有治河之道，不记载治河的具体方法，因而向贾鲁等人询问具体治河方略，在《河防记》中详细记载了此次治河的经过、方法和经验。元顺帝至正四年（1344）五至六月间，黄河白茅堤、金堤相继决口，沿河郡邑均遭受水灾，漕运也受到影响。至正十一年（1351）四月，贾鲁以工部尚书任总治河防使，进秩二品，授以银印。发汴梁、大名十有三路民十五万人、庐州等戍十有八翼军二万人供役。治河工程于当年十一月完成，黄河返回故道，与淮河汇流入海。此段碑文记录了治河的疏、浚、塞三法，以及修筑堤坝、堵塞缺口的工程技术。

④ 《河防记》"因直而凿之，可就故道"，碑文省略。见（元）欧阳玄：《河防记》，载《丛书集成初编》，商务印书馆1936年版（本书出版信息以下省略），第2页。

⑤ "狭难受水……广难为岸"，《元史·河渠志》同为"难"，《河防记》为"虽"。见（元）欧阳玄：《河防记》，第2页。

25 堤，有缕水堤，有石船堤。治埽一也，有岸埽、水埽，有龙尾、拦头、马头等埽。其为埽台及推卷、牵制、薶挂之法，有用土、用石、用铁、用草、用

26 木、用桵、用絙之方。塞河一也，有缺口、有豁口、有龙口。缺口者，已成川；豁者，旧常为水所豁，水退则口下于堤，水涨则溢出于口；龙口

27 者，水之所会，自新河入故道之源也。曰折者①，用古算法。因此推彼，知其势之低昂，相准折而取匀停也。”

28 余阙②曰："中原之地平旷夷衍，无洞庭、彭蠡以为之汇，故河尝横溃为患。禹自大伾而下，则析为三渠；大陆而下，则播为九河。然后其委

29 多，河之大有所分③，此禹治河之道也。自瓠子再决，流为屯氏诸河，其后德棣之河又播为八，偶合于禹所治。由是讫东都至唐，河不

30 为害④者数百年。至宋，河又南决，惟一淮以为之委，无以泻而分之。故今之河患，与武帝时无异。”

31 宋濂曰："夫以数千里湍悍难治之河，而欲使一淮以疏其怒势，禹之⑤无此理也。分其半水，使之北流以杀其力，河之患可平矣。譬犹百

32 人为队，则力全，莫敢与争，若分为十则顿损，又各分为一则全屈矣。治河之要孰逾此。”

33 丘濬曰："曩时河水犹有所潴，如巨野、梁山等处。犹有所分，如屯氏、赤河之类。虽以元人排河入淮，而东北入海之道犹微有存者，

---

① 《河防记》为"曰停、曰折者"。见（元）欧阳玄：《河防记》，第2页。

② 元代余阙的主张是"分流而治之"，引自《青阳集》中《送月彦明经历赴行都水监序》，见（元）余阙：《青阳集》卷二，四库全书本（本书作者和出版信息以下省略）。余阙的主要观点是河患之所以得不到根治，是因为后世治河者没有按照大禹治水中分水的方法来治河。宋朝河决后，只能通过淮河入海，没有其他河道将水分流，因而导致后世河患不息。

③ "河之大有所分"，"分"《青阳集》中为"泻"，见《青阳集》卷二。

④ "为害"，《青阳集》中为"为患"，见《青阳集》卷四。

⑤ "禹之无此理也"处漫漶不清，根据《问水集·附黄河图说》补录为"禹之"，《宋文宪公全集》中为"万万"。见（明）宋濂：《宋文宪公全集》卷四三，嘉靖十五年刊本。

今则

34 以一淮而受众水之归矣。后世治河者往往与水争利，其行也强而塞之，止也强而通之，又不如听其自然而不治之为愈也。诚能

35 沿河流、相地势、择便利、就污下，条为数河以分水势，使河之委易达于海。如是而又委任得人，积以岁月，随见长智，害日除而利日

36 兴。河南、淮右之民，庶其有瘳乎？"又曰："汉唐以来，贾让诸人言治河者，多随时制宜之策，在当时虽或可行，而今日未必皆便。宜今

37 河南相地所宜，或筑长垣以御泛溢，或开淤塞以通束溢，或迁村落以避冲溃，或给退滩以偿所失。虽不能使并河州郡百年无害，

38 而被患居民可暂苏息矣。"

39 《元史》至元十七年，命都实为招讨使，佩金虎符，往求河源，四阅月始至。是冬还报。翰林学士潘昂霄、临川朱思本各有撰述。大率河

40 源东北流，历蕃地至兰州，凡四千五百余里，始入中国。又东北流过达达地，凡二千五百余里，入河东境内。又南流一千八百余里，

41 至河中潼关，又东流九百余里至开封。又东南分流，一由梁靖出徐州小浮桥口，一由宿州出宿迁小河口，一由涡河出怀远荆山口，

42 通合于淮，□□又一千四百余里，通计万有余里云。

【右下】

01　　　治河臆见

02 天下之水，凡禹所治，率有定趋，惟河独否。盖尝周询广视，历考前闻而始得之。其原有六焉：河水至浊，下

03 流束溢停阻则淤，中道水散流缓则淤，河流委曲则淤，伏秋暴涨骤退则淤，一也。从西北极高之地，建瓴

04 而下，流极湍悍，堤防不能御，二也。易淤故河底常高，今于开封境测其中流，冬春深仅丈余，夏秋亦不过

05 二丈余，水行地上，无长江之渊深，三也。滨河郡邑护城堤外之地

渐淤，高平自堤下视城中如井然。傍无湖陵之停潴，四也。孟津而下，

06　地极平衍，无群山之束隘，五也。中州南北悉河故道，土杂泥沙，善崩易决，六也。是以西北每有异常之水，

07　河必骤盈，盈则决，每决必弥漫横流。久之，深者成渠以渐成河，浅者淤淀以渐成岸。即幸河道通直，下流

08　无阻，延数十年。否则数年之后，河底两岸，悉以渐而高。或遇骤涨，虽河亦自不容于不徙矣。此则黄河善

09　决迁徙不常之情状也，故神禹不能虑其后。自汉而下，毕智殚力以从事，卒莫有效者，势不能也。①甚者喜

10　功生事，妄兴大役，以劳民病国，曾不旋踵而或淤或决，可畏也已。然则河终不可治欤？曰贾让、宋濂之说

11　备矣，而今则未宜。盖南经

12　园陵，北妨运道，河之所泄，惟徐、邳之间尔，复多阻山，治之倍难，与古大异。②其"勿与河争之"一言，则万世治水

13　之定论也。若欧阳修、司马光而下，吾咸取法焉。然则河终不可入运欤？曰河之水至则冲决，退则淤填，而

14　废坏闸座，冲广河身，阻隔泉源，害岂小邪？前此张秋之决，庙道口之淤，新河之役，今兹数百里之淤，可鉴

15　已。议者有引狼兵以除内寇之喻，真名言也。故永乐迄今，治河者于淤则浚之，决则塞之而已。虽

16　先朝宋司空礼、陈平江瑄之经理，亦惟导汶建闸，不复引河，且于北岸筑堤卷埽，岁费亿计，防河北徙，如防

17　寇盗。然百余年来，纵遇旱涸，亦不过盘剥寄顿，及抵京稍迟尔，未始有壅塞不通之患也。如迩年鱼、沛河

---

①　碑文01—09行的内容与《问水集》中《统论黄河迁徙不常之由》部分内容重合。见（明）刘天和：《问水集》卷一《统论黄河迁徙不常之由》，第250页。

②　碑文10—12行内容与《问水集》中《古今治河同异》部分内容重合，作者指出了明代黄河现状与古代治河之间最大的不同，即是"南经园陵、北妨运道"，治河方案既要防止黄河向北徙冲决运道又要防止向南淹没皇陵和祖陵。见（明）刘天和：《问水集》卷一《古今治河同异》，第250页。

18　水自至，则不得已而聊幸目前舟行之便利，后害虽大，不暇计矣。①然仅二百余里尔，上至济宁临清五百

19　里间，则犹资汶水诸泉之利也，顾可泥近小而忘远大邪？苟已去而复引之，则亿万之财力徒捐，而数百

20　里已平之故道难复，当事者所深惧也，况昔人已虑及此邪。惟汶泉之流，遇旱则微，汇水诸湖以淤而狭，

21　引河之议，或亦虑此。然

22国计所系，当图万全。无已，吾宁引沁之为愈尔。盖劳费正等，而限以斗门，潦则纵之，俾南入河；旱则约之，俾

23　东入运，易于节制之为万全也。而大劳未艾，民力方屈，运道方幸通，抑何敢以轻议邪？若徐、吕二洪而下，

24　必资河水之入而后深广。近夏邑新开东北之流，赖以下济，

25圣化潜孚，川灵效顺，不假人力。治水之臣，惟当时疏浚，慎防御，相高下顺逆之宜，酌缓急轻重之势，因其所

26　向而利导之尔。②然则中州之患，何以恤之？议者云③：黄河南徙，

27国家之福，运道之利也。当冲郡邑，作堤障之，不坏城郭已矣。被患兵民，蠲其租役，不至流徙已矣。谨三复斯

28　言云。

29　嘉靖乙未夏四月

---

①　碑文13—18行内容摘自《问水集》中《古今治河同异》《修浚运河第一疏》。嘉靖十三年南徙前，黄河水入鱼沛，虽数十年间舟行便利，直达济宁，但由于黄河水含沙量大、水势猛，且决且淤。刘天和以弘治六年决黄陵冈安平镇（张秋）淤、嘉靖六年决鸡鸣台入昭阳湖后庙道口淤为例，指出黄河济运之危害不可忽视，而之前的官员的治河实践也表明，引黄济运弊大于利。见（明）刘天和：《问水集》卷一《古今治河同异》，第250页；卷三《修浚运河第一疏》，第279页。

②　碑文19—25行说明了依靠黄河水济运，也只有二百余里，上至临清五百里间，仍然要靠引汶水诸泉。况且黄河已经南徙，再复引故道，很可能空耗财力而无功。因此刘天和选择了疏浚运河、修闸筑堤并提出了引沁水济运的方案。

③　碑文最后一部分内容引自《问水集》中《治河之要》。"议者"即蔡天祜，号石岗。石岗，睢人也。睢河患为甚，而其言若此，公天下为心矣。"黄河南徙，国家之福，运道之利"与上文"防河北徙、如防盗寇"再次体现了治理黄河必须以保漕运为前提。刘天和采纳了其抚恤灾民的建议，向朝廷上《议免河南夫银疏》，请尽蠲旁河受役者课，远河未役者半之。见（明）刘天和：《问水集》卷一《治河之要》，第252页。

30 钦差总理河道都察院右副都御史麻城刘天和书

二、明《黄河图说碑》解读

（一）图说解读

1.《国朝黄河凡五入运》

碑文内容与《问水集》中收录的《治河始末》基本相同①，撰文者为都水郎中杨旦、都水主事邵元吉，成文于嘉靖十四年（1535）八月。

自永乐年间宋礼疏浚会通河，明朝罢海运、专依漕运，南方省份的贡赋钱粮皆由运河运往北京。黄河泛滥冲积运河或因改道淤积而影响漕运就成为关系到"国计"的重要事件，明王朝对此极为重视。弘治五年（1492）黄河于张秋决口入运河，朝廷命刘大夏治河的敕书中就多次强调了治黄保运的原则："朕念古人治河只是除民之害，今日治河乃是恐妨运道，致误国计，其所关系盖非细故。……多方设法，必使粮运通行，不至过期，以失岁额。粮运既通，方可溯流寻源，按视地势，商度工用，以施疏塞之方，以为经久之计"②道出了明代自迁都北京以来对运河的严重依赖，治黄河必须以保障运河畅通为前提。所以这段图说集中记载了明朝洪武至嘉靖年间五次较大的黄河决口影响运河通畅的事件，对明初以来治理黄河与运河之间的关系进行了梳理。

嘉靖十三年，刘天和受命治河，再一次面临黄河决口导致运河淤塞的局面："自济宁南至徐、沛数百里间运河悉淤，闸面有没入泥底者，运道阻绝，朝野忧虞。"③面对朝廷中"引黄河"与"浚漕河"的争论，刘天和亲自考察河道情况："乃相度二河道里远近，工役巨细，权利害轻重而折衷之"④，发现赵皮寨东流的故道已经完全淤平不能恢复，便将治河的重心放在浚淤修闸上。先疏汴河，自朱仙镇至沛县飞云桥，杀其下流。而后疏山东七十二泉，自凫、尼诸山达南旺河，浚其下流。工程耗时四个月，完工后"百泉会流，千舰飞挽。岁漕四百万石，如期至京，中外神之。"⑤

---

① （明）刘天和：《问水集》卷二《治河始末》，第 266-270 页。
② 《明孝宗实录》卷七二，上海书店出版社 1962 年版，第 1356 页。
③ （明）刘天和：《问水集》卷二《治河始末》，第 266 页。
④ （明）刘天和：《问水集》卷一《古今治河同异》，第 252 页。
⑤ （明）刘天和：《问水集》"序"，第 247 页。

对于上述工程碑图上也以在河道上标注文字的方式交代了筑堤经过：谷亭镇北侧河道标注"嘉靖九年（1530）北冲谷亭口故道，今断流；嘉靖八年（1529）筑堤八十里。九年河遂北冲金乡、鱼台。今十三年冬断流。十四年筑合。"南侧河道标注"嘉靖十三年新冲三决口。向东北下济二洪，今疏浚"。

2.《古今治河要略》

碑文为刘天和对历代黄河治理意见的汇总，首先引用《尚书·禹贡》对黄河流向的记载，然后分别引用了西汉贾让的治河三策、北宋欧阳修反对回河的上疏、宋神宗与司马光关于黄河塞闭北流的谈话、任伯雨反对回河东流的上疏以及南宋吕祖谦、元代欧阳玄对治河工程技术的记载、明代余阙、宋濂、丘濬的治河意见，最后记述了元代对河源的探求以及黄河在明嘉靖年间分流三支入海的情况。

3.《治河臆见》

《治河臆见》阐述了刘天和在吸取前代的经验和教训基础上对黄河形势的认识及其治河思想。其内容多与《问水集》中《统论黄河迁徙不常之由》《修浚运河第一疏》《古今治河同异》《治河之要》①重合，《问水集》一书系统地反映了刘天和的治水思想，《治河臆见》选取部分重点内容，用较短的篇幅说明了刘天和对黄河迁徙不常六大原因的认识和当时治理黄河所受到的种种限制（南经园陵、北妨运道），讨论了如何在这些限制范围内完成治理黄河的重任。

（二）图、注和说之关联

从空间范围看，《黄河图说碑》所绘为河流局部图，突出了黄河局部地段的河道特征，为了体现明代治黄工程中的"保运"方针，在图中一并绘制了运河的情况。主要绘图区域为历代黄河泛滥最为严重的河南、山东地区；从地图的性质和功能上看，本图为总理河道官员在治河工程完工后所绘，图中既表现了局部地段的河道特征及两岸地理景观和地物名称，又对治河工程的实施方案进行了标示和文字说明，是河道图与工程图的结合；从表现形式上看，碑图运用中国传统绘画技法，河流、山脉及附属湖泊均以形象的手法绘制。根据府州县的等级配以不同的图例，附以文字描述黄河决溢的时间地点、

---

① （明）刘天和：《问水集》卷一，第250—252页、第279页。

堤坝水闸工程的修筑年代和位置等治河要素，这些文字按照便于阅读的方向摆放在要说明的地物周边，对图面要素起到补充说明的作用。

与同时代的长卷展开式全景黄河图相比，碑图选取长方形的规格，范围限定在黄河易泛区，主要突出黄河泛滥对运河的不利影响，在有限的图面上聚焦局部地区更有利于详细标注各项治河措施和水利工程；长卷展开式图面以河道为中心线，其他地理要素在图面上标示的是与河流的相对位置。碑图按照上北下南方向绘制，图左侧为黄河上游地区，右侧为黄河入海口，这种表现地理要素实际位置的绘制方法，将黄河与其他河流、山脉以及州县之间的位置关系表现得更为准确。尽管其准确性无法与现代的经纬度地图相比，但对于记录和分析黄河水文特征与治河过程来说，具备极强的实用性。

1. 图中的城镇标识

碑图中共绘制有 10 个府一级行政单位，图例为双线正方形框示意城墙，四边绘有城门①，地名标注在正方形框中。其中开封府作为地域政治中心，又是藩王就藩之地，城池坚固并有比较完善的防洪设施。开封府的图示东面绘制两座城门②，双线正方形外加绘了四组粗线折角，北侧以粗线绘出防洪堤。州、县一级行政单位共 95 个，使用的符号为长方形框线内书州县名称。

图上还有 3 处镇级行政单位：分别是朱仙镇、安平镇（即张秋）、谷亭镇，在图上以文字直接标示。朱仙镇，今位于河南省开封市祥符区西南部，是嘉靖十四年（1535）刘天和疏浚汴河的起点。安平镇，即张秋，今位于山东省鲁西平原阳谷县境内，是运河与金堤河、黄河的交汇处。碑文《国朝黄河凡五入运》10—11 行记载，弘治五年，黄河于张秋决口入运河，朝廷命刘大夏治河。此次决口导致"自祥符孙家口、杨家口、车船口、兰阳铜瓦厢决为数道，俱入运河。于是张秋上下势甚危急"。③而此时明朝京师由会通河岁漕粟百万石，河决而北，严重影响漕运的畅通。刘大夏于弘治七年（1494）十二月筑塞张秋决口，改张秋为安平镇（碑图记为"安平镇即张秋"）。谷

---

① 碑图右下角有一处只有四个城门但没有双正方形框线的符号，其地名无法辨识。

② 《万历开封府志》载《开封府城之图》，开封府城东有两座城门。见（明）曹金：《万历开封府志》卷一《星野》，万历十三年刻本。

③ 《明史》卷八三《河渠一》。

亭镇，今位于山东省鱼台县东部，北靠运河。《国朝黄河凡五入运》14—16
行记载，嘉靖九年河决曹县，其中自胡村寺东北分出的一支经单县长堤抵鱼
台，漫为坡水，傍谷亭入运河。概因这三个镇均是《国朝黄河凡五入运》中所
记载的黄河决口和开展治理工程的关键地点，特在碑图上单独标记。

2. 图中的河流、堤坝绘制及说明

碑图以黄河中下游河道为主，除了运河、淮河等其他与黄河有关的河流、
河口、湖泊、山脉、寺庙古迹等图例和注记外（表1），还有一些较长的说明
注记，主要用以说明河道变迁情况以及描述堤坝的筑造年代、加建改建的过
程等。

表1　碑图中河流、堤坝、湖泊、山脉、寺庙古迹注记一览表

河流、故道及河口	卫河、沁河、汶河上源、汶河、洸河、泗河、黄河、大黄河、小黄河、淮河、涡河、运河、禹导河故道、东行旧黄河、嘉靖七年未开成的新河、徐州洪、吕梁洪、黄河口、淮河口、汶河口、卫河口、金沟河口、小河口、小浮桥口
堤坝、闸口	戴村坝、堽城坝、金口坝、广运闸口、古阳大堤
湖泊	蜀山湖、马踏湖、马场湖、安山湖、南旺湖、济源池、昭阳湖
山脉	泰山、大伾山、太行山、北邙山、广武山、黑洋山
八篇《告河文》地点	铜瓦厢、杜胜集、梁靖口、孙家渡、原武、赵皮寨口、睢州、宁陵
寺庙、古迹	南旺分水龙王庙、泉林寺、鸡鸣台

图上所绘内容与碑身三篇刻文联系紧密，互为参照。以汶河为例（图
2），碑图中对汶河流域的要素绘制非常详尽，标注出了泰山（汶水汇泰山山
脉诸水）、汶河上源、汶河河道、汶河口、南旺湖、安山湖等湖泊以及戴村
坝、堽城坝、分水龙王庙的位置。图上这些要素与碑文《国朝黄河凡五入运》
中提到的宋礼和刘天和的两次治河过程紧密关联。

碑文02—04行叙述了洪武二十四年（1391）黄河第一次入运的情形及治
理过程。黄河由陈州、颍州入淮，①使贾鲁河故道淤。同时又由旧曹州、郓城

---

① 《明史》载："又东南由陈州、项城、太和、颍州、颍上东至寿州正阳镇，全入于淮。"见
《明史》卷八三《河渠一》。

两河口漫东平之安山（元代至正年间所开会通河之起点）①，会通河遂淤。明成祖命宋礼统管开会通河、疏浚贾鲁河下游故道两处治河工程。永乐九年（1411）七月，黄河治理完工。对于运河的治理，宋礼采用汶上老人白英的策略，首先筑堽城及戴村坝，使汶水不再向南流入洸河，又在戴村坝上游开凿渠道（小汶河）引汶河水流入运河，在地势最高点南旺建立分水枢纽，使汶河水南北分流。通过引汶水济运、汇集周边泉水为运河南旺段提供了丰富的水源，解决了水流不足影响漕运的问题。同时在周边围堤修建南旺湖、蜀山湖、马踏湖等"水柜"配合水闸调蓄丰水期和枯水期的流量。整个设计科学而合理，保证了漕运的畅通，朝廷遂议罢海运，专依漕运。

汶河流域各要素的绘制使得宋礼对运河的治理在碑图上得到了完整的体现，《问水集》所收嘉靖朝张治撰《修复汶漕记》中对此评价道："国朝宋司空礼因其旧而导之，下至南旺分流焉，遂成通川矣。又为之置闸焉以节宣之，筑湖焉以潴汇之，国饷自是有永赖也。"②

然而经过一百余年，到刘天和受命治河之时，"河流所经……闸废没无完址。南旺西湖环三面之堤复倾圮，民且盗而田之"。③在实地考察后，刘天和决定重新治理运河、浚淤修闸，在疏浚南旺淤浅时修复了汶河东西二堤以及南旺、马场二湖之堤，恢复了"水柜"的调蓄功能。碑图上汶河南侧、蜀山湖东北方向有注记"嘉靖十三年秋新筑"，即是刘天和治汶河过程中所筑的东堤，嘉靖十四年又筑西堤，两堤"去河远（远则足以容水）而高厚，闸坝亦计料修建，嗣而治之，运道其永赖矣"。④图碑在此处同时保留了时隔一百余年宋礼和刘天和先后治理汶河的痕迹。

---

① "起于须城安山之西南，止于临清之御河，其长二百五十余里，中建闸三十有一，度高低，分远迩，以节蓄泄。"见《元史》卷六四《河渠一》。
② （明）刘天和：《问水集》卷二《修复汶漕记》，第270页。
③ （明）刘天和：《问水集》卷二《修复汶漕记》，第270页。
④ （明）刘天和：《问水集》卷一《汶河》，第260页。

图2 《黄河图说碑》汶河流域

除汶河外，刘天和此次治河过程中修筑堤坝的情况在碑图的长段注记中都有所体现：在梁靖口东侧修筑缕水堤（碑图上梁靖口右侧粗线标示的堤坝旁边有"新筑缕水堤"字样）、铜瓦厢北侧大堤（铜瓦厢与杜胜集之间的粗线堤坝中部标注有"嘉靖十四年（1535）春新筑"字样）以及修建从曹县至单县的长堤（位于碑图中部以加粗直线表示的堤坝下方有"嘉靖八年筑堤八十里。九年河遂北冲金乡、鱼台。今十三年冬断流。十四年筑合"字样）等。

3. 黄河故道、决口点的绘制与说明

《问水集》中收录了刘天和治理黄河过程中所撰八篇《告河文》，地点分别为铜瓦厢、杜胜集、梁靖口、孙家渡、原武、赵皮寨口、睢州、宁陵，从碑图上可以看出，此八处地点均为黄河多次决口或冲淤的地点。图上开封府图例左侧黄河河道标注："孙家渡正统十三年（1448）全河从此南徙、弘治二年（1489）塞后，累开累塞"，赵皮寨口注记南侧河道标注："赵皮寨口嘉靖七年（1528）新开，今断流"，考城县东南方向河道标注"梁靖口今渐微"等。《国朝黄河凡五入运》中提到的大部分治河地点和过程也都在图上有所体现。除了标明完工的堤坝和工程，嘉靖七年盛应期主持开新河工程中途停止，图中昭阳湖北侧也绘制出了新河的河道，并注明"嘉靖七年开挑新河未成"。

《古今治河要略》的主要内容是刘天和时代以前历代治河方略的概述，碑图上也标注了部分碑文中所提到的重要地点。碑文02—03行引用《尚书·禹贡》中对黄河的记载，描述了黄河的发源、流向以及入海情况。黄河河道

"东过洛汭，至于大伾"，在图中以象形画法绘制出了大伾山的位置。此段碑文中还以较大的篇幅记载了宋代治理黄河的经过，碑图中相应标注了"商胡：宋时河决此"。碑文41—42行记述了黄河入海的情况，图上也十分清晰地绘出了黄河分三支由梁靖出徐州小浮桥口、宿州出宿迁小河口、涡河出怀远荆山口的状况（图3）。

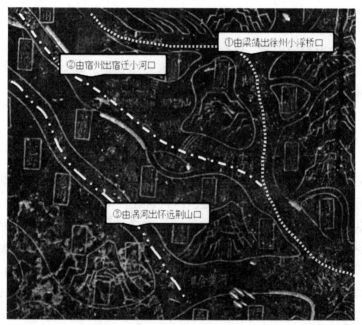

图3　《黄河图说碑》黄河入海处

* * *

根据对碑图、图注和三篇图说的解读，可以得知《黄河图说碑》是刘天和在嘉靖十五年（1536）至西安就任兵部左侍郎，总制三边军务后，总结其治理黄河成果所刻立的一通图碑。碑文内容与碑图相互印证，三篇碑文之间也存在着紧密的联系。

《国朝黄河凡五入运》交代了刘天和及其以前的治河官员的治河历程，与图上所示治河工程的文字说明一同构成对刘天和此次治理河道的基本背景信息，即治河必先保运。在《治河臆见》中刘天和也明确了对引黄河济运和疏浚运河之争的意见，即引黄河水济运弊大于利，应将重点放在疏浚运河上。

《古今治河要略》选取的基本上都是与刘天和本人治河思想一致的治河方针。对历代治河意见的叙述和汇总，可以作为支持刘天和所撰《治河臆见》的有力论据。例如对于《古今治河要略》中引用的西汉贾让治河三策，刘天和评论道："汉贾让《治河三策》古今称之。其上策放河使北入海，是即禹之故智也，今妨运道，已不可行。"①指出贾让之上策在当时因妨害漕运而不能参考实行，但在《治河臆见》中刘天和还是以"其'勿与河争之'一言，则万世治水之定论也"肯定了贾让的治河思想。

对于宋代的黄河治理，碑文按时代顺序记载了欧阳修、司马光、宋神宗、任伯雨的治河意见。欧阳修坚决反对恢复黄河故道，指出"河流已弃之道，自古难复"，刘天和在《治河臆见》中对此也表示了明确的赞同："苟已去而复引之，则亿万之财力徒捐，而数百里已平之故道难复，当事者所深惧也，况昔人已虑及此邪？"由于宋代治河主导者不尊重客观规律，徒费巨大的人力物力，人为干预下的黄河频繁决口对河北地区的经济、人口造成了巨创。碑文引用北宋两次治河失败的例子，意图说明治河应当顺应黄河水流的客观规律，而不能因为政治、军事等其他原因盲目进行不合理的干预，导致更大的损失，这与《治河臆见》里所表达的"治水之臣，惟当时疏浚，慎防御，相高下顺逆之宜，酌缓急轻重之势，因其所向而利导之尔"治河思想是一致的。

元代欧阳玄的治河方略主要引用治河、治堤、塞河三个方面的治河工程技术。而刘天和在治河过程中也极为注重实地调查和工程技术，在《问水集》中也专门讨论了堤防之制、疏浚之制、工役之制和植柳六法等要点。基于对历史经验的总结，《黄河图说碑》充分展示了明代治河有理有据的一面。

---

① （明）刘天和：《问水集》卷二《古今治河同异》，第251页。

明代山西水利秩序建构与水利碑刻的"用"

——以晋祠嘉靖二十八年《水利公文碑》为中心的分析

杨小颖[*]

【摘　要】本文以山西晋祠明代嘉靖二十八年的《水利公文碑》作为个案研究对象。通过解析碑文，阐述水利纠纷解决过程中官方、水利组织、民众三者的互动关系，并分析这一互动与晋地分水制度的形成、水案频发以及纠纷解决遵循"率由旧章"规则之间的关系。山西地区行之有效的水利秩序，也是这一互动机制的产物。它在国家法之外生成，又在水案中通过官府的适用融入国家的法律规范体系之中。这一规范体系，通过各方主体对水利碑刻的使用，使得水利碑刻背后拥有一套复杂的运作方式；通过立碑仪式、宗教信仰、民间习俗等形式，水利秩序从各方面渗透进了民众的生活，形成用碑风俗，并使民众产生了强烈的认同感。

【关键词】水案；水利碑刻；用碑风俗

一、《水利公文碑》简析

明嘉靖二十八年（1549）《水利公文碑》（图1）位于山西太原晋祠，高104厘米，宽60厘米，厚21厘米，碑座高42厘米，碑额为"水利公文"。现根据碑石按格式整理碑文如下：

01 太原府太原县为比例改正水利以复旧规以便民情事。嘉靖二十八年四月初四日抄蒙

02 山西等处提刑按察司批：据本县南河渠民王秩、朱大德、乔登等

---

* 杨小颖，中国政法大学法学院硕士研究生。

连名告称：水利不均，强者多浇数次，弱者受

03 害含忍，旱死田苗，亏苦无伸，比照北河渠民张锦等告有刻石均溉事例，乞行查照等因。蒙批：仰太原县查报。

04 缴。蒙此，行拘南河渠长冯天瑞，并水甲杨付等一十三名，各到官查审。冯天瑞招称：充晋祠南河渠长身役，状

05 招本县晋祠古有泉源，分为南、北、中、陆堡四河，流水浇溉民田地亩，各有水利不同。至嘉靖二十二年五月内，

06 有北河先告渠民张锦等因见水利不均，状赴

07 巡按山西监察御史童　处告，批

08 山西布政司分守冀宁道右参政苏　处问明，转行本县查禁刻石。内云：惟有地者即有水，无地者则不得用。

09 有水者即出夫，无夫者则不许用。每遇使水挨次密排，自上而下，如浇尽上程地亩，方浇下程。敢有故乱成规，

10 仍前作弊，许渠长、水甲执前帖文具实陈告。轻则照例治罪，重则申报上司拿问发遣。其陆堡、中河俱照北河

11 碑示遵守外，比时天瑞不合，不行改正。仅有本河河下都渠民王秩等，因见南河水利不依自上而下，强者多

12 浇，弱者受害，忿情不甘，比照北河事例，连名状赴

13 山西等处提刑按察司告。批：仰太原县查报，缴。将天瑞并水甲杨付等行拘到官，查审得：本河委与中、北、陆堡

14 三渠俱系晋祠一源之水，合行改正成规。除稻地照常用水，其白地各村俱照分定水一十三程立约，并分二

15 渠，上渠分作四程，下渠分作九程。上渠索村水甲刘干等分水二程，北至郭家磨起，南至天龙荒止。枣园头水

16 甲王天宿等分水二程，北至参地口起，南至老官人地止。下渠王郭村水甲王兰等分水五程有半，北至邀河

17 子起，南至牛家桥止。张村水甲冯林等分水三程有半，北自新河口起，南至沙圪垛二十七亩地止，东至韩荡

18 地马家园长条稻地，俱在新河口三程半内分使。在官附卷。本县责令各村挨次编夫，除例前卖过买过水程

19 照北河截割外，干碍人众姑容凡遇使水亦照北河事例，俱自上而下挨次密排，如一次不周，待等下次浇灌。

20 不许用强挽越，紊乱成规，违者照前禁示一体申究。禁约申详，允日刻石，永为定规遵守，庶使人心平服。将天

21 瑞取问罪犯，申蒙

22 山西等处提刑按察司批：据本县申前事，依蒙发落，取实收缴。蒙将天瑞问革外，行据南河水甲杨付等连名

23 保称：水甲王伯广素行公直，堪充渠长缘由，到县，给帖。仰渠长督同水甲冯林等，酌量地亩编夫，每地十亩编

24 夫一名，遵照北河事例。日后豪强仍前紊乱水程者，许渠长等陈县问罪。渠长、水甲务秉公直，勿得循私。仍立

25 碑二通，一通竖立祠下，一通贮库以防摸打。每夫打给一张收执，永为遵守。如有豪强再袭前弊，许被害之人

26 执文赴告，将多浇田亩籽粒入官公用，俱毋违错不便。须至帖者。

27 嘉靖二十八年十月吉日　　　太原县知县侯澜、县丞李侃、主簿高崑、典史张珊、典吏左廷贵

图1　明《水利公文碑》

此碑的内容大致可以分为三部分。第一部分是村民发起诉讼的大致案情，主要叙述了南河渠民王秩等人，因饱受南河用水不均之苦，而向官府联名状告，并请求比照北河的案例，以刻石的方法来解决用水不均的问题，官府据此拘传了基层管理人员南河渠长冯天瑞、水甲杨付等共十三人。第二部分是渠长冯天瑞对北河水案的叙述。嘉靖二十二年（1543）五月，北河渠民张锦等因水利不均而向山西监察御史童处状告，童向山西布政司分守冀宁道右参政苏处禀明，随后即在北河刻石，确定用水规则。第三部分是官府在查明当地水资源的状况后做出的裁定，主要描述了官府查审并确定的晋祠四河的水资源状况及分水规矩，并做出两项判决：第一，依照北河事例处理纠纷，明确"凡遇使水亦照北河事例，俱自上而下挨次密排，如一次不周，待等下次浇灌"；第二，革除冯天瑞渠长的职务，并同意由水甲杨付等人推举的王伯担任新渠长。

二、水利纠纷中的官方、水利组织和民众关系

水利作为农耕社会的核心资源，是国家治理过程中最重要的问题之一。[1]面对如何分水、如何管水、如何用水三个彼此关联的问题，国家政权和乡村基层社会均参与其中并彼此互动。国家通过具体的制度对乡村社会实施政治控制，但其控制的实施会受到来自乡村社会逻辑与现实情形的制约；乡村社会一方面面临来自国家的具体政治要求，一方面也在给予回应。其中，存在"第三领域"[2]的基层管理体系为上述两者的互动提供了帮助。通过国家意志的具体实现者官府、属于"第三领域"的民间水利组织以及民众在分水、用水、管水的相关活动上进行互动，水利秩序被逐渐构建。

水利秩序经历了漫长时间的运行，在民间社会深入人心，也成为官府惯

---

① 水利与国家治理之间的密切联系，中西方学者都曾有过论述。美国学者魏特夫认为东方的"治水国家"正是由于水利灌溉要求一体化协作和强有力的管控，从而产生了专制主义传统；冀朝鼎则认为历史上中国政治中心的变动与基本经济区的转移与水利建设有密切联系。前述观点参见［美］卡尔·A. 魏特夫：《东方专制主义——对于极权力量的比较研究》，徐式谷等译，中国社会科学出版社1989年版；冀朝鼎：《中国历史上的基本经济区》，商务印书馆2014年版。

② "第三领域"指政府的正式行政管理只到县衙门为止，对于县级以下的公共行动，国家的典型做法是依靠不领俸禄的准官吏（semi-officials）的帮助拓展其控制范围，参见［美］黄宗智：《中国的"公共领域"与"市民社会"？——国家与社会间的第三领域》，载黄宗智主编：《中国研究的范式问题讨论》，社会科学文献出版社2003年版，第270-273页。

以遵循的传统。然而这一机制并不能充分应对现实环境的所有变化，其失灵带来了无休止的纷争。

（一）晋地分水制度下的公与私、官与民之冲突

不能孤立地看待山西地区水利秩序在整体运行过程中的"争水"问题。对于民众来说，分水不均要争，用水不均也要争。在水资源越来越短缺的明代，关于有限的水资源如何进行公平分配和合理利用的问题，不同利益群体之间发生冲突几乎不可避免，而冲突会体现在水利秩序运行的各个环节当中。

1. 官民认同的准则：三七分水制度

既然水资源有限，那么首先要处理分配问题。而分配问题又包含了以下三个问题：第一，水资源按照什么规则分配；第二，由谁来决定、实施这种分配；第三，谁赋予了水资源分配原则的合法性，即分水原则是如何获得社会成员的承认，并能够在民间实践中成为分配水资源的依据。

晋水地区分水制度由来已久。《晋祠志》记载，"夫北渎之水虽云七分，而地势轩昂，其实不过南渎之三分；南渎虽云三分，而地势洼下，且有伏泉，其实足抗北渎之七分，称物平施，分水之意也"。①这里说的是水量分配的三七比例与地形地势有关。民间亦有"油锅捞钱，三七分水"的传说。其大致内容是：民间争水，以各村在油锅中捞出的铜钱数来定分水量，一名来自花塔村的张姓男子取出了七枚铜钱，故而北河分得七分水。为了纪念张姓男子的功劳，民间社会后将分水石塔称为"张郎塔"。虽然在历史上未必真实发生了"油锅捞钱"的分水故事，但这在一定程度上能够说明花塔村张姓对这一分水格局的形成有着重要影响；而且，"张郎塔"的称谓也能从侧面反映花塔村的张姓宗族在当地有相当的权威。在现实中能与这一故事相印证的是，明清时期花塔村张姓宗族政治势力扩张，世代担任北河渠长，管理北河事务，在主持用水、祭祀等重要事务上都有强大的话语权。②

---

① （清）刘大鹏：《晋祠志》卷三一，慕湘、吕文幸点校，山西人民出版社 2003 年版，第 570 页。

② 北河由张姓排定用水日期；清明前决水挑河，由其择日约集各村渠甲，到某处祭祀后土之神，然后清明集于晋祠决水；三月一日起程放水时，由他率各村渠甲赴晋祠祭祀晋水源神；其他如六月初八、初九、初十在晋祠演戏酬神，也由他通知收费并主持。参见赵世瑜："分水之争：公共资源与乡土社会的权力和象征——以明清山西汾水流域的若干案例为中心"，载《中国社会科学》2005 年第 2 期。

此外，民间还流传"柳氏坐瓮"的故事。"俗传晋祠圣母姓柳，金胜村人，姑性严，汲水甚艰。道遇白衣乘马者，欲水饮马，柳与之，乘马者授以鞭，令置瓮底：'抽鞭则水自生'。柳归母家，其姑误抽鞭，水遂奔流。急呼柳坐，坐于瓮，水乃止。相传圣母之座，即瓮口也。"①在这一故事里面，柳氏既挽救了村人，又带来水源，故被尊为圣母。立于万历十七年（1589）的《水利禁令公文碑》所记载的水案中，金胜村人柳凤桐向官府状告北河渠长张弘秀，争取用水时，引用的正是"柳氏坐瓮"的传说。

两个民间故事，反映了两个宗族与水利事务之间的渊源；而"柳氏坐瓮"故事的兴起与流传，可能也与金胜村柳姓向旧有的地方权威花塔村张姓所发起的挑战有关。尽管民间传说故事并不能客观地反映三七分水比例形成的历史真实，但民间传说也是社会现实的折射，一定程度上能够体现当时乡村社会权力资源分配的情况，反映宗族势力强盛与否及宗族、村落之间的对抗在用水争夺战中的影响。

无论是地方方志、碑刻等民间文献，还是民间传说，其中都有关于三七分水记载。综合各方资料来看，这一分水原则对灌溉面积、地形地势，宗族势力的因素均有所考虑。尽管难以确定最初三七分水格局的形成究竟是民间灌溉习惯抑或是官方主持制定，但从众多历史记载和口口相传的民间故事中可以看出，三七分水的原则被长期地遵守，在事实上成为官民共同认可的准则。

2. 分水制度下的公私、官民冲突

尽管晋地已有三七比例的分水格局，但因用水不均而引发的对抗从未停息。对此，传统观点认为水资源短缺、人地矛盾紧张是水案频发的主要原因，与之相对的，也有以赵世瑜为代表的学者认为水权的不明晰才是根本原因。本文认为，三七分水制度作为一套分配用水权的机制之所以能够获得官民的共同认可，很可能是民间和官方为了回应现实的需求，承认了实际操作中的某些规矩和做法。因此，在制度的形成之初，其与现实环境是相匹配的。

然而现实情况在明代发生了变化，山西地区环境恶化，人地关系愈发紧

---

① "柳氏坐瓮"的故事，参见［美］沈艾娣："道德、权力与晋水水利系统"，载中山大学历史人类学研究中心、香港科技大学华南研究中心主办：《历史人类学刊》2003年第1卷第1期，香港科技大学华南研究中心2003年版。

张，水资源再不如从前充足。出于不同的立场，依赖灌溉种植谋生的民众要保证自己的用水；水地钱粮问题关系财政收入，官府要设法维持对民间社会的控制；而民间水利组织在水利事务上的权力越来越大，统一的国家水利法规与民间事务监督机制的缺乏为其提供了寻租空间。在矛盾越发尖锐的情况下，水权属性不明的弊端逐渐显露：第一，水属于公共资源，但在当时的技术条件之下，用水量实际难以控制，用水行为本身就意味着一种私有化的倾向；第二，官府出于国家利益及方便征收赋税的立场所秉持的"有地者方有水"的处理原则，一定程度上间接支持了民间对水的私有化；第三，在传统中国时期，官府对乡村一级的社会没有细致且强大的控制力，而由"第三领域"对基层民间社会进行事务管理。官府在地方社会实现其统治权威的方式，是对民间水利组织确定的用水规则给予认可，并主持解决重要的水利纠纷。由于没有明确而统一的国家水利法规，也为了顺应民间习惯，官府一般选择沿用过往的惯习。在水资源的权属未获界定的情况下，这样的调停只能解决一时冲突，而不能从根本上消除各方利益主体将公共物品私有化的意图而带来的矛盾。旧有的分水制度无法应对日渐尖锐的矛盾，又一直未能做出顺应现实的调整，自然导致纠纷不断的结果。

（1）"有地者方有水"：水资源的公共属性与私有化的冲突。

历史上，国家并没有明确声称水资源为国有，私人也不能通过契约的形式来宣称对水资源的所有。①而且，就对水的占有而言，其时间不可固定（冬天没有，春夏灌溉的时间才有）。②因此，水本质上具有公共属性。而民间对水的争夺，实际上争的是使用权。从各类记载来看，水利纠纷的发生在很多情况下是由于用水不均。然而在所有权无法界定的情况下，使用权也难以界定。因此，历史实践中逐渐形成的分水制度只能促使形成一个相对公平的用水格局，但现实中复杂用水情形的发生会使其稳定性被打破。

赵世瑜还指出了更深层次的问题：既然水资源无法私有，那使用权是否仍然是公共的？实际上，"三七分水"只是一个概括性的分水原则。落实到用

---

① 官府禁止私人间水的买卖。参见赵世瑜："分水之争：公共资源与乡土社会的权力和象征——以明清山西汾水流域的若干案例为中心"，载《中国社会科学》2005年第2期。

② 参见张小军："复合产权：一个实质论和资本体系的视角——山西介休洪山泉的历史水权个案研究"，载《社会学研究》2007年第4期。

水的村户上，则需要进一步对用水量进行析分。由于水的流动性，无法对水进行准确测量，因而析分只能像是《水利公文碑》中用划定水程的做法。分好水程之后，在具体到个体用水的方面，《水利公文碑》则规定"惟有地者即有水，无地则不得用"。这里的意思是，有土地是用水的前提条件。水地捆绑的改革在万历年间（1573—1620）才正式确立，①但能够看到在嘉靖年间（1522—1566）就已出现这样的做法。尽管水资源具有公共属性，但"有地者方有水"的做法相当于把水资源固定在有地者的身上，这恰恰意味着水利私有化的可能。

（2）国家利益的立场：赋役为先。

在历史上，国家的正式行政管理并不具有强大的基础结构控制力。代表国家权力的官府与民间水利事务发生紧密联系的领域，一个在赋役制度，另一个在于其对水利法规的制定、批准与认可。

在水利事务方面，官府首先要考虑的是赋役征收的问题，《水利公文碑》中"有水者即出夫，无夫者则不许用"（碑文9行）的记载即反映了水利与赋役之间的联系，且在嘉靖时期就已出现水地捆绑的做法。万历十六年（1588）《介休县水利条规碑》记载："欲将查出有地无水、原系水地而从来不得使水者，悉均与水程；有水无地，或原系平坡碱地窜改水程、或无地可浇甚而卖水者，尽为改正厘革。惟以勘明地粮为则，水地则征水粮，虽旧时无水，自今以后例得使水；平地则征旱粮，虽旧时有水，今皆革去，以后并不得使水。无论水契有无，而惟视其地粮多寡，均定水程，照限轮浇。日后倘有卖水地者，其水即在地内，以绝卖地不卖水、卖水不卖地之宿弊。"②这一用水政策强调了土地与用水的匹配，并成为了官府区分水利开发与用水分配合法与否的标准。一旦超过登记的土地数额，就会被界定为非法。并且，对用水权的享有就意味着相应的赋税。③由此可见，之所以要强调有地者方可用水以及"出夫"义务，是为了能在赋税征收的同时，使官府能一并完成对民众用水权利的确认和计算。

---

① "水地捆绑"的做法由明万历年间王一魁在源神泉的改革正式确立，相关记载参见万历十六年（1588）《介休县水利条规碑》，载左慧元编：《黄河金石录》，黄河水利出版社1999年版，第105页。

② 左慧元编：《黄河金石录》，黄河水利出版社1999年版，第105页。

③ 参见张俊峰：《泉域社会——对明清山西环境史的一种解读》，商务印书馆2018年版，第252页。

鉴于财政问题的重要性，官府在水利事务上做出的处理，会先行考虑赋役制度是否能够顺利推进。山西地区"有地者方有水"的原则，使得民间衍生出这样的制度回应官府的要求——通过水利簿和碑刻，将民间水利管理的细节记录其中。水利簿对用水权进行详细的记录，具体到用水个体，用以证明用水权的合法；而碑刻则通过其公开展示，以实现其使水利规则"永为定规"的功能。这些详细的记录帮助确认水权有无、合法与否，进而辅助赋役制度的实现。因此，"有水者即出夫"的规定不仅仅是为了维护水利而公平摊派工役，更体现了官府在赋役问题上的着重考虑。

虽然官府坚持"有地者方有水""有水者即出夫"的原则，但在水利事务的具体管理上，尽管民间水利组织名义上受官府的指导和控制，地方豪强依然能够在实际当中把持水权，私自卖水牟利；而且，受气候状况的影响，水地关系并非总是一一对应。每当遭逢干旱气候，水量减少，但赋役征收却没有随之变化，民众自然感到不公。这些问题都使实际情况与"地水夫"一体的理想相违背，进而为水案的不断发生埋下伏笔。

（二）渠甲的选任与权限

传统中国在事实上存在着两种秩序中心：一个是官制领域，另一个是地方中的权威，其更具实质性意义地承担着实际的管辖权力。[1]在地方水利事务管理上，其实是民间水利组织在承担具体职责、掌握实际权力。早在唐宋时期，晋陕豫地区的渠长、堰长、水甲等民间水利组织管理体系已经建立。宋代《千仓渠水利奏立科条碑》记载，"沿渠人户分作上流、中流、下流三等。每等各置甲头一人，以逐等内地土、物力"。[2]到了明代，晋水流域采用渠甲制进行水利事务管理。例如，《水利禁令公文碑》记载，"每渠设立渠长二人，率领水甲，各照地界，分管水利"。[3]可见，在乡村水利事务中，具体的操作者是渠长与水甲等水利管理人员。水甲位于渠长的下一级，向渠长负责；渠长由推举产生，形成一种二级管理体制。这里需要厘清的问题是，民间水利组织与官府和民众之间究竟是怎样的关系？其在水利纠纷中扮演着怎样的

---

① 张静：《基层政权：乡村制度诸问题》，上海人民出版社 2007 年版，第 19 页。

② 左慧元编：《黄河金石录》，黄河水利出版社 1999 年版，第 9 页。

③ 张正明、科大卫、王勇红主编：《明清山西碑刻资料选·续一》，山西古籍出版社 2007 年版，第 182 页。

角色？

渠长在乡村水利事务中的权力很大，负责统领一渠事务。在"油锅捞钱"的民间传说中，花塔村张姓男子为北渠争得七分水，为纪念他的功劳，花塔村张姓由此世代担任北河渠长——这里能从侧面反映出渠长的地位和权力。基于渠长的责任重大，一般要求担任者有较高的德行，并熟悉水利管理方面的相关公务。《水利公文碑》中记载，原先的南河渠长冯天瑞被革职，王伯广的获荐理由是"素行公直"，而官府进一步明确要求"渠长、水甲务秉公直，勿得徇私"（碑文 23—24 行）。以上这些限制条件决定了渠长职位并非普通民众可胜任，一般由乡村精英担任。张俊峰认为，渠长这一职务实际上是一种公共身份，对担任者的财产、德行、知识等方面都有较高要求，使得符合上述条件的人，局限于村中富户，又或者是地主、士绅，即使规定了轮番充任，这一职位也大都掌握在乡村实权派的手里。①

相较而言，水甲管理的范围较小。"上渠索村水甲刘干等分水二程，北至郭家磨起，南至天龙荒止。枣园头水甲王天宿等分水二程，北至参地口起，南至老官人地止。下渠王郭村水甲王兰等分水五程有半，北至邀河子起，南至牛家桥止"的记载（碑文 15—17 行），显示水甲只负责某段水程的水利事务管理。

渠甲与官府之间的关系在南河水案中可见一二。据《水利公文碑》，旧渠长冯天瑞被革除职务后，新渠长王伯广由其他水甲推选产生。这表示着渠长人选并不由官府来直接决定，其决定权大体上仍归属于民间。这里体现了官府对水利事务管理的一种方式：通常来说，调解一般的用水纠纷仍在渠长的职责范围之内。当纠纷数量增多、矛盾已经严重影响当地的水利秩序时，官府介入进行适当管理，协助解决纷争。这时，虽然官府不会决定渠甲的具体人选，但却会向他们问责，要求他们承担渎职的责任。并且，从水甲王伯广被推举为渠长之后要告知官府的情况来看，虽然官府不指定具体人选，但官府的认可却是必经程序。某种程度上，官府是借由渠甲的帮助，扩展其权力控制范围，对水利事务进行间接管理。

相应的，对民众而言，渠长就有了"准官员"的属性。渠长在实际事务

① 参见张俊峰：《山西水利与乡村社会分析》，载王先明、郭卫民主编：《乡村社会文化与权力结构的变迁——"华北乡村史学术研讨会"论文集》，人民出版社 2002 年版，第 217 页。

中职责范围广，"除要承担领导挑河、水程分配、监督用水等日常性工作外，还要领导进行祈雨、祭祀，排解纠纷、完纳水粮"。①另外，渠长还是"地水夫"制度维系的重要节点，《水利公文碑》"仰渠长督同水甲冯林等，酌量地亩编夫，每地十亩编夫一名"（碑文23—24行）的记录，即说明渠长与水甲负责"夫役"的具体摊派问题。

正是通过民间水利组织，官府才得以将赋役落到实处。加之渠长与水甲一般由当地乡村社会的精英担任，这些人在民间素有威望。因此，一旦渠甲滥用权力，就会酿成恶果。在嘉靖二十八年（1549）的南河水案中，冯天瑞的失职导致了南河"水利不均，强者多浇数次，弱者受害含忍，旱死田苗，亏苦无伸"（碑文2—3行）。又有清雍正元年（1723）所立《断明板桥水利公案碑记》载："今北河水甲韩延龄借端生事，率众毁车，渠长张忠挟同告争，均属不应，并请重□所毁水车，工费着落韩延龄名下，赔银一两。……将来渠长等再敢倚恃人众，妄兴事端，即以光棍之法治之。"②这说明，除了私自卖水，渠长还会大肆兴讼从中牟利。鉴于担任渠长、水甲职位的人员可能来源于乡绅阶层或者有强大的宗族势力，天长日久，对其难以形成制约和监督，以致渠甲的行为不端也会诱发水案。

借由民间水利组织这一中间领域，民众因用水而进入民间水利组织的控制范围内；官府不对民间水利事务进行直接管理，而将具体的管理权力交给民间自生的水利组织，通过认可渠甲人选，惩罚渎职者等手段，使民间水利组织对官府负责，最终使民众通过民间水利组织的环节进入国家控制体系之中。三者原本应当在此机制中进行互动，但因多种因素的影响，理想与现实产生背离，最终导致水案频繁发生。

（三）"率由旧章"的内在逻辑

在本文所讨论的个案中，在解决南河用水不均的问题上，提起诉讼的民众要求依照北河水案事例，勒石均溉，而官府同意了这一要求。碑文显示，官府处理这一纠纷采用了这样的裁判逻辑：南河与北河同出于晋水，因此南

---

① 张俊峰："明清以来晋水流域之水案与乡村社会"，载《中国社会经济史研究》2003年第2期。

② 张正明、科大卫、王勇红主编：《明清山西碑刻资料选·续一》，山西古籍出版社2007年版，第200页。

北两河都适用同一分水原则。同样是用水不均所生的纠纷，南河可以遵照北河的做法，且使北河案例中所确立的"有地者方用水""有水者即出夫"以及"自上而下"的浇灌顺序成为往后要遵守的规则。这一例子显示，在解决水利纠纷时，官府往往倾向于选择沿用旧有规则，维护现存秩序。

官府选择长期使用的水利旧制，而非根据每个案件的情况做出具体的处理和判断，这样的做法有其原因。张俊峰认为《断明板桥水利公案碑记》反映了官员对乡村传统用水制度的态度。他指出，乡村社会的分水、轮水制度的形成，是对祖先的贡献的纪念，也是对民间用水习惯、民众心理以及民间道德伦理的适应。①这样的分水制度在民间受到广泛认可，因此，官员应该尽量遵循长期流传的制度。万历十七年（1589）《水利禁令公文碑》记载：晋水北渠自明初始实行"军三民三"②的用水制度，而弘治年间，北渠渠长张弘秀私自将民间三天夜水献给王府，使下游村庄饱受用水不足之苦。到了万历年间，下游村庄的村民提起诉讼，要求恢复"军三民三"制度。慑于王府威势，而同时考虑到下游村庄确实用水艰难，地方官员提出原六日一轮的灌溉顺序改为七日一轮的折中处理办法。但王府表示了强烈的反对态度，认为"民有不均只宜在百姓中调停，不可以王府应轮之水以便百姓"。③在王府的干涉之下，官府只能遵循旧制进行判决。而这一例子似乎说明，官员并非不想根据现状调整旧规，遵循旧制也是不得已而为之。

根据《水利公文碑》，先前北河因水利不均起纠纷，而后勒石均溉，并要求同为一水之源的中河、陆堡河亦要遵照北河碑示。④后来，在南河再次因用水不均引发纠纷时，南河渠民要求使用北河水案所确立的规则，而最终官府也遵照了这一规则处理纠纷。那么，为什么南河再起纠纷，要适用北河水案的规矩呢？实际上，官府不敢打破甚至蓄意维系"旧章"的做法，是当时的

① 张俊峰：《泉域社会——对明清山西环境史的一种解读》，商务印书馆 2018 年版，第 249 页。

② "军三民三"指的是，北渠初一至初三日昼水夜水均归王府，初四至初六日昼夜水均归民间灌溉。参见曹楠："明代地方水利旧制的司法实践——以《太原水利禁令公文碑为例》"，载《沈阳大学学报（社会科学版）》2017 年第 4 期。

③ 张正明、科大卫、王勇红主编：《明清山西碑刻资料选·续一》，山西古籍出版社 2007 年版，第 183 页。

④ 北河勒石并未提到要求南河也遵守北河该水利规矩。笔者猜想可能是当时中河与陆堡河也发生了类似的纠纷，而南河当时纠纷尚不明显。

政治、经济体制与法律体系的必然结果。

中国古代基层社会法律秩序，国家制定法和民间规范两套体系并存。在水案中，国家层面的法律主要为纠纷解决提供了相关的程序性规定，并为官员办案提供了水地、旱地与钱粮关系的相关准则。①然而在如何用水、水权归属这类具体问题上，官府层面上却没有统一规定。可以说，"律无正条"是"率由旧章"的原因之一。在缺乏国家统一规范的情况下，官府只能选择调动民间规范资源做出裁判。

事实上，国家层面的正式法律之所以会缺位与当时的政治体制不无关系。如前文所述，官府对地方社会的控制只到县一级，其并无足够完善的组织和与之相配的监督能力对实时变化的民间社会进行因时制宜的管理，而主要通过"第三领域"来实现对乡村社会的间接控制。这一体制之下，对诸如明确水权，确定灌溉顺序，主持各类仪式，监督用水情况，调解日常纠纷等具体事务，都交给由渠长、水甲组成的"准官员"组织完成。再者，不同的农业区的水资源情况、所面临的水利问题并不相同，由官府制定统一的水利管理规范也并不现实。更重要的是，地方分水、用水制度所包括的上下游用水顺序、各村轮流用水、水量分配等具体规则，是村庄与村庄之间利益相对平衡的结果。如果官府横加干涉，会引起民间的不满与地方势力的反抗。当豪强势力膨胀或者水利组织舞弊牟利导致不公平的规则产生，而受害者诉诸公权希望予以纠正时，官府未必能够对抗这种外在压力。《水利禁令公文碑》所载水案中官府提出的"七日一轮"方案最终迫于王府压力未获采用即为例证。

张俊峰还提到，"率由旧章"实际上是一种文化安排的结果。②地方水利秩序的建立，从来就不是一个单向的、完全独立的过程，与之相适应的，还有民众的认知、信仰、仪式以及相应的庙宇、祭祀的文化。"旧章"在水利司法实践中被长期援引，并反复利用碑刻等手段进行公示。这不仅意味着地方水利规则为公权力所承认，也意味"旧章"在民众心中进一步加固。民众对规则的认同感越是强烈，对官府援引"旧章"做出的判决接受度就会越高，有助于尽快地消除纷争，并强化官府的威信和统治。民间对"旧章"的接受

---

① 李麒："观念、制度与技术：从水案透视清代地方司法——以山西河东水利碑刻为中心的讨论"，载《政法论坛》2011 年第 5 期。

② 张俊峰：《泉域社会——对明清山西环境史的一种解读》，商务印书馆 2018 年版，第 256 页。

度可能也影响了官府的选择。

(四) 动态关系中的水利碑刻

明代山西地区的水利秩序，正是在错综关系的互动下逐渐建构和发展起来的。而水利碑刻在官府、民众、民间水利组织的互动关系中产生，是水利秩序建构过程的见证者，也是水利秩序建立过程中一种必要的媒介。前文透过明代《水利公文碑》探讨隐藏其背后的制度因素，那么又如何看待历史背景中的水利碑刻本身？《水利公文碑》主要描写了水案解决的过程，又为何在公开的展示中刻意强调"公文"二字？

"碑石文字是一种静态的史料记载，但立碑纪事却是一种动态的制度创设过程。'演戏立碑''立碑为例''奉官示禁'等仪式和程序，均赋予碑文特别的效力。"①李雪梅指出，法律碑刻之所以区别一般碑刻，乃是因为其具有制度属性，基于其特性，法律碑刻可被分为公文碑、规章碑、示禁碑、讼案碑、契证碑、纪事碑六大类。②在以上的分类当中，公文碑强调公文格式，碑石上往往会出现"提行""敬空"等相应的外观特征；而讼案碑则重在记录案件过程，通过判决结果的公开展示，向民众重申社会规范，来防范同类纠纷的再次发生。根据《水利公文碑》的内容，由于其详细地记录了纠纷起因、裁判依据以及案件结果，描述了一个完整的水案诉讼流程，故在分类上，该碑当归属于讼案碑。但是从外观来看，《水利公文碑》题额中有"公文"之名，碑文的排列呈现有公文格式特点。此外，李雪梅教授还指出法律碑刻的主要功能是满足社会需求，公文碑具有社会管理性，规章碑具有行为规范性，而讼案碑具有争讼化解性。但从具体的立碑目的来看，《水利公文碑》一方面旨在定分止争，而另一方面，其通过对用水规则和具体权利义务的明确，也同样旨在通过立碑而实现社会管理的效果。因此，在具体的碑刻属性界分上，《水利公文碑》似乎难以归入单一的类别中。

但是，竖立《水利公文碑》秉承的是官府的命令。在古代中国，官府同时拥有行政权和司法权，既是管理者，又是裁判者。从碑文中能够看到，官

---

① 李雪梅：《法律碑刻：一种独立的存在》，载李雪梅：《法制"镂之金石"传统与明清碑禁体系》，中华书局 2015 年版，第 319-320 页。

② 参见李雪梅等：《法律碑刻之分类探讨》，载中国政法大学法律古籍整理研究所编：《中国古代法律文献研究》第 9 辑，社会科学文献出版社 2016 年版，第 431-468 页。

府将立碑作为判决结果和应予执行的内容，要求通过勒石明确用水规则，使其"永为定规"。同时，立碑更是官府利用水利碑刻这一载体所实施的管理行为。因此，立碑不仅是对争讼的平息，也是官府介入民间水利事务具体而直接的一种方式，本质上是官府在民间社会对自身权威性的着重强调和宣示。

似乎可以这样理解：从碑文来看，《水利公文碑》在总结纠纷解决过程之后再次强调了北河所确立的用水规则，以及这一规则在晋水地区的普适性。以"公文"作为碑刻的题额以及使用公文格式书写判决，是一种加强用水规则权威性的手段。这样的做法能够借公权力的认可加强民间水利规则的效力，体现了官府在"使人心平服"方面做出的努力。

三、碑刻之"用"：用水秩序的建立和认同

从有秩序地分水、用水、管水，到因水而发生纠纷并争讼不息，这一动态的过程实际上代表了地方水利秩序的建立、维系和失灵。这套秩序的运行过程中，水利碑刻的特殊性不可忽视。原因在于，被放置在村落公共空间中的水利碑刻，意味着以公开、权威的手段彰显水权；在处理用水争议时，碑刻可以成为解决争端的水利规则，也是民众维权的凭据。可以说，在水利秩序建构过程中，碑刻载体一直被各方主体所使用。尽管碑刻上的文字是信息的主要载体，但碑刻的具体价值是通过被使用体现的——这是水利碑刻之"用"的含义。

地方水利秩序的建立，民众对水利秩序的认同，都离不开不同主体对水利碑刻的使用。《不灌而治——山西四社五村水利文献与民俗》一书中曾提出"活着的碑刻"的说法："所有的碑刻本事都是有特指的，再通过立碑仪式，会产生强化功能，把碑文个案变成地方化的历史事件。然而，这并不够，还不能解释清末民初停止立碑活动后，四社五村某些水利管理碑刻继续影响民间社会的原因。……有一些碑刻是被他们选择过的，并在被反复陈述意义后，养成了用碑风俗，结果使这些碑刻照样活了下来，成为有生命力的历史成规。"①因此，除了应当结合时代背景了解碑文，更应当进一步了解水利碑刻是如何在使用中发挥其功能的。这一部分将以《水利公文碑》为例子，探讨

---

① 董晓萍、[法] 蓝克利：《不灌而治——山西四社五村水利文献与民俗》，中华书局 2003 年版，第 278 页。

水利碑刻功能的实现路径。

(一) 水利碑刻的实用功能

在有关水利碑刻的研究中，多会提到碑刻作为一种村落公示方式，通过记载相关的水利事件和权利义务，使其发挥警示、说教、凭证等功能。许多水利碑刻对公示性都有相关描述。例如，《水利公文碑》即刻有"禁约申详，允日刻石，永为定规遵守，庶使人心平服"的文字。同样立于晋祠的万历十七年 (1589)《水利禁令公文碑》，也有类似记载。①清雍正元年 (1723)《断明板桥水利公案碑》亦有"……故此立碑两座。一竖圣母庙，一竖奉圣寺，以垂永久"的记录。②这些"勒石以垂永久"的文字说明，在大量使用碑刻的民间社会，认为通过能够保存永久的碑刻，能够向世人宣示水利秩序，警示民众，避免纠纷的发生，最终真正实现水资源共享的理想。

1. 碑刻用途与所在地的关联

在讨论水利碑刻为何能够成为建立与维护地方水利秩序的重要工具的问题时，仅"水利碑刻具有公开性与权威性"的描述实过于笼统。目前，董晓萍、蓝克利以及田东奎等学者留意到不同的碑刻类型、立碑主体及碑刻放置的不同空间场景对"用碑"行为的实际表意会产生的具体影响。例如，一些重要的水利工程碑会被人们放置在水利工程附近，碑文记录水利工程的发起人和捐助人、参与工程的水利组织，工程的费用和劳役摊派情况等内容，以碑刻记录参与者和水资源情况的形式来宣扬、强调水利工程修建的重要性；在水神庙附近放置碑刻，多与神灵祭祀仪式有关联，有些水利碑还会在每年祭祀时享受到与水利神灵同样的供奉，用祭祀来加强碑力，③这可以理解为身处恶劣环境中、恐惧缺水的农民进行心理强化和自我保护的一种方式。这种做法的目的是通过将碑刻融入祭祀仪式与民俗，使得碑刻与水利制度更加神圣，令人心生畏惧。

---

① 张正明、科大卫、王勇红主编：《明清山西碑刻资料选·续一》，山西古籍出版社 2007 年版，第 185 页。

② 张正明、科大卫、王勇红主编：《明清山西碑刻资料选·续一》，山西古籍出版社 2007 年版，第 200 页。

③ 参见田东奎："水利碑刻与中国近代水权纠纷解决"，载《宝鸡文理学院学报（社会科学版）》2006 年第 3 期。

而记录水利纠纷的讼案碑，为了实现其向村民公示纠纷解决过程，平息争讼以及重申用水规则的目的，可能会被放置在村落的公共活动场所或者宗教祭祀场所中。如立于明嘉靖二十八年（1549）《水利公文碑》以及万历十七年（1589）《水利禁令公文碑》均立于晋祠。一方面，由于这些场所往往是村民集会的重要地点，将水利碑刻安置此处，能够起到令村民周知的作用；而另一方面，碑刻放置空间的重要性也是对碑刻权威性的再次强调，在客观上实现了重申规范重要性以及强化规范效力的效果。

2. 立碑主体、内容与效果

在说明分水制度方面，水利碑刻与水利簿的具体表现形式并不一样。水利簿的篇幅没有限制，因此水利簿会细致而全面地对细节进行规定，内容包括水程划分、水利工程维护、违反水规行为的详细罚则，其规定可以具体到每条支渠、每个村庄乃至每一个水利用户。①而碑刻受限于篇幅，只能对分水制度进行简略地重申。两者尽管都体现了分水制度，但差异在于水利簿并不对外公开，而水利碑刻却是对外公示、展示权威的一种重要方式。

因此，在官府裁决纠纷以后，会选择立碑作为水利规则的宣示工具。《水利公文碑》在记叙了纠纷的发生原因、经过以及裁决结果之后，其中对水程的具体分配与自上而下的灌溉顺序进行了大致的说明，对相关的分水制度和用水规则进行了强调。从碑刻的形式上看，这通碑刻碑额为"水利公文"，正文后的落款为"主簿高蒬、典史张珊、典吏左廷贵"，这意味着立碑行为是官府意志的体现，反映了官府在解决水案之后使用碑刻的目的是向民众再次明确当地的分水制度和用水规则，通过确定权利义务关系来实现定分止争的目的，并向乡村社会宣示官府的统治权威。在这一情景下，碑刻的实际社会效果，通过对立碑地点（晋祠）及公文格式的使用等手段的综合运用得到了扩大。

有时，村落之间也会就水资源分配使用的问题自愿达成协调和安排，目的是避免纠纷，或者是用来落实纠纷协调的结果。这样的契约也会镌刻在碑石之上，周知各方民众，增强水权合同的约束力。其效果的具体实现方式是：通过碑刻这一公开的文字载体，村落之间定下的用水规矩与协议能够获得民

---

① 田东奎："水利碑刻与中国近代水权纠纷解决"，载《宝鸡文理学院学报（社会科学版）》2006年第3期。

众的共同监督，进而促进协议的落实并扩大这一用水规矩的社会基础。

水利碑刻碑虽受制于载体的大小，篇幅有限，但是碑文均会说明水利制度的原则和条规细节，成为某种意义上的法律文书，以后当纠纷再度发生，碑刻就能够成为民众维护用水权利的凭证，也能成为官府援引旧日规范的依据。在灌溉用水紧张，纠纷多发的时候，碑刻也是水利组织人员管理水务、调解纠纷的工具。

因此，碑刻对前文所述的被反复使用和维护的"旧章"具有重要意义。"旧章"的内涵既包括分水制度，也包括过往水利历史事件发生而形成的惯例和规则。正是水利碑刻所处空间的公开性与权威性，这些文字记录得以活化成口耳相传的故事，使得其所载规则能够成为民众接受度较高的可"用"之法。

（二）水利碑刻的认同感

水利碑刻中所记载的"法"，除了国家制定的法律，更多的是民间水利规范。在山西地区民众具体的用水生活以及解决如何用水、水权归属等纠纷问题上，国家层面并没有制定统一而细致的规定。无论是"三七分水"的原则还是更为具体的用水习惯，多是由民间自发生成，并在实际生活中被广泛地遵守和运用，甚至成为官府裁决所援引的依据。通过在水案裁决中的援引，这些民间水利规范获得了官府认可，又以碑刻等文献形式保留下来，融入国家法律规范体系中，作为一种"非制定法"成为治理地方社会的手段之一。

法律的效果不仅取决于国家强制力量的保障，更取决于民众是否自愿遵守规则，是否对法律规则产生认同。托马斯·莱塞尔认为，对于提升法律政策的认同度，发挥作用的是四种要素："第一，利益相关者能够从规则中获得好处；第二，人们实际参与了规范制定的过程，或至少认识到法律规则是公正程序的产物；第三，在社会中占据支配地位的法律文化；第四，作为更高价值尺度的人们的正义感和正义观。"①那么，山西地区长期发挥作用的水利规范究竟如何使民众产生认同感？水利碑刻的使用与民众认同感的形成之间又是怎样的关系？

实际上，对生活在明代山西地区的乡村民众而言，他们大多数并不识字，

---

① ［德］托马斯·莱塞尔：《法社会学基本问题》，王亚飞译，法律出版社 2014 年版，第 21 页。

对国家层面制定的科条律令都感到陌生。与其说他们的规则意识是来自于水利碑刻的"普法宣传",倒不如说是利用碑刻作为载体串联起来的民俗、人情关系和民间习惯规制了民众的行为。因此,即使是作为官府管理行为产物的《水利公文碑》,它对民众所施加的实际影响,不是口号式的对判决结果和用水规则的简单宣传,而是已经通过立碑仪式、宗教信仰、民间习俗等一系列具体形式,塑造着民众对规则的认知。

首先,水利碑刻一般会有对分水原则和具体用水规则的记录,这相当于以一种能够保存良久、富有权威性的方式对水资源的共享原则以及权属进行反复叙说和确认。在水资源短缺的环境下,这对于每一利益相关的用水个体来说都至关重要。其次,水利碑刻是基层民众参与水利公共事务的体现。原因在于,水利碑刻往往被放置在村落的重要公共空间;一些水利工程碑还会详细记录捐献水利者的名录以及钱额数目。这样的做法,使得碑刻成为了民众参与公共事务的记录簿,民众也得以通过碑刻的公示监督水利事务的发展,因而促进了公众的信任感。水利碑刻还汇集了民众情感,"当每个人都能从碑刻上找到自己的名字和捐献金额,无数个人就融入了社区公共事务当中"。①

此外,在识字率并不高的农村地区,诸如《水利公文碑》的文字碑刻的意义传递,很可能不仅仅是通过民众对碑文的阅读。事实上,水利碑刻对用水规则的传播功能是通过对碑刻背后的相关事件反复讲述、口口相传来实现的。因触犯规则而被制裁的事件,更能够加深民众对相关条规的印象。村民间因用水而发生日常纠纷时,渠甲等水利管理人员调停时也需要用到水利碑刻。通过他们的不断讲述,水利碑刻中的"法"已经成为民众用水生活中的重要部分。

综上所述,水利碑刻是官方、水利组织、民众三者互动的结果,水利纠纷解决相当程度符合民间规范。某种程度上看,民众也参与了水利碑刻中"法"的创制。并且,分水制度和用水规则凝聚了民众争水的努力,在一定时期内还是能够兼顾村落之间及用水户之间的用水利益。加之各方对水利碑刻的使用涵盖了祭祀仪式、民间习俗、乡村生活等方面,其权威性和神圣意义更被反复述说。人们生活在水利碑刻的周围,碑刻塑造了他们的道德观念和

---

① 董晓萍、[法]蓝克利:《不灌而治——山西四社五村水利文献与民俗》,中华书局 2003 年版,第 313 页。

整体认知，使得他们凭此对自己身边的人和事进行价值判断。①可以说，碑刻所记录的不仅是水利规条，更是乡村社会生活的价值观。因此，水利碑刻上的"法"自然能够获得民众的认同。

* * *

通过对水利纠纷解决过程中官府、民众、水利组织三方互动关系以及水利碑刻的实际功能进行梳理和分析，能够看到一套行之有效的水利秩序是如何被建立和维持的。在乡土社会，分水规则的形成是各方力量互动的结果，它既有来自官方的认可，也在长期的适用中获得了民众的认同。它在国家法之外生成，又通过官府的适用融合进国家的法律规范体系之中。在民间，它是"活着"的法律。

但分水规则也有其局限性。它能够维持一个相对平衡的用水格局，却不能阻止纠纷的发生。原因在于，分水规则无法在根本上解决水资源不足的问题；且官府不对民间水利事务进行直接管理，而将具体的管理权力交给民间自生的水利组织。这一管理方式虽然能够维持国家对基层社会的控制并保证赋税，但却也因为监督机制的缺失，渠甲滥用权力，豪强把持地方，最终导致争讼不息。本文着重探讨的嘉靖二十八年（1549）《水利公文碑》正是例证之一。在水利碑刻的辅助下，水利规则被铭记和反复适用，其权威性和重要性日渐增强，成为官府主持解决纠纷、民间水利组织协调纠纷时所适用的"旧章"。然而"旧章"未必能应对不断变化的环境，也无法彻底解决水资源供求之间的矛盾。一味适用"旧章"反倒加剧了水资源的分配不公，因此纷争愈演愈烈。

无论是纠纷的发生，还是水案的解决，其过程都离不开对碑刻的使用。水利碑刻是民间社会水利事务自我管理的工具，是官府介入民间的重要连接点，也是使水利秩序在"出生"以后得以"落地"的重要媒介。水利碑刻的存在，使得无论是国家层面的律令科条，还是民间自生的水利规则，都不仅停留于"规范"的层面，而是在现实当中被频繁地适用，成为司法者与维权者都可调动的法律资源。

最重要的是，水利碑刻的意义不仅在于铭刻和记录，而在于其"用"。水

---

① 田东奎："水利碑刻与中国近代水权纠纷解决"，载《宝鸡文理学院学报（社会科学版）》2006年第3期。

利碑刻的背后形成了一套复杂的运作方式，通过立碑仪式、宗教信仰、民间习俗等从各方面渗透进了民众的生活，形成用碑风俗，并承载起用水民众的道德观念甚至荣耀情感。在这一意义上，水利秩序与社情民意之间的阻隔被成功地消解了。因此，在碑刻故事的代代相传中，纵使水利碑刻已经不再续立，但碑刻依然能以其他形式存活下来。

明《东晋湖塘闸口记并批文碑》 探析

朱子惠*

【摘 要】嘉靖三十四年（1555）《东晋湖塘闸口记并批文碑》记载了明代大理府赵州东晋湖塘水利纠纷和修建湖闸事宜。碑阳以散文、对话的形式记事，赞颂了潘知州和宋千户兴修水利、固本泽民的德政。碑阴刻公文，表明修建湖闸、维护积水灌溉的"定规"是经过官府许可确认的。公文中并行有五个批文，其中四个为不同的"道"级机关发出。五个批文主体虽都对大理屯田水利事宜具有管理权，但实质上主次有别。将所有批文都刻石立碑，意在表明本案处理已经过所有主管和相关部门的同意，不存在异议，以增强公信力。东晋湖塘修建湖闸一事受此重视，是因其灌溉所及田亩和税粮众多，湖塘系统对当地频繁的灾害有更强的适应和调节能力。

【关键词】水利碑；批文；道；东晋湖

一、碑文整理及碑石命名

"赵州在大理府之南"①，"为大理咽喉"②。东晋湖是赵州境内最为著名的湖泊，水源丰富。明初军田屯垦时加以修整利用，③嘉靖年间设湖闸以资灌溉。

嘉靖三十四年（1555）十二月刻立的《东晋湖塘闸口记并批文碑》，现存于云南省大理市凤仪镇红山村本主庙，碑圆首，通高 146 厘米，宽 63 厘

---

* 朱子惠，中国政法大学 2020 级历史文献学专业硕士研究生。

① （清）陈钊镗修，李其馨等纂：《（道光）赵州志》卷一《疆域》，成文出版有限公司 1975 年版（本书出版信息以下省略），第 97 页。

② （明）庄诚纂：《万历赵州志》卷一《地理志》，大理白族自治州文化局 1983 年版（本书出版信息以下省略），第 12 页。

③ 凤仪志编纂委员会编：《凤仪志》，云南大学出版社 1996 年版，第 65 页。

米。现根据《赵州志》①《大理丛书·金石篇》②及《云南水利碑刻辑释》所载图文③，将碑文按格式整理如下。

（一）碑阳录文

【碑额】

湖塘碑记

【碑文】

01 建立赵州东晋湖塘闸口记

02 赵州治东北十五里许有陂堰一区，南北亘十里，东西约五里。中有九泉，冬夏不涸。在古为潴水之湖，冬蓄夏泄，

03 以灌栽插。军田则大理卫后所④资之，民田则赵州草甸里三村资之。今观湖之南有埂，坚厚广博，古人垂远之意，

04 巍然在目。凿穴一区为桥，以关启闭，信为陂堰无疑矣。但名为东晋，不知所考也。弘治初，分巡林公⑤曾鬻之以城，

05 赵州民厄于灌，复酿金赎之。然湖之势西深东浅，水落湄地⑥可以播艺。湖之东汉邑村民利之，与掌湖口者为弊，

06 暮闭夙启，于是水蓄不足者有年。嘉靖癸丑屯军溯于当路，求分河水为灌，乃付赵守坤泉、潘公议之。潘公审斯

07 弊也久矣，乃哂之曰：是犹衣带有珠而不知，乃丐食于人者乎。审于众曰：湄田之利与灌溉之利孰广？治河之力

08 与堰之力孰简？河之水及与湖之水及孰多？然则何不求之湖？遂

---

① （清）陈钊铠修，李其馨等纂：《（道光）赵州志》卷四《艺文》，第 489-492 页。

② 杨世钰、赵寅松主编：《大理丛书·金石篇》卷二，云南民族出版社 2010 年版（本书出版信息以下省略），第 715-717 页、第 728-730 页。

③ 赵志宏：《云南水利碑刻辑释》，民族出版社 2019 年版，第 1 页，第 35-38 页。

④ 大理卫，在府治南，洪武十五年（1382）建。内有经历司、镇抚司，外有左、右、中、前、后、中左、中右、中前，左前、太和十千户所，正、副千户六十九人。参见（明）李元阳纂修：《万历云南通志》卷七《兵食志》，载杨世钰、赵寅松主编：《大理丛书·方志篇》卷一，云南民族出版社 2007 年版（本书出版信息以下省略），第 375 页。

⑤ 指云南按察司副使林俊，参见碑阴第 5 行。

⑥ 湄地：湄，河岸，水与草交接的地方。此处指因季节等原因，水退下后露出可以播种的田地。

解之曰：民不知义，为无觉者以诲之；法不能远，

09 为无当心者以忧之；民无所威，为无严以□①之。何谓无觉？今夫人则知自利，不知利人。自利者，神嫉之；利人者，神

10 听之。云何曰旱潦、曰疫病、曰争讼、曰虫荒、曰盗贼、曰灾眚、曰饥馑、曰夭札□②类，不生是已。然则与湄田之利孰强？

11 诚知此必不肯以一己而防群众也。何谓无当心？譬之人家不相犯者，谓各有主也。今湖专于后所之掌，思以防

12 之卫之如治家然，其谁敢侮！何谓无严？《易》曰"谩藏诲盗"③，盖盗本无心，因谩而有心，是以谩诲为盗也。苟湖口之关，

13 如他处闸口之密诡焉，得而伺之。于时掌所千兵宋君胤闻而作曰：吾媿④矣！吾媿矣！乃谢于潘公之门，唯公所诏

14 是从，愿竭力输财无难也。曰：有是哉，事可济矣！复于当路许可。于是宋君请匠于邻邑，购财于山谷，凿石为池，如

15 楼之制。楼之□⑤石为孔，三孔各置一桩，上为锁钥以扃之。由是水无漏泄，启闭有时，垂之亿年，犹一日也。是时潘

16 侯受曲靖秩五月矣。又明年乙卯，潘侯往曲靖，水利大兴，民思之。宋君谓石园子曰：子其被水之利，其深知潘侯

17 者乎？余曰：窃有志，恐以私而累侯之德也，有命其乌辞。乃稽首貤言曰：养民者，农事为本，水利为急，陂堰为美。有

18 自然之利，而民不被其泽者，无忧国者以为之也。潘侯破群迷之见，察起弊之源，开成务之宜，竭心思之巧，仁政

19 弥于上下，此则见诸一端。宋君承而荷之，则斯民粒食之报，在颂祷者，自引于无尽也，是为记。

20 嘉靖三十四年乙卯冬十二月吉日，石园子韩宸稽首谨识。

---

① 原碑此处损毁，《大理丛书·金石篇》录为"诚"，《赵州志》录为"畏"。
② 原碑不清，《赵州志》录为"之"。
③ 出自《周易·系辞上》。"谩"，通"慢"，慢藏诲盗，若慢藏财物，守掌不谨，则教诲于盗者，使来取此物。参见（魏）王弼注，（唐）孔颖达疏：《周易正义》，载李学勤主编：《十三经注疏》，北京大学出版社1999年版，第279页。
④ 媿，同"愧"。
⑤ 原碑不清，《赵州志》录为"坂"，《云南水利碑刻辑释》录为"凿"。

（二）碑阴录文

01 大理卫后千户所为申明旧制水利永为遵守事。奉

02 云南按察司分巡临元道带管屯田水利佥事欧　批①：据本所申②：
准掌印管屯千户③宋胤关④：案据本所百户徐镗等伍，并赵

03 州草甸里军民李瓒、尹缙绅等连名告称：洪武年间设有东晋
湖塘一区，每遇九月九日闭塞湖口积水，至五月五日，三次

04 开湖放水，灌溉六百户并本里军民田地千万余亩，已成定规。
后弘治二年内，蒙

05 云南按察司副使林爷按临，筑砌赵州城墙。因乏工料，将前
湖卖与豪舍陈达等开种为田，致使军民无水栽插田荒告。蒙

06 巡按⑤刘爷并守巡道⑥毛、周俱亲诣湖所踏勘明白，责令瓒等
父祖用水人户照亩出钱，共银一千三百二十四两五钱，给还

07 买湖陈达等将湖赎出，仍旧积水灌田，刻碑在州。后被邻住
本州汉邑村豪民杨求、杨廷玉、马能显、父叔马安等捏报，并利

08 用船载土，填筑高埂成田种食，阻塞水道。及至九月九日闭

---

① "批，唐代君主可否其臣工之疏奏曰批……唐玄宗初置翰林诏，掌四方批答，后乃谓之批者，臣下间得用之。而批答二字，则专属之王言，宋明因之。"参见徐望之编著：《公牍通论》，档案出版社 1988 年版（本书出版信息以下省略），第 20-21 页。

② "申，卑衙门及属司行上司衙门之文。"参见［日］前间恭作训读，末松保和编纂：《训读吏文·吏文辑览附》，极东书院 1942 年版（本书出版信息以下省略），第 317 页。"申为文书之名，起于宋时。元各部对于尚书省用申状。明因之，凡县上府州，各州上府，及按察直隶府州上六部，皆用申状。"参见徐望之编著：《公牍通论》，第 24 页。另《明会典》"行移署押体式"中有"申状式"，并列举了具体的使用情境。参见（明）申时行等修：《明会典》卷七六《行移署押体式》，中华书局 1989年版（本书出版信息以下省略），第 443 页。

③ "（洪武）七年（1374）申定卫所之制……每卫设前、后、中、左、右五千户所，大率以五千六百人为一卫，一千一百二十人为一千户所，一百一十二人为一百户所，每百户所设总旗二人，小旗十人。""凡千户，一人掌印，一人佥书，曰管军。"参见《明史》卷七六《职官五》。

④ "关，通也，由此以达彼谓之关。唐《百官志》载诸司自相质问，其一曰关，宋明因之。"《宋书·礼志》载关文程式，《明会典》载平关式。参见徐望之编著：《公牍通论》，第 21 页。"关，三品以下，凡品级相同衙门相通之文也。"参见［日］前间恭作训读，末松保和编纂：《训读吏文·吏文辑览附》，第 323 页。

⑤ 巡按御史，中央派往地方的监察官员，负责审录罪囚、受理词讼、监察地方官员等。参见《明会典》卷二一〇《出巡事宜》，第 1048-1051 页。

⑥ 守巡道为分守道与分巡道的合称。

塞，恃称有粮，又不容填塞。以致水积微少，军民不能栽种，田荒

09　　粮累，寒苦逃移，不可胜数。自本州到任以来，悉知前弊，又见军舍①吴凤翔、李润等，各于塘口水源起盖碓砲，图利窃水。蒙痛

10　　自禁革，民便稍通。伏望再乞②移文③，作为经久，庶后纷扰等情④。到职⑤，切照屯种以水利为本，先被豪徒霸阻，今承潘知州不畏

11　　势豪，将各犯枷号责治。卑职既叨管屯责任，须要处于将来。乘今农隙之时，本官比照先委勘筑洱海卫青龙坝湖塘，修砌

12　　闸口，下锭石篆，依期起落闭放事规，每岁佥揭余丁二名看守。督匠会估，共用银一十八两。本官将本州赃罚，动支一十一

13　　两二钱，责令旗军田章、马相等，收买木植、砖石、灰瓦等项，其不敷工食银六两八钱，卑职将俸粮借措，供应匠作。见今修筑，

14　　若不申请明示，恐潘知州升任，卑职庸薄，又被杨求、马能显等积袭故弊，仍将闸口暗挖，不容依期开闭，军舍吴凤翔、李润

15　　等复盗水源，未免湖水浸散，军民仍又失望。合候呈详，允日会同本州，建立石碑，将呈允明文刻字竖立塘口，永为遵守。及

16　　严行禁约，杨求、吴凤翔不致霸阻侵占偷挖，结状在官，屯粮不致贻累。缘未申禀，不敢擅专。为此，合关前去，须为备达施行。

17　　准此，（疑）［拟］合通行。为此，除申呈府卫外，今将前项缘由，卑所理合备申，伏乞⑥照详施行。奉批⑦：屯田以水利为急。今潘知州修复

18　　水利，禁治奸恶，其惠溥矣。石筑闸口，依期起闭，揭丁看守，

---

① 军舍指卫官子弟，亦称"舍人""舍余"。卫官多为世袭，军舍补应公差。在云南，此辈多纨绔子弟，往往有不守法纪之徒。参见方国瑜：《明代在云南的军屯制度与汉族移民》，载林超民编：《方国瑜文集》第三辑，云南教育出版社 2003 年版，第 167 页。

② 伏望再乞，谦辞，希望再次收到。

③ 移文，明清时期平级衙门的往来文书之一；也用来泛称向其他平行机关和下级机关发出文书。此处应指后者。

④ 等情，表明引文结束的用语。一般用于所引叙来文、口头陈述的结尾。

⑤ 到职，表示其他衙门的文书到本衙门处的用语。职，下官在上官面前的自称，如卑职。

⑥ 伏乞，谦恭地请求。卑衙门向上司发出的上行文书中，表示对上官有所请求的用语。

⑦ "奉批，下级机关向上级呈送的文书中，表示接到上级批语的用语。凡下级接到上级批示，用此语引叙批文内容，下面照录批语。"参见刘文杰：《历史文书用语辞典（明、清、民国部分）》，四川人民出版社 1988 年版，第 79 页。

立碑禁约，俱如议行。敢有将闸暗挖，起盖碓磑，霸阻侵占，及杨求、

19　吴凤翔等仍肆偷占者，许指名申道，以凭拿问重治。仍行该州一体严禁，此缴①。行间，又奉

20　云南布政司分守金沧道左参议崔　批：据本所申同前事，奉批：如拟刻石立碑，以垂永久。如有阻霸者，重治枷号。又奉

21　钦差整饬澜沧、姚安等处兵备云南按察司副使周　批：据本所申，奉批：仰潘知州即查报缴②。又奉

22　钦差整饬金腾兵备、兵备带管分巡金沧道云南按察司副使李　批：仰州查报缴。又奉大理府批：仰该州作速立碑，以垂永久。

23　嘉靖三十四年乙卯冬十二月吉日，大理卫所掌印管屯千户宋胤立。总小旗田章、李瓒、徐锐、董茂、尹缙绅、

24　　　　　　　　　　　袁杰、马相、马良，旗吏承大有书丹。

（三）碑文结构与碑石定名

本碑碑额为"湖塘碑记"，碑阳为举人韩宸撰写的《建立赵州东晋湖塘闸口记》，碑阴为《大理卫后千户所为申明旧制水利永为遵守事》的公文。现将碑文具体结构整理如下（表1）。

表1　碑文结构表

碑额	湖塘碑记	
碑阳	第1行	建立赵州东晋湖塘闸口记
	第2—5行	东晋湖塘的自然情况和历史背景
	第6—13行	面对汉邑村民与掌湖口者的矛盾，潘知州的看法
	第14—15行	千户宋胤听从潘知州的建议，组织修建湖闸

---

①　"此缴，言送此而销缴者也"，"缴者，上司有行下之事，下司奉行事毕后回报上司之谓"，参见［日］前间恭作训读，末松保和编纂：《训读吏文·吏文辑览附》，第377页、第338页。

②　笔者认为，此虽是千户所申文，但批文都是让潘知州"报缴"。一是因为千户宋胤的两条请求刻石立碑和严行禁约，都需要借助知州的力量来实现；二是州为各道和大理府的下级机关，千户属于卫所系统，事毕回报监督等行政事宜交由州更为适当。

碑额		湖塘碑记
	第16—19行	韩宸撰文原因：赞颂潘知州和宋千户的德政
碑阴	第1—2行	大理卫后千户所"为申明旧制水利永为遵守事"上书
	第3—4行	洪武年间，东晋湖塘按时积水和放水的"定规"
	第5—7行	弘治时，湖被官卖，后用水人户照亩出钱赎回
	第8—10行	汉邑豪民和军舍霸阻，潘知州惩治
	第11—13行	千户宋胤组织修建湖闸并设丁看守
	第14—22行	刻石立碑的原因及批文

如表1所示，本碑碑阳与碑阴虽为东晋湖闸一事同时刻立，但刻立目的有所不同。碑阳是面向看到湖塘、湖闸和碑石的普通大众及后人，以散文、对话的方式记事，赞颂了潘知州和宋千户兴修水利、固本泽民的德政。碑阴针对的是现在或将来试图破坏湖闸、破坏积水灌溉"定规"的人，以刻立公文的方式，表明了修建东晋湖闸所维护的积水灌溉"定规"，是经过逐级官府许可确立并长久施行的。"仍肆偷占者，许指名申道，以凭拿问重治"和"如有阻霸者，重治枷号"等，说明州府对偷占、霸阻等"故弊"有权追究惩治。

《赵州志》载录《建立赵州东晋湖塘闸口记》，未见碑阴内容，亦无碑阳第20行的刻立信息，结束于"是为记"，一些文字细节与碑文稍有出入。① 《大理丛书·金石篇》和《云南水利碑刻辑释》均分别载录碑阳与碑阴，均将碑阳命名为《建立赵州东晋湖塘闸口记》，碑阴命名为《大理卫后千户所为申明旧制水利永为遵守事碑》。其中《云南水利碑刻辑释》在《大理卫后千户所为申明旧制水利永为遵守事碑》的注释中标明"此碑为'建立赵州东晋湖塘闸口记'之碑阴"，而《大理丛书·金石篇》未标明。②虽然将碑阳、碑阴分别载录，甚至"将刻于同一碑石的数封公文分散载录，是传统金石著述较惯常的做法"，③但于本碑而言，碑阴以公文惯用语式命名，未能体现文种；

---

① （清）陈钘镗修，李其馨等纂：《（道光）赵州志》卷四《艺文》，第489—492页。

② 详见杨世钰、赵寅松主编：《大理丛书·金石篇》卷二，第715—717页、第728—730页；赵志宏：《云南水利碑刻辑释》，民族出版社2019年版，第35—38页。

③ 李雪梅：《昭昭千载：法律碑刻功能研究》，上海古籍出版社2019年版，第74页。

命名过长，与碑阳突出的"东晋湖塘"缺乏关联，容易疏漏；二者同时刻立，合并命名更能体现本碑的整体性。故笔者主张命名为《东晋湖塘闸口记并批文碑》更为合适。

二、碑阴所载公文考释

（一）碑阴所载公文结构与层次

碑阴是一篇（组）关于东晋湖闸相关规制的公文，结构如图1所示。

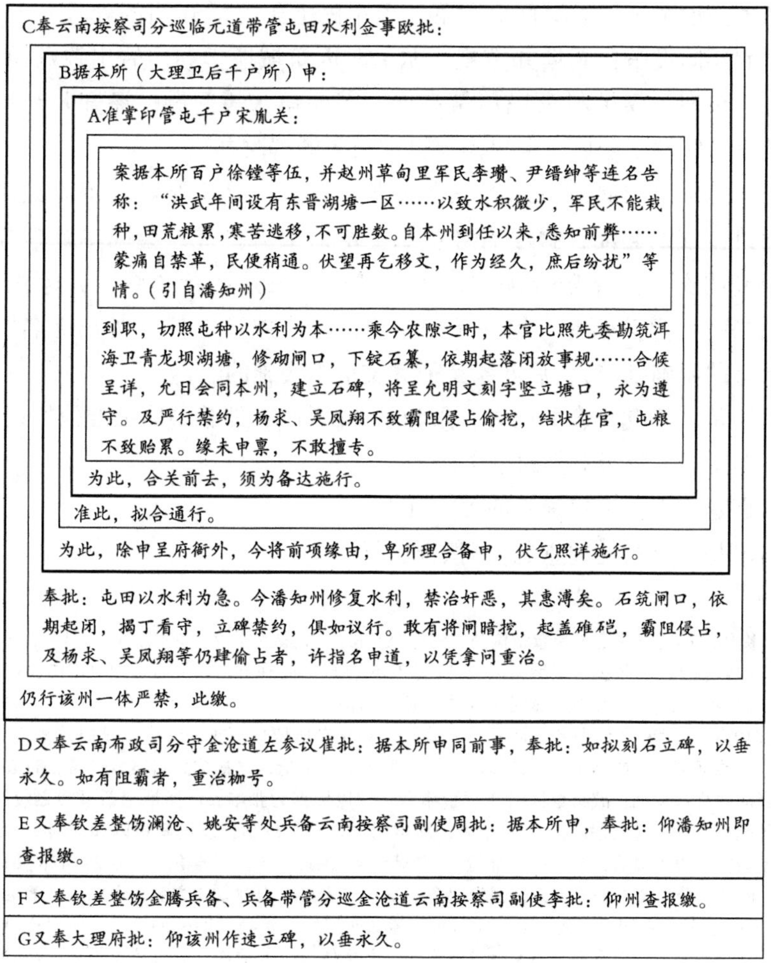

C奉云南按察司分巡临元道带管屯田水利佥事欧批：

> B据本所（大理卫后千户所）申：
>
> > A准掌印管屯千户宋胤关：
> >
> > > 案据本所百户徐鐘等伍，并赵州草甸里军民李瓛、尹绶绅等连名告称："洪武年间设有东晋湖塘一区……以致水积微少，军民不能栽种，田荒粮累，寒苦逃移，不可胜数。自本州到任以来，悉知前弊……蒙痛自禁革，民便稍通。伏望再乞移文，作为经久，庶后纷扰"等情。（引自潘知州）
> > >
> > > 到职，切照屯种以水利为本……乘今农隙之时，本官比照先委勘筑洱海卫青龙坝湖塘，修砌闸口，下锭石篆，依期起闭放свет水规……合候呈详，允日会同本州，建立石碑，将呈允明文刻字竖立塘口，永为遵守。及严行禁约，杨求、吴凤翔不致霸阻侵占偷挖，结状在官，屯粮不致贻累。缘未申禀，不敢擅专。
> >
> > 为此，合关前去，须为备达施行。
>
> 准此，拟合通行。
>
> 为此，除申呈府衙外，今将前项缘由，卑所理合备申，伏乞照详施行。
>
> 奉批：屯田以水利为急。今潘知州修复水利，禁治奸恶，其惠溥矣。石筑闸口，依期起闭，揭丁看守，立碑禁约，俱如议行。敢有将闸暗挖，起盖碓磑，霸阻侵占，及杨求、吴凤翔等仍肆偷占者，许指名申道，以凭拿问重治。

仍行该州一体严禁，此缴。

D又奉云南布政司分守金沧道左参议崔批：据本所申同前事，奉批：如拟刻石立碑，以垂永久。如有阻霸者，重治枷号。

E又奉钦差整饬澜沧、姚安等处兵备云南按察司副使周批：据本所申，奉批：仰潘知州即查报缴。

F又奉钦差整饬金腾兵备、兵备带管分巡金沧道云南按察司副使李批：仰州查报缴。

G又奉大理府批：仰该州作速立碑，以垂永久。

图1　碑阴公文结构与层次示意图

　　该件公文主体部分从内到外分为 A、B、C 三个层次，最外层的 C 为"云南按察司分巡临元道带管屯田水利佥事欧"下发的批文，中间装叙了 B"大理卫后千户所"的申文和 A"掌印管屯千户宋胤"的关文。下面还附有 D 云南布政司分守金沧道左参议崔、E 钦差整饬澜沧、姚安等处兵备云南按察司副使周、F 钦差整饬金腾兵备、兵备带管分巡金沧道云南按察司副使李、G 大理府的批文。主体部分的每个层次都形成非常典型的"依据、引申和归结三段结构"①。

　　A 为千户宋胤发给大理卫后所的关文。

　　依据是前案②：本所百户和草甸里军民上告时潘知州的处理。上告中回顾了洪武年间设东晋湖塘并定规、弘治时因筑城墙卖湖、后出钱赎回并刻碑的经过，出现了汉邑村豪民填筑高埂、军舍窃水等问题，潘知州严行痛治。这虽然稍微缓解了矛盾，但仍需要更为长久的解决办法。

　　引申是千户宋胤所提出的三条长久之计：一是比照洱海卫青龙坝湖塘，修砌闸口，依期起闭，揭丁看守；二是申请上官批准，会同本州建立石碑，将"呈允明文"刻字竖立塘口，永为遵守；三是严行禁约，让豪民、军舍"结状在官"，严防再犯。第一条宋千户已经实施了（但"师出无名"，需要得到上官的明确批准），后两条是他关文请求实施的。

　　归结是"为此，合关前去，须为备达施行"，即希望能批准他的请求。

　　B 为大理卫后所上行的申文。

　　依据是来文：千户宋胤的关文（A）。

　　引申是后所的处理意见："拟合通行。"

---

　　① 徐望之的研究奠定了装叙结构公文的研究基础。"他认为公文大多以依据、引申和归结三段结构而成，即先叙述发文依据，然后据以推导、引申出合理的处理方法，最后再加以归结，提出行文目的要求。"参见沈蕾："清代官府往来文书的装叙结构分析——以〈葆亨咨文〉为例"，载《档案学通讯》2019 年第 3 期。"依据者，即凡行一公文，必先有所依据。或据法令，或据前案，或据先例，或据理论，或据事实，或据来文，诸如此类，皆为本文引论列之根据。盖案皆可考，言必有征，此治公牍者应守之规律也，故首重依据。""引申者，即以依据为张本，从而推论新事实之应如何处理，引申种种确切不可颠覆之理由。""归结者，即本引申之种种理由，以定其所以如此命令，或如此请求，以使对方不得不遵从，或不得不准行。"参见徐望之编著：《公牍通论》，第 127-128 页。

　　② 此处划分为关文的依据为，因为"等情"一词紧接于引述来文之后，说明其前面的内容为引文，"本州"自然指潘知州，故此部分应为转引潘知州严行痛治处理旧弊的文书，所以说是前案。前案虽可单独分为一层，但联系上下文，这是本件公文主体内容的前提，故直接作为依据而非单独一层更为合适。

归结是申文的目的："伏乞照详施行。"此处提到，申文一是"申呈府衙"，与后文收到 G 大理府的批文相对应；二是"理合备申"，按公文外层推测是申云南按察司分巡临元道等。

C 为云南按察司分巡临元道下发的批文。

依据是来文：大理卫后所的申文（A+B）。

引申是分巡道的处理意见：一是同意来文的请求："石筑闸口，依期起闭，揭丁看守，立碑禁约，俱如议行"；二是在此基础上提出：如果还有肆意偷占者，允许指名申道，拿问重治。

归结是发文目的：要求该州按照文书严行禁约，并在事毕后回报处理结果。

《明会典》所载的"行移署押体式"中，并不包含批文。[①]学界在对明代公文文种的研究中，对批文展开解读的也不多。徐望之在《公牍通论》中论述此名称源于隋唐："批，唐代君主可否其臣工之疏奏曰批……亦曰批答，唐玄宗初置翰林诏，掌四方批答，后乃谓之批者，臣下间得用之。而批答二字，则专属之王言，宋明因之。"[②]《吏文辑览》中解释："批文，即批差之文也"，"批差，给批文而差遣也"。此处存在循环解释，读之不能释疑。又见"批呈，上司于下司呈文之尾，批写公事以送，谓之批呈"。[③]刘文杰的解释是："奉批，下级机关向上级呈送的文书中，表示接到上级批语的用语。凡下级接到上级批示，用此语引叙批文内容，下面照录批语。"[④]陈龙在《明代公文文体述论》中提到："批付。是对一人一事的命令，指令承办或委任专责，多用于批给下属吏胥承人某些事务。如批差人递送公文、递解和逮捕人犯、传呼和拘唤人证等。批付是要求交回的，凡承办吏胥人等在办完批付规定的事件后，要到州县官那里销批。销批要有回文，即在批上签字注明，如无回文，则不能销批。批付还有期限，违限不交或限内未完事者，要受处罚。"[⑤]综上所述，"批文"主要指上司于下司呈文之尾所写的批语，用于批准或指示下司对公事进

---

① 《明会典》卷七六《行移署押体式》，第 441–446 页。

② 徐望之编著：《公牍通论》，第 20–21 页。

③ ［日］前间恭作训读，末松保和编纂：《训读吏文·吏文辑览附》，第 349 页、第 341 页、第 376 页。

④ 刘文杰：《历史文书用语辞典（明、清、民国部分）》，四川人民出版社 1988 年版，第 79 页。

⑤ 陈龙："明代公文文体述论"，载《兰台世界》2010 年第 19 期。

行处理，通常需要事毕后回复处理情况。其使用的主体较为多样，场景较为灵活。

前文提到，公文主体批文 C 之下还附有四个批文，其内容较为简洁且大致相似，主要是立碑和报缴。除 G 为大理府外，D、E、F 均为不同的道级机关。C 分巡临元道带管屯田水利、D 分守金沧道、E 澜沧、姚安兵备道、F 金腾兵备带管分巡金沧道，四道的管辖范围包含临元、金沧、澜沧、金腾等不同区域，为何都对大理赵州修建东晋湖闸事下发批文？

（二）碑文所涉各道的管理权

明代的道最初是作为布政使司和按察使司的派出机构出现的。①分巡道起源于分道按察，②最初的"主要任务是：问录刑囚，澄清吏治，整饬纲纪"，③后逐渐涉及地方行政事务。"兵备道官的出现，与仁、宣二朝抑制武臣有关。按察司副使、佥事加'整饬兵备'衔后，即为整饬兵备道官。"明中叶以后，各地普遍设置兵备道，驻地多设于险要之处。④"布政使掌一省之政……参政、参议分守各道，及派管粮储、屯田、清军、驿传、水利、抚民等事"⑤

云南布政司主要设安普、临元、洱海、金沧等分守道⑥；云南按察司主

① 何朝晖："明代道制考论"，载《燕京学报》新 6 期，北京大学出版社 1999 年版，第 52 页。

② "明初，置提刑按察司……（洪武）十四年（1381）置各道按察分司……二十九年（1396）改置按察分司为四十一道"，"副使、佥事，分道巡察，其兵备、提学、抚民、巡海、清军、驿传、水利、屯田、招练、监军、各专事置"。参见《明史》卷七五《职官四》。

③ 李国祁："明清两代地方行政制度中道的功能及其演变"，载《近代史研究所集刊》1972 年第 3 期。

④ "兵备道的形成实是仿宋代文人领兵之遗意，以文职监督武职。初时为权宜措施，久则变成一种制度"，"兵备道的本职主要为敉平民乱、防御外患、抵御倭寇、江湖防备，兼职有整饬文教、兴修水利、修筑城墙、审理词讼等。"参见谢忠志：《明代兵备道制度——以文驭武的国策与文人知兵的实练》，花木兰文化出版社 2011 年版，第 148-149 页、第 61-126 页。

⑤ 《明史》卷七五《职官四》。

⑥ 因道级机关的灵活性，不同时期所设置的道和辖区可能有一定调整，且注意区别分守道与分巡道。"云南等处承宣布政使司，左布政使一人，右布政使一人，分守安普道左参政一人，督粮盐法右参政一人，分守临元道右参政一人，督理银场右参政一人，分守金沧道左参议一人，分守洱海道右参议一人。"参见（明）李元阳纂修：《（万历）云南通志》卷五《建设志》，载《大理丛书·方志篇》卷一，第 322 页。"十三布政司分辖道……云南：分道四。安普道辖云南、曲靖、寻甸三府；临元道辖澄江、临安、广西、广南、元江五府及新化州；洱海道辖姚安、楚雄、武定、景东、镇沅五府；金沧道辖大理、永昌、鹤庆、丽江、顺庆、永宁、蒙化七府及北胜州。"参见（清）龙文彬纂：《明会要》卷七三《方域三》，中华书局 1956 年版，第 1404 页。

要设安普、临元、金沧、洱海分巡道和金腾、澜沧、临安、曲靖兵备道。①

C "分巡临元道带管屯田水利欧佥事" 为公文的主要发文主体。结合文献和地图，即发现临元道驻澄江府，与大理府相距甚远，且大理府驻有金沧道，此事本不应由临元道管辖。但欧佥事不仅分巡临元道，还带管屯田水利。永乐年间，云南按察司增佥事一员，专管盘查军卫屯粮。此云南屯田道设置之始，正统时期，扩展为管理全省屯田事务。因屯田道与水利道关系密切，故有的合并为屯田水利道。后来随屯田制度衰落，屯田道事务多由分巡道和兵备道兼管。②欧佥事即为分巡道带管屯田水利，此处明显屯田水利事务的管辖范围超过了其分巡所辖。本案事关军民屯田和水利设施建设，故欧佥事为最主要的管理和发文机关。

D 崔参议分守金沧道，辖大理府，分守掌一道之粮田民政。本案事关军民屯田水利，故有权下发批文。

E 澜沧、姚安等处兵备副使周，据《滇志》载："澜沧兵备道，驻洱海。"由图2即知，洱海与大理府紧紧相依。周副使钦差整饬兵备，为军队筹措粮草是其重要职责。本案中东晋湖塘的灌溉事涉军屯，事关军队粮草供应，故周副使有权管理。

F "金腾兵备带管分巡金沧道" 属于较为特殊的兵巡道。"兵备道的正式官方全衔一般为'钦差整饬兵备某道按察司副使或佥事'"，而兵备带管分巡即为"兵巡道"。"许多兵备最初是由分巡兼任或析出，随着时间愈后，兵备道因乱事愈设愈多，造成朝廷必须淘汰冗员。兵备道由于职掌军务，权责较重，以致于众多分巡道被撤并，遂有'兵巡道'之名。"③李副使整饬金腾兵备带管分巡金沧道，虽然"金腾兵备道，驻永昌"，但"分巡金沧道，驻大理"，既带管分巡金沧道，就对大理事务具有管理权。

---

① "云南等处提刑按察司，按察使一人，清军屯政副使二人，提督学校副使一人，金腾、澜沧、临安、曲靖兵备副使四人，安普、临元、金沧、洱海佥事四人。"参见（明）李元阳纂修：《（万历）云南通志》卷五《建设志》，载杨世钰、赵寅松主编：《大理丛书·方志篇》卷一，第322页。"分巡安普道，驻省城。分巡临元道，驻澄江。分巡金沧道，驻大理。分巡洱海道，驻楚雄。金腾兵备道，驻永昌。澜沧兵备道，驻洱海。临安兵备道，驻临安。曲靖兵备道，驻曲靖。"参见（明）刘文征撰，古永继校点：《滇志》，云南教育出版社1991年版，第179-180页。

② 何珍如："明代的道"，载《中国历史博物馆馆刊》1991年第00期。

③ 谢忠志：《明代兵备道制度——以文驭武的国策与文人知兵的实练》，花木兰文化出版社2011年版，第6-7页、第131页。

赵州修建东晋湖闸一事，收到多道批文，虽体现了屯田水利事宜的重要性，但公文本身有明确的主次关系。C 分巡临元道带管屯田水利是此事的主管上级，对本案中的屯田水利事务有直接管辖权。上文分析 D、E、F 三道和 G 大理府是相关上级部门，都对大理屯田水利事宜有一定管理权①，故都下发批文表达本司意见。将所有批文都刻石立碑是为了表明本案已经过所有主管和相关部门的同意，没有任何异议，以增强其公信力。

（三）东晋湖塘水利灌溉系统的重要性

东晋湖塘水利灌溉系统的重要性，一方面是由于湖塘所灌溉之田对赵州和大理卫而言万分紧要；另一方面是大理受季风影响，旱涝灾害频发，又位于地震带②上，地质灾害频繁。故稳定的水库型灌溉水源十分重要。

东晋湖塘所灌溉的田亩数量很大。据碑阴 3—4 行载"洪武年间设有东晋湖塘一区，每遇九月九日闭塞湖口积水，至五月五日，三次开湖放水，灌溉六百户，并本里军民田地千万余亩，已成定规"，可知东晋湖塘之水灌溉六百户，军民田地千万余亩。"千万余亩"是个概数，需要更切实的数据。据天启四年（1624）《大理府赵州为乱制侵占官湖事》载："东晋之设也，灌溉七村军田一里三千八百户，年计税粮三千三百余石。"据崇祯二年（1629）《大理府赵州为变制事》载："灌溉草甸一里并后所八百户，七村军民田地万顷，税粮约计五千余石"，"蒙本州州同丁仁庆亲诣踏勘，看得湖塘之设闸积水，从来久矣…湖外七村一里所需灌溉军民田亩不啻万亩"。③灌溉的户数和田地记载虽有所变化，但可以看出东晋湖塘所灌溉的田亩数是非常大的。

据明《赵州志》载，"赵州夏税：万历十年（1582），勘合履亩…每年实该额征夏税一千三百四十石四斗八升九合九勺，每年实该额征秋粮二千五十七石一斗九升四合一勺二抄"，④合计赵州税粮每年约三千三百九十七石六斗

---

① 笔者认为，四道的职能和辖区有重复之处，因分巡道、兵备道和分守道设立目的和隶属部门不同，又有相互监督的性质，故辖区有所交错。一定程度上也体现了嘉靖时期云南道级机关的冗杂。

② 云南位于喜马拉雅地震带上，即印度洋板块和亚欧板块碰撞挤压。其中中甸—大理地震带是云南强震活动集中带之一。

③ （明）庄诚纂：《赵州东晋湖志》，道光三十年刊七村藏版。《赵州东晋湖志》与《东晋湖志（续修）》合为一本，现藏于云南省大理州大理市图书馆，辑录了从明弘治十四年（1501）至清道光二十八年（1848）间，官府历年处理东晋湖塘水利纠纷的碑刻与公文。

④ （明）庄诚纂：《万历赵州志》卷二《赋役志》，第 41 页。

余。当然这仅仅是赵州的，大理卫的不包含在内。大理卫在赵州的具体税粮暂不明，但可以参考其兵储。"兵储：赵州境内，坐大理卫三所屯仓（前所、后所、左前所），以上三所屯粮，共贮四千三百七十三石三斗九升二合。"①

因此，东晋湖塘灌溉影响的数目，不论是天启四年（1624）的"年计税粮三千三百余石"，还是崇祯二年（1629）的"税粮约计五千余石"，对于赵州和大理卫而言，都显得万分紧要。事关如此大数目的田地灌溉，且大理地区气候和地质灾害频发（表2），更需要东晋湖塘这种稳定的库域型水利设施。

表2　明弘治至隆庆时期大理府灾异 ②

时间	事件
弘治五年（1492）五月	点苍两溪大水冲断西门城关，水入城
弘治十一年（1498）十月	浪穹县地震有声如雷
弘治十二年（1499）	云南县地震
弘治十四年（1501）六月	大雷雨，点苍、白石二溪水涨，漂没民居五百七十余家，溺死三百余人
弘治十四年	浪穹县淫雨山崩水溢，冲圮民居溺死一百余人，公署文案尽漂没
弘治十七年（1504）二月	云南县严霜成冻
正德初年（1506）	云南县地震生白毛
正德九年（1514）	顺荡井盐课司地震，卤源崩裂，免其盐课一千一百七十有奇
正德十年（1515）五月	邓川州地大震，六月又震，八月又震
正德十年九月	太和地震，屋墙尽仆，压死数百人。日每小震，逾月始宁。
正德十一年（1516）六月	邓川州大雷，击死九蛇，长丈余，围尺半，水涨漂出。有黑雀数万，坏种苗。
正德十三年（1518）	宾川州大雨雹
嘉靖元年（1522）五月	邓川一村出虫，背上各有火星三十二点，至六月始灭
嘉靖七年（1528）	云南县地震

① （明）庄诚纂：《万历赵州志》卷二《兵食志》，第47页。

② 整理依据（明）李元阳纂修：《（万历）云南通志》卷一七《杂志》，载杨世钰、赵寅松主编：《大理丛书·方志篇》卷一，第588页。

续表

时间	事件
嘉靖十八年（1539）	云南县地震，有声，米价腾贵
嘉靖二十四至二十六年（1545-1547）	太和上羊诸溪内有白物，如羊群迹之不见
嘉靖二十九年（1550）	太和槐不华，蛙无声
嘉靖三十八年（1559）	云南县大旱，减其租税
嘉靖四十一年（1562）	春正月五井提举司界麦秀两岐或三岐；洛马井有火自空而下，大如斗，声如雷；十二月诸邓井灾，毁民居百余家
隆庆元年（1567）	云南县旱，斗米贝二十索
隆庆六年（1572）	云南县霁漾山崩

由表2可知，明弘治至隆庆时期，大理府旱涝和地质灾害频发，其中受灾最为频繁的云南县位于赵州西南（图2），与赵州紧紧相邻。云南县的旱、涝、震及米价变化自然影响到赵州。东晋湖塘具有冬蓄夏泄、涝蓄旱泄的功能，对于气候变化有更好的调节和适应能力。

图2　（嘉靖）大理府所属总图 ①

① （明）李元阳纂：《（嘉靖）大理府志》卷一《地理志》，载杨世钰、赵寅松主编：《大理丛书·方志篇》卷四，第50页。

　　总而言之，《东晋湖塘闸口记并批文碑》碑阴所载公文中并行有五个批文，其中四个均为"道"级机构发出，涉及分巡道、兵备道和分守道，各道辖区相互交错，故虽看似涉及"临元、金沧、澜沧、金腾"等不同区域，但都对大理屯田水利事宜具有管理权。盖因主次有序，将所有批文都刻石立碑是为表明本案已经过所有主管和相关部门的同意，没有任何异议，以增加其公信力。

　　赵州修建东晋湖闸一事之所以如此重要，是因其灌溉所及田亩和税粮众多，而湖塘水利系统对于大理频繁的灾害有更强的适应能力。

清《京控水案开封府原断及复详看碑》初释

张香萍[*]

【摘　要】清咸丰元年刻立的《京控水案开封府原断及复详看碑》记载了自道光十四年至道光二十五年间，豫西路井、下硪两村因修理渠道、拦截水道等纠纷，从灵宝县到陕州再到按察使司和巡抚衙门，最后到都察院呈控的经过及官府裁断的结果。碑阳为道光二十三年三月开封府裁决京控水案的原断。碑阴为道光二十五年四月路井村民张玉玺翻控后，开封府复讯的详文。道光年间，路井、下硪两村水案屡结屡翻，涉及县衙、府衙、省按察司、巡抚、都察院等诸多审级，各级衙门审理过程与裁断结果均被刻载于碑石上，由此展现出当地社会水利纠纷的复杂性和典型性。

【关键词】碑刻；水案；京控；越诉

一、碑文释读

《京控水案开封府原断及复详看碑》原立于河南灵宝市大王镇路井村严公生祠，现存路井村村委会院内。碑石刻立于咸丰元年（1851）四月。此碑为双面刻，碑阳刻道光二十五年（1845）三月《京控开封府原断》（图1），额题"皇清"二字；碑阴刻道光二十五年四月《复详看》（图2），额题"百代流芳"。此碑高179厘米，宽70厘米，厚14厘米。碑阳正文27行，满行67字；碑阴正文15行，满行57字。此碑于20世纪50年代末埋入地下，于20世纪80年代在路井村村民张虎立院内挖出，存于路井村村委会院内。现根据碑刻

---

* 张香萍，中国政法大学2020级中国史专业硕士研究生。

拓本及《豫西水碑钩沉》①和《中州百县水碑文献》②录文，将碑文整理如下。

（一）碑阳录文

01 特授归德府通判 李 开第

02 特授开封府知府 长臻 督同候补知县张彦卿 会审

03 候 补 通 判 文 奇

04 看得灵宝县民张玉玺京控李秾等拦截水道，屡控不究等情一案。缘张玉玺籍隶灵宝县，经管路井村渠务。灵邑有好阳河一道，自东南山峪发源，西流渐折，而北归入黄河。

05 其发源西流之处南岸，河湾、下硇、路井三村及沿河各有村庄，均由好阳河开渠引水灌田食用。河湾村地处上游，下硇村在河湾村之下游，路井村又在下硇村之下游。其水

06 向系各村分日轮用，轮到此村用水之日，各自筑埝拦截，用完后将埝扒开，放水下注，周而复始。下硇、路井两村向用东西两渠之水，下硇村每轮用水三日，路井村逢五用水

07 一日。嘉庆二十二年，西渠上游被水冲塌一段。道光十四年六月间，西渠又被河水冲塌一段。下硇村用价买地另修渠道，路井村民并未帮工。下硇村渠司彭本法等不令路

08 井村用水，经路井村民张宝材等呈控，经该前县李令勘讯，断令下硇村行工三日，路井村行工一日，渠水仍照旧章轮用。十五年间，路井村民张兆麟等因东渠向来无需修

09 理，指称该村向在东渠用水，不应帮修西渠工程，在县翻控。经该前县严令饬差孟自强协同里书薛贵荣查明，西渠水流畅顺，东渠水势平缓，路井村实在西渠行水，据实禀

10 复。经严令诣勘属实，仍照李令原断，应派修渠之费及渠地粮银等项，照用水日期，下硇村摊派三分，路井村摊派一分。向有每年

---

① 范天平编注：《豫西水碑钩沉》，陕西人民出版社 2001 年版（本书出版信息以下省略），第 317-319 页。

② 范天平整理：《中州百县水碑文献》，陕西人民出版社 2010 年版（本书出版信息以下省略），第 1266-1269 页。

清理渠口之费，其时未经断及。十七年，路井

11　村民张福儒等不肯帮修渠口，以下硙村民霸水等情赴县呈控。经张金锡等理处，渠口工程在三十弓以内，不派路井村；三十弓以外，按五股摊派，下硙村摊派四股，路井村

12　摊派一股，即照所处饬遵。路井村民韩勋等欲将清口、西渠两项各修各工，赴县具呈，又经该县严令勘讯，尚未定断。二十一年闰三月间，下硙村民李秾等不愿各修各工，即

13　赴陕州具控，批饬该署县柴令差传讯明，路井村相距渠口路远，拨夫帮工恐致迟误。断令：渠口工程归下硙村独修，每年路井村帮贴下硙村修费钱十二千文，分作春秋两

14　季清交。并将西渠分定界限，从坍塌应修之处量起，自下而上以三十四弓为止，令路井村修补，与下硙村无涉。其余俱令下硙村修补，与路井无干，取结完案。二十三年六月

15　间，西渠坍塌过甚，工程浩大，不能修理。李秾、李谦、杭树仁、杭树业在河湾村王喜、彭盛林地内开小横渠一道，横接东渠引水流入西渠。每逢用水日期，李秾等向王喜等情借

16　横渠放水，所以水照旧行。张玉玺逢五用水之日，既未向王喜等情借横渠，埝亦无人扒开，以致水不下流。张玉玺心疑系李秾等抗工不修，勾串王喜等拦截水道，又添砌书

17　役薛贵荣、孟自强受贿捏报，先后赴布政司暨抚部院衙门具呈，批饬讯详，经周令票差李法顺传讯。因夏令水大，西渠水已下流，饬令仍照原断。嗣后如西渠坍塌，一时无力

18　修复，准路井村民借用东渠之水，完工后仍用西渠之水。迨至秋冬水涸，西渠断流，东渠之水仍不欲下，张玉玺仍疑李秾等拦截，起意京控，写就呈词。又因彭盛林患病保释，

19　疑系李法顺不传，一并添砌词内赴京，在都察院衙门具控，讯供取结，咨解回豫①。蒙委候补县吴令前往，会同代理灵宝县赵令勘明

① 《大清律例》"越诉"条规定："外省民人凡有赴京控诉案件，如有州县判断不公，曾赴该管上司暨督抚衙门控诉仍不准理或批断未当，及虽未经在督抚处控告有案而所控案情重大事属有据者，刑部都察院等衙门核其情节，奏闻请旨查办。其命盗等案，事关罪名出入者，即将呈内事理行知该督

渠道，绘图禀复，提集人卷来省，饬发阜府

20　　审办。遵即会同委员提集研究，各供前情不讳。查下碉、路井两村，所用好阳河东西两渠之水，现经委员勘明：东渠中间淤塞，水归西渠；西渠上游坍塌，水已断流，由小横渠引

21　　水，横接东渠上游流入西渠。下游由下碉村至关帝庙前东西两渠旧日合流之处，折流路井村陂池，是现在路井村所用之水。既由东渠引至西渠折流而下，其引水之小横

22　　渠，系在王喜、彭盛林地内，路井村既欲用水，自应向王喜等情借横渠扒埝泻放。令既据张玉玺央允王喜等情愿借给，应即断令，准其由小横渠逢五扒埝用水一日，以全邻

23　　谊。至清理渠口修费，仍照该前县柴令原断。路井村民每年帮贴下碉村民钱十二千文，分作春秋两季清交。其西渠坍塌工段，现在无力修补，将来兴修，或续有坍塌，依照柴

24　　令原断，分定界限各自修补，彼此不得推诿。张玉玺因李秾等于应修坍塌之西渠并不修理，辄由王喜等地内横开一渠，引水入西渠折流而下，初不知向借横渠扒埝放水，

25　　以致水不下流，是其控出有因，并非凭空妄告。至称伊等贿串书役蒙蔽，亦由于怀疑所致，且系空言，并未指实其人其事，情有可原。惟于该县断结后，秋冬水小，西渠水断流，

26　　并不赴县呈告，辄即京控，实属越诉。张玉玺应请照越诉律，笞五十，折责发落。李秾、杭树仁、杭树业、王喜、彭盛林讯无拦截水道，里书薛贵荣、皂役孟自强，亦无受贿捏报情事，

27　　均无庸议。案已讯结，未到人证免提省累。再查薛贵荣、孟自强本系牵连，并无应讯重情。杭树业年近七旬，彭盛林现在患病，

（接上页）抚秉公查审，分别题咨报部，如地方官审断有案，即提案核夺，或奏或咨，分别办理。若审系刁民希图陷害，捏词妄控报复私仇，即按律治罪。其仅止户婚、田土细事，则将原呈发还，听其在地方官衙门告理，仍治以越诉之罪。"见马建石、杨育棠主编：《大清律例通考校注》卷三〇《刑律》，中国政法大学出版社1992年版（本书出版信息以下省略），第873页。都察院或者步军统领衙门接受外省民人的京控诉状之后，需对呈控者进行审查，以进行下一步的处理。根据呈控案件的不同情况，京控案件的受理分为奏交和咨交两种。奏交的案件是有重大事者，应奏闻皇帝，由皇帝定夺。咨交案件是案情不严重的，应发回本省督抚重新审理。区分奏交和咨交的重要根据即为案情是否重大。

均经卑府等于讯明后先行摘释。除取结附卷外，

28　　所有审拟缘由是否允协，理合具详，解候会该勘转等情到司。据此，本两司审看相同，理合会详，呈请

29　　宪台监核，移咨

30　　都察院查照。

31 龙飞道光二十五年三月京控开封府原断

（二）碑阴录文

01　　复详看

02　　复将原详人卷札发该府，遵照研究，妥断去后。（滋）［兹］据开封府长守禀称：前奉委审灵宝县民张玉玺京控李秾等拦截水道一案，当既会督委员提集

03　　两造研讯，各供渠水情形，与吴令等所勘无异。因查现在路井村所用之水，既由东渠引至西渠，折流而下，其引水之小横渠，系在王喜、彭盛林地内，

04　　路井村用水自应向王喜等情借，扒埝泻放，令张玉玺已央允王喜等情愿借给。当即断令：准其由小横渠逢五扒埝，用水一日，以全邻谊。旋据张玉

05　　玺赴院翻控，复提两造查讯。据张玉玺供称，原断本已输服，因恐王喜等日后不肯借渠行水，是以赴院具诉。并据王喜供称，既奉断定，日后不敢翻

06　　悔各等语。随饬两造，另具切结，详解在案。兹奉前因，遵既提案复讯。据张玉玺、王喜佥供，以后遵断借渠放水，永无翻悔，只求解审等语。卑府覆查：下

07　　硇、路井两村，向用好阳河东西渠之水。现在东渠中间淤塞，西渠上游坍塌，该村民一时无力修复，是以借用王喜等地内横开一渠，引水入西渠折

08　　流而下。现在张玉玺已向王喜等央允，情愿借给横渠扒埝放水，永无翻异。应请仍照前详报结。所有复审缘由，理合禀请该转等情

前来，本两司提

09　集审看相同，除另行具详外，所有饬府复讯缘由，理合附详，呈覆

10　宪台监核。

11　巡抚部院鄂　批：本司会同

12　按察司会详，请咨灵宝县民张玉玺京控李秾等拦截水道一案详由，蒙批，如详饬遵，仰候咨覆

13　都察院查照，缴。同日又蒙

14　巡抚部院鄂　批：本司会同

15　按察司会详，讯张玉玺翻控缘由。蒙批，已据正详核咨矣，仰即知照缴各等因。蒙此，除移行外，合行抄看札饬，到该县即便办理，发回卷宗，即查收具

16　报，毋违。

17　赐进士出身

18特授户部山东清吏司主事李镜江书丹　本庄处士张墨池校字

19道	光	二	十	五	年	四月在	省	复	断	案
20							张开元		张一魁	
21							韩奉先		生员张玉振	
22					首事人		张维盈		张维显	
23							张成林		张致业	
24							张玉质		张书声	
25							张同寅			

26咸　丰　元　年　四月吉日　刊石

图 1　碑阳《京控开封府原断》碑拓　　图 2　碑阴《复详看》碑拓①

（三）碑阳碑阴的关联及碑石定名

本碑碑阳记载，道光二十五年（1845）三月，河南省督抚特授归德府通判李开第、开封府知府长臻、候补通判文奇督同灵宝候补知县张彦卿，审理路井村和下砠村水利纠纷一案。碑文 4—7 行介绍了河道周边各村的地理位置以及各村自好阳河开渠引水的轮水规则。碑文 7—19 行记载自道光十四年（1834）至道光二十三年（1843）间，路井和下砠两村水利纠纷缠讼的过程以及官府多次裁断的结果。碑文 19—28 行记载路井村张玉玺"在都察院衙门具控，讯供取结，咨解回豫"（碑文 19 行）后具体的审理过程。案件由候补知县吴县令同代理灵宝县令赵宗权前往实地勘察，并将原被告以及勘察结果带到开封府审办。开封府查明事由，结合灵宝县前县令的断决对本案做出判决，

———————————

① 图 1、图 2 由郑学通先生提供，特此致谢！

并依法定路井村民张玉玺越诉罪名。碑文 28—31 行记载案件在开封府经李开第、长臻、文奇、张彦卿审核结束后，写具详文①，由开封府呈于两司审看，再由两司呈请宪台②核查，将咨呈移交都察院。

碑阴记载道光二十五年（1845）四月，路井村民张玉玺赴院再次翻控，开封府复讯后拟就此详文。碑文 2—4 行记载开封府原断中对两村纠纷的判决结果，碑文 4—8 行记载路井村民张玉玺恐王喜等翻悔又赴都察院具诉。开封府调查实情之后，为两村"另具切结"③(碑文 6 行)。碑文 9—16 行记载开封府将复审缘由呈请宪台监督审核，巡抚部院同按察司会详后转报都察院。碑文 20—25 行列明路井村首事人的名字。此碑于咸丰元年（1851）四月刻立，是路井和下硙两村水利纠纷缠讼过程的重要见证，也为稳定两村的用水秩序提供了重要依据。

《京控开封府原断》和《复详看》为双面刻。范天平将碑阳命名为《京控开封府原断》，是根据碑阳结尾处所记的"京控开封府原断"而来，碑阴的《复详看》则是以碑阴开头"复详看"所命名。碑阳记录路井、下硙两村水利纠纷缠讼不休，路井村村民张玉玺最终赴都察院呈控的经过。路井村的京控案件最终被发还河南省审办，于道光二十五年（1845）三月在开封府断结。道光二十五年（1845）四月，路井村村民张玉玺恐下湾村民王喜等不遵断，复赴院具诉。由此，本案形成两份判决书，碑阳为原断，碑阴为复详看。路井村赴都察院呈控，根本上是因为与下硙村的水利纠纷，此京控案件最终被咨解回河南省查办，在开封府审理。因此，京控的对象是两村水案，审理地点是在开封府。碑阳以"京控开封府原断"为名，缺少京控对象，且易产生

① 详文是清代上行文书之一。"夫详文者，详言其事而申于上台者也。贵在原委清楚，词意明切，而陈以可否之义仰候宪裁。"详见（清）黄六鸿：《福惠全书》卷五《莅任部》，种书堂康熙三十八年（1699）刊本。文书凡州、县上行府厅，府厅上行司道，司道上行督抚，都用详文，且不得越级使用。

② 明清文书中，下级机关尊称上级官员、民众敬称本地衙门长官多称"宪台"。此处的宪台当为巡抚。清代司法制度中，通省刑名的复核一般为巡抚的职责，所谓"刑名事件，例由巡抚办理"，参见《清实录》卷九《高宗纯皇帝实录》，本案件经巡抚审核罪名之后，以咨文呈交都察院。

③ 清代调处案件往往需要"具结"，表示两造愿意为自己的言行负责。"具结"分为两类，第一类是"甘结"。《六部成语》注曰："凡官府断案即定，或将财物令事主领回者，均命本人作一情甘遵命之据，上写花押，谓之甘结。"参见［日］内藤乾吉原校，程兆奇标点，程天权审订：《六部成语注解》，浙江古籍出版社 1987 年版，第 15-16 页。故甘结是原被告向官府出具的表示服判的书面保证书，又叫"执结""检结""切结"等。另一类是"保结"，是由具结者为担保他人的身份、行为而出具的结。

歧义。故称碑阳为《京控水案开封府原断》为宜。此双面碑应总称为“京控水案开封府原断及复详看碑”。

二、碑文所涉法律问题

（一）水利讼案与农忙农闲

清代诉讼中，民人赴州县衙门呈控需要在规定的放告日内进行。清代前期（十七、十八世纪）多以每月三六九日（初三、初六、初九、十三、十六、十九、二十三、二十六、二十九）放告，后期（十九世纪以后）多以每月三八日（初三、初八、十三、十八、二十三、二十八）放告。[①]普通民事案件需要在规定日子里呈控，而遇到重大案件时则没有定期限制，随时可以呈控。在农忙时期，州县衙门也会止讼，不受理普通民事案件。《大清律例》“告状不受理”条规定：“每年自四月初一日至七月三十日，时正农忙，一切民词除谋反、叛逆、盗贼、人命及贪赃坏法等重情，并奸牙、铺户骗劫客货，查有确据者，俱照常受理外，其一应户婚、田土等细事，一概不准受理。自八月初一日以后，方许听断。若农忙期内受理细事者，该督抚指名题参。”[②]

农忙期间不受理普通民事案件的目的在于不得因“细事”耽误农时，妨碍农耕。但水利纠纷与农事息息相关，因此在《大清律例》“告状不受理”条中亦规定：“州县审理词讼，遇有两造俱属农民，关系丈量踏勘有妨耕作者，如在农忙期内，准其详明上司，照例展限至八月再行审断。若查勘水利界址等事现涉争讼，清理稍迟必致有妨农务者，即令各州县亲赴该处审断速结。”[③]因水利纠纷的特殊性，州县衙门为不误农时，在农忙期间依然收呈，审理两造的水利纠纷案件。路井村于道光十四年（1834）六月赴灵宝县呈控时，虽处农忙时期，官府依然受理了两村纠纷，调处双方矛盾。

（二）呈控、翻控、京控

从道光十四年（1834）到道光二十三年（1843）间，路井村和下硙村因

① 那思陆：《清代州县衙门审判制度》，中国政法大学出版社 2006 年版，第 62 页。

② 马建石、杨育棠主编：《大清律例通考校注》卷三〇《刑律》，第 879 页。

③ 马建石、杨育棠主编：《大清律例通考校注》卷三〇《刑律》，第 881 页。

水利纠纷缠讼不断。两村诉讼的绝大部分情况，原告皆是路井村。此情况是因路井村和下硙村从同一渠道用水，下硙村处于水渠的上游位置，当他们认为现行规则不合理时，他们就会以拦截水道的方式，惩戒下游路井村。而路井村地处下游，对上游拦截水道无计可施，将水利纠纷诉诸于官府，以维护自己的用水权利，成为他们行之有效的手段。

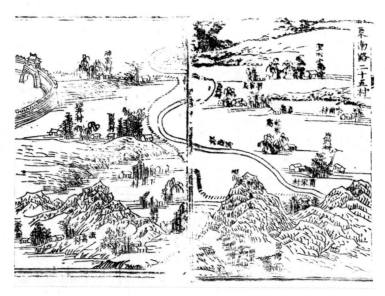

图 3　清灵宝县治图（东南路二十五村）①

表 1　碑文所见争讼事项分解

序号	时间	原告	被告	理由	审级	裁断结果
1	道光十四年（1834）六月	路井村民张宝材等呈控	下硙村民彭本法等	西渠坍塌，路井村不帮修理，下硙村上游拦水。路井村以霸水控告下硙村	灵宝县	悉断照旧行水，嗣后西渠遇有坍塌工段，各照行水日期派工

① 此图引自（清）周庆增修，敖启潜、许宰纂：《灵宝县志》卷一《四至四隅图》，乾隆十二年（1747）刻本，第 14-15 页。图中河流为好阳河，下硙镇在城东二十里处，下庄村离城二十里，下硙镇的位置应当在下庄村附近，河流西岸。

续表

序号	时间	原告	被告	理由	审级	裁断结果
2	道光十五年（1835）十二月	路井村民张兆麟等翻控	下硇村	路井村认为不应帮修西渠	灵宝县	仍照李令原断，应派修渠之费及渠地粮银等项，照用水日期，下硇村摊派三分，路井村摊派一分
3	道光十七年（1837）十一月	路井村民张福儒等呈控	下硇村民李舒锦等	路井村不帮修渠口，下硇村上游拦水。路井村以霸水控告下硇村	灵宝县	修渠工程若在三十弓之内，不派路井村行工；若在三十弓以外的按五股施工，下硇村行工四日，路井村行工一日
4	道光二十年（1840）十一月	路井村民韩勋等翻控	下硇村	路井村提议将清理渠口和修理西渠两项工程各修各工	灵宝县	修渠工程宜分不宜合（因下硇村人未到场以及官员调动，未及断定）
5	道光二十一年（1841）闰三月	下硇村民李秌等呈控	路井村	下硇村不愿将清理渠口和修理西渠各修各工	呈控陕州，灵宝县审理	渠口工程归下硇村独修，每年路井村帮贴下硇村修费钱十二千文，分作春秋两季清交。并将西渠分定界限
6	道光二十三年（1843）六月	路井村民张玉玺呈控	下硇村民李秌等	西渠坍塌过大，路井村疑下硇村抗工不修、拦截水道，以及怀疑受贿捏报事等	呈控布政司和巡抚衙门，灵宝县审理	饬令仍照原断。嗣后如西渠坍塌一时无力修复，准路井村民借用东渠之水
7	道光二十三年（1843）秋冬	路井村民张玉玺京控	下硇村民李秌等	路井村疑下硇村抗工不修、拦截水道，以及怀疑受贿捏报事	赴都察院呈控，开封府审理	准路井村由横小渠逢五扒埝用水一日；清理渠口修费，仍照该前县柴令原断；路井村民每年帮贴下硇村民钱十二千文等

1. 呈控

渠道修理和拦截水道是路井村和下砌村争讼的焦点问题，而两村之间的矛盾自明代就已初见端倪。嘉靖二十二年（1543），两村食用渠道因河水冲刷而坍塌，下砌村购地修复。到道光十四年（1834）六月，西渠又被河水冲塌，下砌村进行修复。西渠修理期间路井村并未帮工，也未付工费，下砌村对此颇为不满，故从上游拦截水道。正值六月，路井村无水可用，"人畜至有渴死者"①。路井村民张宝材等以"下砌村彭本法等霸水害命"②为由，到灵宝县府呈控。自此之后，路井村和下砌村两村纠纷缠讼不断，屡结屡翻。呈控、翻控的地点从县级的灵宝县，到直隶州陕州，再到省级的布政司和巡抚衙门，最终到中央一级的都察院，几乎涉及了清代诉讼审理的所有审级。

清代州县是国家统治的基层机关，根据清律，普通的民事案件均由州县受理。"各省州县与民最亲，凡大小案件，无不始终于州县衙门。"③州县衙门作为"初审"机关，审理的案件可分为两类：自理案件和上报转审案件。自理案件是指州县可以自行做出判决的案件，"各省户婚、田土及笞、杖轻罪，由州县完结，例称自理"。④而判处徒以上刑罚的案件，州县衙门只有初审权，不能做出判决，需要向上级逐级审转。路井、下砌两村的水利纠纷属州县自理案件，州县可自行审理并判决。

乡民赴县呈控，需在州县衙门放告日呈控。民人呈控通常由州县官亲收投文，依据律例或者案情决定是否准理。对于州县自理案件，州县官员一般采取调处的方式进行解决，调节两造的诉讼，达成双方和解及息讼。相比于民间自行调解的方式，州县官府调处的收效更大，且更易使两造信服。在官方调处的过程中，实地勘察和书证是州县官进行断决的重要依据。两造呈控各执一词，州县官不能轻易采信任何一方，所以他们会对实际情况进行实地勘察以作为认定事实的基础，于碑文中多处可见"经该前县李令勘讯"（碑阳第 8 行）、"经严令诣勘属实"（碑阳第 10 行）、"勘明渠道，绘图禀复"（碑阳第 19 行）等语。在实地勘验的基础上，州县官也会对双方提交的具有较强

---

① 《严太爷生祠碑》，参见范天平编注：《豫西水碑钩沉》，第 312 页。

② 范天平编注：《豫西水碑钩沉》，第 308 页。

③ 《清实录》卷九《高宗纯皇帝实录》。

④ 《清史稿》卷一四四《刑法志三》。

稳定性和信服力的书证进行查验。道光十四年六月，路井村赴灵宝县呈控，"执有前明碑文，朱标私约①为据"②。州县官详查路井村所呈书证，作为判决的重要依据。

除此之外，碑文中提及两村用水"仍照旧章轮用"（碑阳第 8 行），而此旧章不仅是双方用水权的重要保证，也是双方划定责任的重要依据。路井、下硙两村之间"旧章"的形成，在《严太爷生祠碑》中可窥见一二。灵宝县内好阳河东西两岸五村引水入渠灌地，五村按照十日轮水，周而复始。十日内下硙村轮用三日，路井村逢五用水，此规定各村自书朱标私约为据，自万历年间起，章程不移。州县官在划定路井、下硙两村修渠、渠课等的责任时，"照用水日期，下硙村摊派三分，路井村摊派一分"（碑阳第 10 行）。

2. 翻控

州县衙门调处的最终目的是化解矛盾，使原被告双方和好息讼。由于水利纠纷的反复性，州县衙门在审结水利纠纷后，往往还要杜绝日后纠纷再产生。因此，州县官府在调处两造水利纠纷之后还会另立新的规约，并"饬令当堂书立合同三纸，一附县卷，两造各执一纸，并取其遵结及词证人等甘结备案"③。新规一方面重申两造用水秩序，另一方面也为日后纠纷提供新的依据。州县官府对大部分自理案件的调处都本着息事宁人的态度，在很多情况下达成的和解并不是当事人完全自愿的。州县官会基于自己的调查和判断，将自己的意志加于原被告双方，以快速达成两造和解。州县衙门还会对日后纠纷再起的情况进行警告，如"嗣后如下硙、路井二村再有违断滋闹情事，定将首先违抗之人提案究处不贷"④，"若有翻悔，定行从重究治"⑤等。州县调处的强制性色彩，使得两造表面上虽"和解"，但内心中并不完全服断，路井村接连翻控就是最好的证明。路井村两次在县翻控均是对灵宝县已审结案件的裁断结果表示不服，复向县府提出的控诉。

道光二十年（1840）十一月，路井村民韩勋等赴灵宝县翻控，提议将清理渠口和修理西渠两项工程各修各工，经灵宝县严印芝县令勘讯，认为两项

---

① 朱标私约：用朱砂标书双方同意的文约。
② 范天平编注：《豫西水碑钩沉》，第 309 页。
③ 范天平编注：《豫西水碑钩沉》，第 310 页。
④ 范天平编注：《豫西水碑钩沉》，第 310 页。
⑤ 范天平编注：《豫西水碑钩沉》，第 316 页。

工程确实宜分不宜合。但因下硙村人未到场及官员升任卸事等因，未及断定。道光二十一年（1841）闰三月间，下硙村民李秾等人不愿各修各工，遂赴陕州呈控。灵宝县是直隶州陕州管辖下的县，下硙村民赴陕州呈控，相当于控于府一级的衙门。下硙村民控于陕州之后，陕州并没有直接审理，而是将案件发回灵宝县进行审理。道光二十三年（1843）六月，因西渠坍塌过大，路井村村民张玉玺疑心下硙村拦截水道和官员受贿捏报，将此事赴省一级的布政司和巡抚衙门呈控。此次呈控跨越州县、府道两级，直接控于省一级衙门，当属越诉。布政司和巡抚衙门并没有治路井村越诉之罪，直接将案件发还灵宝县进行勘察审理。这两次向上级呈控均未被呈控机关受理，而是发回灵宝县审办。《大清律例》"告状不受理"条规定："若未告州县及已告州县不候审断越诉者，治罪。上司官违例受理者，亦议处。"[1]"词讼未经该管衙门控告，辄赴院、司、道、府，如院、司、道、府滥行准理，照例议处。"[2]未经州县衙门审理而越诉的案件，上级衙门不准受理，而是要将案件重新发回州县衙门一级进行初审。

3. 京控

路井村、下硙村的水利纠纷案件于道光二十三年（1843）六月上控布政司和巡抚衙门之后并没有结束。迨秋冬河渠断流之后，路井村张玉玺等仍疑心李秾等上游拦水，跨越州县，于道光二十三年秋冬直接赴都察院衙门呈控，是为京控。关于京控，《清史稿·刑法志》记载："凡审级，直省以州县正印官为初审。不服，控府、控道、控司、控院，越诉者笞。其有冤抑赴都察院、通政司或步军统领衙门呈诉者，名曰京控。"[3]道光二十三年六月，路井、下硙两造水利纠纷在州县断结，到道光二十三年秋冬，路井村跨越府、司、巡抚[4]直接赴都察院呈控。京控使得两村的水利纠纷从地方审判程序进入了中

---

① 马建石、杨育棠主编：《大清律例通考校注》卷三〇《刑律》，第 872 页。

② 马建石、杨育棠主编：《大清律例通考校注》卷三〇《刑律》，第 873 页。

③ 《清史稿》卷一四四《刑法志三》。

④ 清代地方审级的划分大致有三种观点。吴吉远先生持"三级说"，他认为，"清代在地方实行省、府、州县三级政府的行政管理，司法职能也主要以三级政府为依托。从司法职能来讲，省政府负有司法职责的各官、各衙门应统一为一级，加上府、州县，地方三级政府三个司法职能的管辖级别，是以各级政府主官负责制的行政机构的司法体系"。参见吴吉远：《清代地方政府的司法职能研究》，中国社会科学出版社 1998 年版，第 9—51 页。张晋藩先生持"四级说"。他认为，清代"地方司法机关以县（厅、州）为第一审级。有权决定笞、杖、徒刑案件，流刑以上案件须转详上级决定。府为第

央审判程序。按照《大清律例》"告状不受理"条规定："凡军民词讼，皆须自下而上陈告。若越本管官司辄赴上司称诉者，（即实亦）笞五十。"[1]张玉玺也依此越诉律被惩以笞五十。

民人赴京呈控，受理机关主要有都察院和步军统领衙门。嘉庆四年（1799）的政策是："向来各省民人赴都察院、步军统领衙门呈控案件，该衙门有具折奏闻者，有咨回各该省督抚审办者，亦有径行驳斥者……"[2]都察院是清代监察机关，同时也兼有司法权。都察院本职为"察中外百司之职"，基于其监察百官的职责，民人若对官员不满，可赴都察院控告。步军统领衙门负责京城内治安，排查出入城门的人员，民人赴京呈控亦可将诉状呈于步军统领衙门。同时军人京控案件亦由步军统领衙门受理。在路井、下砲两村的纠纷案件中，还掺杂着一些对官吏渎职等犯罪的控告，故路井村民张玉玺将诉状呈于都察院。

都察院或者步军统领衙门接受外省民人的京控诉状之后，需对呈控者进行审查，根据呈控案件的不同情况，将案件分为奏交和咨交两类进行处理。奏交的案件是有重大事者，应奏闻皇帝，由皇帝定夺。咨交是案件并不严重，需发回本省督抚重新审理。嘉庆朝之后，随着京控案件的增多，地方督抚负担越来越重，发审局逐渐发展起来，负责审理中央发交的京控、省控等案件，直省的发审局通常设于首府或其他重要的府。督抚组织官员审理京控案件时，常从府、道一级的官员中选择，而其中最主要的又是知府。为了不影响府、道官员的本职工作，发审局中也多动用候补的知县、道员、通判等协助审理。因此发审局的局员包括：候补的道员、知府、直隶州、通判、同知与知县，由

（接上页）二审级。负责复审州县上报的刑事案件，提出拟罪案件，再上报省。省按察司为第三审级。负责复审府上报的徒刑案件及审讯军流、死刑案犯。总督、巡抚为第四审级。有权批复徒刑案件，复核军流案件，如无异议，咨报刑部"。参见张晋藩：《中华法制文明的演进》，法律出版社 2010 年版，第 868 页。那思陆先生持"五级说"。他认为，清代各省司法审判机关层级颇多，自州县厅至省，各级衙门均拥有司法审判权。第一级司法审判机关——州、县、厅。第二级司法审判机关——府、直隶州、直隶厅。第三级司法审判机关——道。第四级司法审判机关——按察使。第五级司法审判机关——督抚。参见那思陆：《清代中央司法审判制度》，北京大学出版社 2004 年版，第 107-108 页。

① 马建石、杨育棠主编：《大清律例通考校注》卷三〇《刑律》，第 869 页。

② 中国第一历史档案馆编：《嘉庆道光两朝上谕档》第 4 册，广西师范大学出版社 2000 年版（本书以下出版信息省略），第 310-311 页。

首府知府负责督率审理，臬司为总监督，有时亦为综理者。①路井村赴都察院呈控，案件被咨回河南省由督抚重审时，审理官员也都在这个范围之内，包括"归德府通判李开第、开封府知府长臻、候补通判文奇督同灵宝候补知县张彦卿"（碑阳1—3行）等。

道光二十五（1845）年三月，路井村京控水案断结；四月，路井村村民张玉玺"因恐王喜等日后不肯借渠行水，是以赴院具诉"（碑阴第5行）。按照《大清会典事例》规定："如所控情事与原案只小有不符，无关罪名轻重者，毋庸再为审理，即将翻控之犯照律治罪。若核与达部案情迥不相符，而又事关重大者，或曾在本省历控尚未审结报部，虚实难以悬定者，将该犯交刑部暂行监禁，提取该省案卷来京核对质讯，或交该省督抚审办，或请钦派大臣前往，临时酌量请旨查办。"②路井村民张玉玺赴院翻控之后，都察院交回本省督抚审办，督抚"复将原详人卷札发该府"（碑阴第2行），由开封府继续审办。案件审结后，开封府一边逐级上报到都察院查照，一边饬发灵宝县办理。咨回本省审办的京控案件需要在规定时间内呈报中央，按照嘉庆四年（1799）的规定："即有应咨回本省审办之案，亦应于一月或两月视控案之多寡汇奏一次，并将各案情节于折内分晰注明，候朕披阅。"③开封府将裁断结果层层呈报都察院后，路井、下砲两村京控水案至此断结。

---

① 参见李典蓉：《清朝京控制度研究》，上海古籍出版社2012年版，第112-113页。
② 胡星桥、邓又天主编：《读例存疑点注》，中国人民公安大学出版社1994年版，第678页。
③ 中国第一历史档案馆编：《嘉庆道光两朝上谕档》第4册，第310-311页。

晚清河南滩地纠纷及解决方式探析

——以《怀庆府正堂断案判语碑》为中心

陈仁鹏*

【摘　要】 滩地属于"流动的土地"，围绕其权属产生的纠纷涉及水利与地权、生态与法律等复杂问题。随着环境史、社会史研究的深入，学界逐渐重视对滩地纠纷的研究，但研究的地域范围集中于晋陕交界处，材料多为鱼鳞图册、契约粮册等。本文以河滩众多而研究薄弱的河南为着眼点，以《怀庆府正堂断案判语碑》为主体史料，并辅以国家制定法、习惯法、地方志等史料，以晚清怀庆府河内县窑头、覆背两村的滩案为研究对象，从法律史、政治史、社会史视角对其进行分析，并解读碑额图纹蕴含的法律文化，剖析地方官员、士绅与村民在处理滩地纠纷时的价值选择与利益衡量，发掘区域社会为追求静态、稳定的秩序，所形成的独特的滩地纠纷解决方式。

【关键词】 断案判语碑；滩地纠纷；解决方式；多元视角

　　美国环境史学家唐纳德·沃斯特教授认为，环境史的研究应聚焦在三个相互作用的变化上，其一是地球的各种系统（气候、地理、生态系统）伴随时间的变化；其二是自这些系统中谋求生计的生产模式的变化；其三是文化态度的变化及其在艺术、意识形态、科学和政治中的表现。[①]这种观点为法律史、社会史研究提供了新的思路与理论分析工具，即考察与环境密切相关的

---

　　* 陈仁鹏，中国政法大学法律史学博士研究生。

　　本文的主体史料《怀庆府正堂断案判语碑》拓片，由中国政法大学法律古籍整理研究所所长李雪梅教授赐图，深表感谢。文章有幸得到中国政法大学李雪梅教授、张一弛老师、刘伟杰博士、南开大学项泽仁博士的斧正，特一并致谢！

　　① J. Donald Worster, The Ends of the Earth: Perspectives on Modern Environmental History, Environmental History Review, Volume 13, Issue 1, 1989, pp. 95~97.

民间纠纷或社会现象时，应将其置于区域环境中综合考察、比较分析，从生态环境、社会关系与行为规范的动态关系中揭示其发生发展的原因，并剖析纠纷解决方案的合理性。

滩地属于"流动的土地"①，是一种非常态、不稳定的土地，其位置、面积、壤质常发生变化，发生权属纠纷时边界不易确定。滩地纠纷并非纯粹的地权纠纷，而是涉及水与土、水利与地权问题。若单从法律、政治或生态中的某一角度分析会十分棘手，难以还原史实，辨明是非。因此，需以上述的多元视角，对滩地纠纷进行整体分析。

一、缘何关注滩地纠纷

滩地纠纷是较为特殊的一种地权纠纷。②所谓"滩地"，是指河流、湖泊等丰枯水位之间的过渡地带，其分为河滩、江滩、湖滩与河口滩地等。本文涉及的"滩地"专指"河滩地"，即因大的河流经过，流域周围由于泥沙沉积而形成的天然滩涂土地。河水的定期泛滥和河道的摆动虽为两岸滩地提供了肥沃的土壤，为农业生产生活带来极大好处，但这种土地极具不稳定性。③因受河道迁徙、河水泛滥等自然地理环境因素的影响，滩地时常会发生变化，导致地界不清，进而催生土地纠纷。

法学界与史学界均不乏对晚清地权、水权纠纷的考察，但因滩地的特殊属性，以及国家制定法相关规范的缺失，长期以来少有学者关注"滩案"并进行研究。近年来，随着学界对水利社会史、民间习惯法的重视及法律碑刻整理与研究的深入，逐渐产出一批有关滩地纠纷的研究成果。如胡英泽等学者，利用碑刻和鱼鳞图册等资料，围绕滩地的诸多问题进行过研究，从生态

①　胡英泽：《流动的土地——明清以来黄河小北干流区域社会研究》，北京大学出版社 2012 年版。

②　在此有必要辨析"滩""滩地""河滩地"等概念。"滩"是指河、海、湖边水深时淹没，水浅时露出的地方，如河滩、海滩；也指江河中水浅多石而水流很急的地方，如险滩。本文中有关"滩"的表述当为前者。"河滩"是指河道中水流一侧或两侧的陆地，通常将枯水河槽和低滩称为主槽，将中滩和高滩能耕种的地方称为滩地。见范庆华、周广德编：《现代汉语全功能词典》，吉林人民出版社 1998 年版，第 990 页。杨颖宜等："基于 Fluent 仿真软件的滩地植被作用下复式河道水动力特性的精细化数值模拟研究"，载《大连海洋大学学报》2021 年第 2 期。

③　史玉渤："民国时期陕西平民县滩地纠纷研究"，载《西安文理学院学报（社会科学版）》2017 年第 5 期。

角度对社会区域史进行全新诠释。①但从研究对象所处地域来看，这些成果多着眼于晋、陕交界处黄河干流形成的滩地②，以及永定河流域的滩地③（永定河流域的滩地纠纷较为特殊④），而鲜有关注地处黄河下游的河南。有研究认为，黄河下游河道的重要组成部分之一便是滩地。⑤《户部则例》中对黄河滩地的规定，除晋、陕交界处外，即为"河南省沿河堤外滩地"。⑥可见清代中央政府也十分重视河南的滩地管理。

怀庆府位于河南西北部，所辖范围大致为今焦作市、济源市和新乡市的原阳县。清代属河北道⑦，府治在河内县（今河南沁阳市），下辖八县。据《新修怀庆府志》载，其形胜瑰丽："太行北峙，沁水东流，近带黄河，远挹伊洛，舟车郡会，号称陆海。"⑧怀庆府地处黄河下游，其所在河段属游荡型河段，是滩地土地利用和覆盖最为集中的区域。⑨因此，以怀庆府辖内河滩地及其相关法律纠纷作为样本进行研究，具有较强的典型性与代表性。

---

① 胡英泽："河道变动与界的表达——以清代至民国的山、陕滩案为中心"，载《中国社会历史评论》第 7 卷，天津古籍出版社 2006 年版；胡英泽："清代山、陕黄河滩地鱼鳞册研究"，载《中国经济史研究》2010 年第 4 期。

② 刘炳涛："环境变迁与村民应对：基于明清黄河小北干流西岸地区的研究"，载《中国农史》2008 年第 4 期；刘赫宇："清代'鸡心滩'争案的环境史"，载《史志学刊》2018 年第 3 期；史玉渤："民国时期陕西平民县滩地纠纷研究"，载《西安文理学院学报（社会科学版）》2017 年第 5 期。

③ 王培华："清代永定河及东西淀争地纠纷的类型与实质"，载《河北学刊》2018 年第 5 期；王建革：《传统社会末期华北的生态与社会》，生活·读书·新知三联书店 2009 年版；王玮璿："清代永定河的滩地占耕问题"，我国台湾地区东吴大学 2012 年硕士学位论文。

④ 永定河流域滩地纠纷较之晋陕豫等地的纠纷更为特殊。因其实质为占垦问题（民间以淤土垦田，甚至私修堤坝等），而非自然形成的滩地。清初政府鼓励直隶地区垦荒并修筑永定河堤，滩地占垦与日俱增，纠纷加剧，类型主要为：八旗庄头与汉民争地、旗丁与民户争地、八旗王公与官府/民户争地、民户之间争地、乡绅豪强与官府争地。乾隆年间制定淤地科则（体现在《工部则例》《大清会典则例》中），开始禁垦，但政策受阻，收效甚微。清晚期政府便更加消极，加之地方豪强参入，垦田动辄数十顷。这反映出清中晚期国家权力与财力的衰微。

⑤ 谢羽倩、程舒鹏、张燕青等："黄河下游滩地土地利用/覆盖现状及影响因素分析"，载《北京大学学报（自然科学版）》2019 年第 3 期。

⑥ 故宫博物院编：《钦定户部则例》卷一〇《田赋·民地》，海南出版社 2000 年版，第 1 册，第 109 页。

⑦ 谭其骧编：《中国历史地图集》第 8 册，中国地图出版社 1987 年版，第 26 页。

⑧ （清）唐侍陛编：《新修怀庆府志》卷三《舆地》，乾隆五十四年（1789）刻本，第 3 页。

⑨ 谢羽倩、程舒鹏、张燕青等："黄河下游滩地土地利用/覆盖现状及影响因素分析"，载《北京大学学报（自然科学版）》2019 年第 3 期。

二、作为个案的《怀庆府正堂断案判语碑》

(一)《怀庆府正堂断案判语碑》概况

现存于河南省沁阳市柏香镇伏背村王氏祖祠的《怀庆府正堂断案判语碑》，完整记载了咸丰九年（1859）怀庆府正堂对所辖窑头、覆背两村因黄河频繁改道争控滩地一案的判决。怀庆府正堂在审判中查明相关依据，并判竖立界桩，为将来所涨滩涂划分提供了依据。因恐年远就湮，故将诉讼始末、田亩地形图以及认租花户勒石以志，于同治十二年（1873）六月刻立于碑。该碑高 168 厘米，宽 58 厘米。碑阳额题"垂示千秋"4 字，字两旁还有两幅图，刻着堂上官员和百姓形象。碑文 22 行，满行 62 字。碑阴额题"滩地志"，字两旁有云龙图纹，碑身上段记覆背村西滩地争端的由来、过程以及咸丰九年（1859）解决滩地争端的概况，碑文 18 行，满行 26 字。中段为地形图，中段右侧为怀庆府划定争端各方应得滩地示意图；中段左侧为立碑方覆背村滩地内各段田亩地形图。下段为覆背村认种花册，计有 63 户，每户地亩以商码①标号。

滩地争端虽在北方频繁发生，但多见于地方志及诉讼档案中，碑石上有如此详尽的记载实属罕见。此外，碑阴还辅之以田亩地形图、认租花户数据，在法律碑刻中更是少之又少。在笔者有限的检索中，仅发现康熙五十三年（1714）山西永济县《秦晋华、永滩地南部分界图》和道光二十四年（1844）陕西潼关县《滩阡图碑文》能与其媲美。此碑能保存至今实属不易，为研究晚清滩地纠纷提供了清晰的个案样本。

(二)纠纷缘起：滩案背后的生态、社会因素

《怀庆府正堂断案判语碑》所刻内容主要为窑头、覆背两村因黄河的支流——沁水频繁改道而争控滩地一案的判决。窑头、覆背两村属怀庆府河内县所辖。"河内县系怀庆府附郭，在省城西北三百里，自县治东北陆一千六百里达于京师。县境东西八十五里，南北共八十里。"②两村位于县城西三十里

---

① 商码，也称"草码"，系我国旧时表示数目的符号，由算筹演化而来。

② （清）袁通、方履篯、吴育：《河内县志》卷八《疆域志》，道光五年（1825）刻本，第 1 页。

的柏香镇，覆背村旧名复背村，属清下乡。窑头村属利下乡。①两村均为沁水流经之处。沁河是黄河的一级支流，其发源于山西省沁源县，自北而南，流经晋、豫两省，切穿太行山，于武陟南流入黄河。沁水在河南境内的支流济河，发源于济源，其有二源，一出济渎庙，一出龙潭。二水在济源程村合流，东流至柏香镇后分为二支，一支东南流为猪龙河，是济河主流，流经温县于坨村入黄河；另一支流入沁阳县城，流至龙涧村入沁河（详见图1）。据道光《河内县志》记载：

> 沁水源出山西沁源县，经阳城出太行山，经济源县东北沙沟村入县界窑头村。水北岸为县之利下二鄙窑头村……沁水经怀庆府西北济源县之太行山东南，流经窑头村南……水入县以北岸为先，故详次水道皆以北岸言之。安泉水出阳洛山麓，县西北第一泉也……经长沟村南流入于沁水，沁水南岸为县之清下四鄙覆背村也。②

可见，窑头村与覆背村所处的区域，恰好是沁水支流盘绕交错、河道曲折之处，受地形构造和水文因素的影响，极易发生河道变迁现象。河内县修筑沁河堤经过了两村，乾隆《新修怀庆府志》有载：

> 河内沁河堤。南岸堤自覆背村接界起，至西张计村，交武陟县界止，长七十里。北岸堤西自东窑头村接界起，至张武村交武陟县界止，皆沿河村民修筑。惟南岸堤内，古阳堤六里，镶筑埽工，遇险则合县公修……河内汛原设县丞一员，经管堡夫十名，驻扎河内县。③

沁水作为黄河的一级支流，输沙量较大，其中上游曲折率较高，而柏香镇位于下游地区，地势平缓，河道较直，加之河内沁河堤的修筑，使得沁水流经窑头村与覆背村时流速减缓，大量的泥沙淤积于此，进而导致滩地涨淤。

---

① （清）袁通、方履籛、吴育：《河内县志》卷八《疆域志》，道光五年（1825）刻本，第10-12页。

② （清）袁通、方履籛、吴育：《河内县志》卷九《山川志》，道光五年（1825）刻本，第8-9页。

③ （清）唐侍陛、杜琮修、洪亮吉：《新修怀庆府志》卷六《河渠》，乾隆五十四年（1789）刻本，第31-36页。

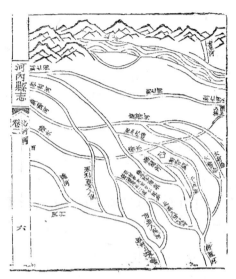

图1　沁河图 ①

据《怀庆府正堂断案判语碑》碑阴《滩地志》记载：

> 予村西邻沁水滩地，与窑头村接壤，其中虽有粮租各地而水无定向
> 地点，因之地在南岸者，归于覆背村；地在北岸者，归于窑头村。以水
> 为界，由来久矣。自咸丰五年以前，水流南岸，北岸滩地，俱系窑头村
> 耕种，不记其年。五年以浚水流北岸，地应覆背村耕种，而窑头村不舍。

窑头、覆背两村，一北一南，以河为界。在咸丰五年（1855）以前，因
水流南岸，滩地多形成于北岸，基本由窑头村耕种，两村相安无事。之所以
在咸丰五年（1855）产生纠纷，是因为沁水的支流浚水改道，流经北岸，部
分权属不清的滩地坍入河中，同时，新产生的十一顷数十亩滩地（碑阳第12
行，见附录），②靠近南岸的覆背村，故而引发争端。起初玉清宫和覃怀书院
士绅并起控争，未果。咸丰六年（1856）秋，覆背村王氏族人，以及张万成、
李悦孝等在滩地户六十三家与窑头村争割麦禾，导致事态恶化，于河内县兴

---

① 资料来源：（清）袁通、方履籛、吴育：《河内县志》卷二《沁河图》，道光五年（1825）刻本，
第6页。

② 据《怀庆府正堂断案判语碑》碑阳拓片。

起诉讼。此次诉讼历经四年：

> 讯得窑头、覆背两村争控滩地一案，自七年四月迄今处和一次，勘讯两次，尚未定案。该两村均称各有粮地多项，坍入河中理应发补，而俱不能捐出实在凭据，经该县断令，各种一半仍不甘心息结，以致本年有争割麦禾之事。

本案在初审阶段由河内知县勘讯两次，处和一次。两村均对滩地主张权利，值得注意的是，其不仅要求对新涨滩地确权，而且认为本村对已坍入河中的滩地也有所有权，但均无证据证明。知县调解未果，两村于咸丰九年（1859）上控至怀庆府。

（三）事实建构：滩案中的证据与事实

窑头、覆背村滩案的争议焦点之一，便是滩地的确权问题。两造均主张对坍入河中的滩地的权利，同时，也对新淤涨的滩地主张权利。俗语说"打官司就是打证据"，两村在县内调解未果的重要原因即知县未能充分重视证据的调查工作。怀庆知府受理案件后，第一步就是调查双方所持的证据材料。

粮地、租地契约无疑是最为直观的证据。窑头村先呈出各户粮租地契八十九张，怀庆知府将其与乾隆二十八年（1763）前河内县查造的《窑头村滩地鱼鳞细册》进行核对，发现业户名姓相符者一十六契，说明窑头村之前在此处河滩有租地、粮地的情况属实。继而覆背村呈出七张地契，据其辩称，之所以呈出地契数量较少，是因为乾隆二十六年该村被盛涨的河水冲刷，各户文契遗失。但覆背村还呈递了一件十分重要的证据——记载了覆背村在滩地耕作事实的石碑，"有碑文为凭，塌印呈验内载覆背村共坍入河中地七段计地四百七十九亩七分三厘"①且经怀庆知府核验，该碑确系旧碑，并非伪造品，所以覆背村之前在此处河滩有租地、粮地的情况亦属事实。原本看似清晰简单的案情，至此变得复杂起来。

接下来，怀庆知府调查的事项为是否存在利害关系人。换言之，除两村之外，是否又有其他官私地亩或者无人耕种之荒地坐落此处河滩。圣水观主持呈出一张康熙四十五年（1706）的碑拓，碑文载明其在覆背村有滩地二顷

---

① 据《怀庆府正堂断案判语碑》碑阳拓片。

十九亩，在相距窑头村五里的盖村河滩内有一顷八十亩地。但他声称由于沁水常年涨落不定，所租种的地亩不及一半。玉清宫主持也主张滩地上有其庙产，但并无证据证明。同时，圣水观与玉清宫的主持都称，从前滩地系两庙一同经理，分资养膳。至此，窑头、覆背两村的首事绅耆，圣水观、玉清宫两庙主持及投递公呈的覃怀书院绅士均牵扯到滩案中。

（四）定分止争："平分其地"在判决中的体现

虽然两村及圣水观均有坐落此处河滩地亩的凭据，但坍塌滩地的四至、亩数尚无法确定。怀庆知府再次审查两村所呈的碑文印册，其称两村地亩数目多寡相等，所以他酌断两村在十一顷新滩地中，各认种五顷。以新滩地南北正中为界限——南岸归覆背村，北岸归窑头村。两村认租的滩地，每年仍交纳最轻一等的田赋。

> 嗣后两岸河水毋论淹没何岸滩地，总以中间界址为定，均不得越中间之界。或南岸再有新涨，归南岸认种；北岸再有新涨，归北岸认种。各听时运，不准再行争执……照两村粮租地各凭据断令，在滩地中各得地五顷，永远分种，不以流水为界。判语详悉，勒诸前面。①

为防止以后再起纠纷，他还饬令县官亲赴新滩地丈明，在中间树立界桩。同时，他还责令首事人陈与祁、陈正邦、王瀚、王懋德等于十日内开具两村认租花名亩数清单，出具认状，投县造册立案。

虽然玉清宫主持称滩地上有其庙产，但并无书证、物证证明，仅有圣水观主持的证言证明。即便如此，怀庆知府还是将除覆背、窑头两村认种的十顷滩地外，东西两面的余地断给玉清宫作为养膳。此外，怀庆知府还将窑头村滩地东西两面的十四亩九分地拨归覃怀书院，交与经厅衙门②收管。(见图2)

---

① 《怀庆府正堂断案判语碑》拓片。

② 碑文所载"经厅"应为"府经厅"，指专门负责文书、出纳的经厅衙门（经历官的办公机关）。其也可指经厅衙门的办公人员，即知府属官（经历官）。见俞鹿年编：《历代官制概略》，黑龙江人民出版社1978年版，第495页。蔡建国主编：《宜昌市政协文史资料》第41辑，三峡电子音像出版社2016年版，第88页。

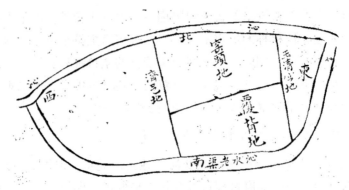

图 2　怀庆府正堂判决滩地权属情况 ①

事实判定及相关证据标准问题，往往是民刑司法的核心问题。覆背、窑头两村出示的书证、物证自然能够证明其以往在滩地拥有粮地租地的事实，但两村占有滩地的面积是否一致，在判词中语焉不详，甚至有前后矛盾之处，其原因留待后文探究。判决中更值得深究的是，玉清宫仅靠圣水观主持的证言便获得了一顷数十亩滩地。一般情况下，仅有证言而无其他证据佐证时，证言的证明力相对较低，裁判者往往对其持审慎态度。通过前述怀庆知府审查证据材料、质证的过程，可以发现其相当重视证据的真伪及证明效力，他做出有利于玉清宫的判决，也有其特殊考量。

三、多元视角的分析

（一）法律史的视角：断案的价值选择与利益衡量

《怀庆府正堂断案判语碑》中至少有两处前后矛盾的记载。首先，碑阴《滩地志》有载："自咸丰五年以前，水流南岸，北岸滩地，俱系窑头村耕种，不记其年。五年以浚水流北岸，地应覆背村耕种，而窑头村不舍。"若以此为凭，可理解为咸丰五年以前，即河流尚未改道之前，形成的北岸滩地全部为窑头村所属。覆背村与窑头村争控的滩地，仅为浚水改道后新淤涨的滩地。这显然与碑阳提及的《窑头村滩地鱼鳞细册》及覆背村呈示的旧碑所载不符。其次，碑阳判语中先提及"虽已查明覆背窑头两村及圣水观均有坐落此处河滩地亩凭据，但不能指出原坍四至亩数，势难按段按亩，竟作为粮租各地拨

———————
① 《怀庆府正堂断案判语碑》碑阴拓片，图片经反色处理。

补"，接着却说道"查核两村所呈碑文印册内载两村地亩数目多寡相等"（碑阳第12—14行）。两村所呈碑文印册中究竟有无记载原坍四至亩数，成为另一个疑点。

碑文判语中所展现的案件事实显然经过了改造与重塑，这种现象并不新奇，在传统讼案中屡见不鲜。对案情的裁剪、变更和重叙，可能出于各种原因，如基于修辞的策略①，或为刻意掩饰某些真相②，或通过格式化叙事迎合法律适用的需求③。在某一起特定案件的文书中，这些原因可能并存，共同塑造对案件事实的叙述。④

首先，就第一处疑点做出分析，碑阳与碑阴关于覆背村滩地权属的记载存在矛盾之处，笔者认为碑阳的记载更为可信，即窑头、覆背两村在咸丰五年以前，均在滩地上有粮地租地。从碑阳判语中可知，覆背村出具的碑文经过查验、质证、讯问，说明其为多年旧碑，并非其为赢得讼案而伪造。针对第二处疑点，笔者推测判语中所言"查核两村所呈碑文印册内载两村地亩数目多寡相等"系有司构造的"事实"。判语有载："（覆背村）有碑文为凭，坍印呈验内载覆背村共坍入河中地七段计地四百七十九亩七分三厘"（碑阳第7—8行），但窑头村出具的证据材料——粮租地契八十九张，经与河内县备案的《窑头村滩地鱼鳞细册》进行比对，仅有十六张业户名姓相符，可以作为证据。通过两村出具的证据，显然无法得出"两村地亩数目多寡相等"的结论。那么，怀庆知府又因何做出这样的判断呢？

《大清律例·户律·田宅》"检踏灾伤田粮"罪中有条例解释道：

> 凡沿河沙洲地亩被冲坍塌，即令业户报官，勘明注册；遇有淤涨亦即报官查丈，照原报之数拨补，此外多余涨地不许霸占。如从前未经报坍，不准拨给……仍令各属按数造报，统俟五年大丈，再行履勘造册送

---

① Yasuhiko Karasawa, From Oral Testimony to Written Records in Qing Legal Cases, in Charlotte Furth et al. (eds), Thinking with Case, University of Hawaii Press, 2007, pp. 101–124.

② 徐忠明："台前与幕后：一起清代命案的真相"，载《法学家》2013年第1期。

③ ［法］梅凌寒："刑科题本的拟成：以宝坻县档案与刑科题本的比较为依据"，载中国政法大学法律古籍整理研究所编：《中国古代法律文献研究》第11辑，社会科学文献出版社2017年版，第440页。

④ 王志强："论清代刑案诸证一致的证据标准——以同治四年郑庆年案为例"，载《法学研究》2019年第6期。

部，以定升除。其报坍、报涨在两县接壤之处者，委员会同两邑地方官据实勘验，秉公拨补……地方官不查丈明确，以致拨补舛错，查出，照官吏不用心从实检踏律分别议处。①

可见，《大清律例》对滩地纠纷规范的核心是勘明事实，因为地亩的多寡直接与纠纷的解决和赋税相关。其不仅规定了滩地坍塌或涨淤时，沿岸百姓和地方官的操作规范，还规定了地方官失职的罪名。在窑头、覆背两村的滩地纠纷中，显然根据现有证据已无法查明坍入河中的滩地亩数。那么，习惯及习惯法能否为断案提供可行依据呢？晋豫地区有"隔河不认地"的习惯，即："沿河地亩以河为界，如河身移裹，土地坍塌，不能在对岸淤涨之地，主张拨补"。②若以此断案，窑头村势必不服，难以达到息讼的效果。所以怀庆知府在判语首部便排除了适用此习惯的可能：

> 查向来两岸争控滩地之案，往往断以河水为界，各听天命者，乃指两岸均系毫无凭据之地而言，果有塌粮在内，则不能概作滩地。俾有借口，尚无原坍确据，亦不能任听携取，致酿争端。总须向两村确查，有无真实凭据，并两村而外，又有并何项官私地亩存有坐落此处河滩确据，或竟系各村各里全无承种凭据之地，一一查讯得实，方可定断，并绝习讼。③

怀庆知府和河内知县若要摆脱"不查丈明确""不用心从实"的嫌疑，只能让两造对判决心服口服，让纠纷得到妥善解决，从这种结果导向来构造出两村及利害关系人均认可的事实。所以，怀庆知府先对窑头村、覆背村、玉清宫均在坍入河中的旧滩地有租地的事实进行认可，然后将新淤涨滩地的主体部分均分给两村，再将东西两面的余地分给玉清宫，落得一个皆大欢喜的结果。也许这样的判决对覆背村而言有所亏欠，但能了却长达四年的讼事，也是一种可以接受的结果。《怀庆府正堂断案判语碑》现存于伏背村（覆背

---

① 张荣铮、刘勇强、金懋初点校：《大清律例》卷九《户律》，天津古籍出版社 1993 年版，第 207—208 页。

② 前南京国民政府司法行政部编，胡旭晟、夏新华、李交发点校：《民事习惯调查报告录》，中国政法大学出版社 2000 年版，第 157 页。

③ 《怀庆府正堂断案判语碑》碑阳拓片 3—5 行，详见本文附录。

村）王氏祖祠，从此碑的存立地，亦可看出覆背村对判决的接受。

有学者指出，官方对河道变迁引起的滩地之争，基本都会采取平分土地的方法解决，"平分其田"甚至可以作为审理滩案时的划界原则。①窑头、覆背两村滩案的判案思路并非个别现象。譬如乾隆五年（1740），洪水过后，黄河在山西蒲州城西南处形成一个面积较大的泥滩，山西永济县村民称之为"鸡心滩"，陕西朝邑县村民则称之为"夹沙滩"。两县对滩地权属发生纠纷，发生械斗，消息传至京城惊动乾隆皇帝，其令时任晋抚爱必达详加会勘，秉公定界，②直至乾隆十三年（1748），新任山西巡抚准泰提出平分地亩，划沟立界的方案。③又如嘉庆十年（1805），黄河改道，山西荣河县与陕西韩城县产生滩地纠纷，地方道员也判令划界平分。④这种平分滩地的思路显然不是出自法理的考量，而是基于地方社会水文变迁的情况下，兼顾情理法，做出的纠纷双方均可接受的、有利于社会稳定的设计。这也是传统司法智慧的体现。

（二）政治史的视角：滩案行政程序透析

从法律碑刻的生成方式与制度属性分析，碑石的刻往往需要经过公议、审批、备案等特定程序。⑤讼案碑亦如此，无论是案件的审断还是碑石的诞生，都会经历严格的行政程序。通过解读怀庆府正堂的断案判语可知，处理此件滩案是经严格的行政程序反复勘验、审核、登记造册、立界碑才得以完成的。纠纷伊始，先由两村绅士调处，调处未果，诉至县衙。知县反复勘验滩地，并讯问两村首事人，期间再次调处，仍未息讼。故而两村首事人上控至怀庆府，怀庆知府再委本府的道员，会同河内县的官员再行会勘滩地，并提集窑头、覆背两村首事绅者，玉清宫、圣水观两庙主持及投递公呈的在城绅士，详加质讯。

《户部则例》专门对黄河在河南省部分的滩地做出规定："河南省沿河堤外滩地，编列区号，以五顷四十亩为一区，植树为界，每区各择一人，专司查丈造册。遇有塌长（涨），随时即升除。"此外，其也对滩地的"坍涨拨

---

① 胡英泽："河道变动与界的表达——以清代至民国的山、陕滩案为中心"，载《中国社会历史评论》第 7 卷，天津古籍出版社 2006 年版，第 199-219 页。

② 王欣欣编著：《清代山西巡抚》，三晋出版社 2013 年版，第 111 页。

③ （清）准泰：《为遵旨抄案绘图恭呈丈明鸡心滩情形平分立界等情事》，乾隆十三年闰七月二十六日，中国第一历史档案馆藏，档号：04-01-22-0026-156。

④ （清）刚毅修，安颐纂：《晋政辑要》卷一《户制·杂赋》，上海古籍出版社 2002 年版，第 85 页。

⑤ 李雪梅：《中国古代石刻法律文献叙录》，上海古籍出版社 2020 年版，第 5 页。

补"做出详细规范：

> 凡沙洲坍塌，令业户报官堪明原业顷亩若干，实坍若干，注册立案。遇有淤涨，仍报官丈明拨补，先尽成洲有业之坍户，有余再及沙滩水影无课之坍户，仍各以报坍先后为序……隔属坍涨芦洲如此，属新涨之地，实系彼属旧塌之数，上下对岸显有形迹可据者，该上司委员会同两邑地方官，据实勘验，秉公拨补。该新涨地方不得借本处之涨抵补本处之坍，曲为偏袒。若所涨与所坍形迹不符，旧坍地方亦不得妄争。①

可见，怀庆知府在断案中的操作是较为规范的，他在经办时尤为注重丈明土地，讯得真凭实据。当他酌断出新滩的划分之法后，又进行了一系列保障措施。譬如其责令丈明两村新分滩地后，在中间立一界址。滩地中段北侧五顷为窑头村所有，南侧五顷为覆背村所有；东段一顷数十亩归玉清宫所有；西段余地则由经厅衙门收管。这一举措既符合户部规定，也符合当地"田地以界标为准"②的习惯。实际上，传统划界方式不仅有植树为界、立碑为界，还有筑墙为界等，在民国时期，河南也出现了灰印为界的习惯："邓县田地多以界标为准，如界标灭失，只须挖出灰印，亦无争议。源该县裁界，必于界下先撒石灰，以为日后界标灭失之准备。设无灰印可考，即凭丈量。"③

最后，怀庆知府责令两村首事人于十日内开具两村认租花名亩数清单，出具认状，投县造册立案。此外，也需在怀庆府备案一本花名地亩册，以便核查。这些经办流程也与《户部则例》中"清厘田粮册"之规范相符："各省所有粮田丈册、鱼鳞柳条等图册，令各州县俱封存内署，亲自检查经管。如遇买卖更易、荒垦升除，即于簿内登注，不得假手胥吏。新旧交代一例造入交盘，违者参处。"④仅从行政、司法程序来看，这些流程是相当严格且复杂的，在这一系列程序中，府、县官员严谨的态度，也对滩案得以合理、迅

---

① 故宫博物院编：《钦定户部则例》卷一〇《田赋·民地》，海南出版社 2000 年版，第 109 页。
② 前南京国民政府司法行政部编，胡旭晟、夏新华、李交发点校：《民事习惯调查报告录》，中国政法大学出版社 2000 年版，第 130 页。
③ 前南京国民政府司法行政部编，胡旭晟、夏新华、李交发点校：《民事习惯调查报告录》，中国政法大学出版社 2000 年版，第 130 页。
④ 故宫博物院编：《钦定户部则例》卷一〇《田赋·民地》，海南出版社 2000 年版，第 97 页。

速解决起着重要作用。

（三）社会史的视角：滩地纠纷背后的战乱因素

窑头、覆背两村争控的新滩仅有十一顷，与黄河流域其他地区发生的众多滩案相比，涉案地亩面积并不大。双方为何产生长达四年之久的纠纷，又缘何大费周章地将此案诉至怀庆知府？除上述司法层面存在证据不足等问题外，是否与有其他社会因素相关？这就不得不提到滩地纠纷发生两年前的太平军围攻怀庆之战。

怀庆是黄河以北的重镇，其形势险固，连接燕、晋，府郡殷实，历来是兵家必争之地。清顺治元年（1644），李自成大顺军集结两万多兵马与清廷怀庆总兵金玉和在柏香镇大战，这场战役改变了清、大顺、南明弘光朝的历史走向。咸丰三年（1853），太平天国发起著名的怀庆之战。太平军在北渡黄河以前，米粮业已短缺，其攻打怀庆的目的之一便是希望于此补充军粮。七月初，太平军进抵怀庆府，怀庆太守余炳焘与河内县令裴宝镛皆死守。太平军无奈采取"四面围困，粮尽自破"①的持久战略，"沿沁河堤筑土圈"②，围攻怀庆五十八日方撤围进入山西。窑头、覆背两村皆在沁河河内堤的范围内，其在此次战争中有所受损。据史料记载，"（太平军）入豫境也，计失府城一、州县城二十，期间家破人亡不堪议思。即余有少鹤仙舟之家，虽未遇贼，而家室已空，殆有甚焉者，其堪设想耶"。③可见怀庆之战对当地造成的损害之重。

正因遭遇了兵荒马乱、巷空粮绝的战乱，当两年后浚水改道而形成新滩时，窑头、覆背两村才会争执不下，玉清宫、覃怀书院绅士才会并起控争。由于滩地受河道变迁、河水泛滥影响较大，故而怀庆知府在断案时做出"其两村现在认种之地，仍每年照最轻租"的判决。掌握了有着丰腴土壤的新滩，也就意味着生产生活秩序有望从战乱中快速恢复，况且这些租种这些田地还能享受最轻等的田赋。

---

① 谢兴尧：《太平军北伐史》，载王有立主编：《太平天国丛书十三种》第 1 辑，华文书局 1969 年版，第 34 页。

② 胡长龄：《俭德斋随笔》，载王有立主编：《太平天国丛书十三种》第 2 辑，华文书局 1969 年版，第 256 页。

③ 陈善钧：《癸丑中州摧兵纪略》，载王有立主编：《太平天国丛书十三种》第 2 辑，华文书局 1969 年版，第 250 页。

四、从文字到图像：图纹蕴藏的法律文化

分析完《怀庆府正堂断案判语碑》的文字部分，再将目光聚焦于碑刻中的图案与纹饰。在碑阳，"垂示千秋"四字将碑额分为左右两部分，分别刻画了两幅审判场景。碑阳正文部分四周环绕有二方连续纹①。在碑阴，"滩地志"三字亦将碑额分为两部，刻有大致对称的云龙图案、团云纹。碑阴中段还刻有两幅地形图，中段右侧为怀庆府划定争端各方应得滩地示意图；左侧为立碑方覆背村滩地内各段田亩地形图。此外，碑阴的正文部分被一种不规则的点状纹饰环绕。所以，碑阳、碑阴的碑额处及主体部分，共有6幅图案和两种纹饰（如图3、图4所示）。

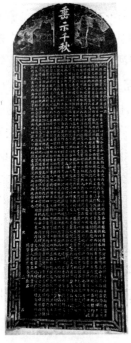 

图3　碑阳　　　　　　　　　图4　碑阴

---

① 连续纹样是纹样的一种组织形式。指具有无限制扩展，超越任何框架限制，没有开始与终结或没有边缘而有一定秩序的纹样形式。其构成方法用一个或几个单位纹反复交替排列，构成条状或块状图形，条状的称为二方连续纹。参见郭廉夫、丁涛等主编：《中国纹样辞典》，天津教育出版社1998年版，第2页。

　　就形制而言，刻画如此丰富的图纹且保存完整的讼案碑着实珍贵。相较于道光十六年（1836）《路井下硔渠水断结碑》①、光绪二十三年（1897）《河南府正堂示谕章程碑》②等其他带有图纹且保存较完整的河南水利讼案碑、示禁碑，《怀庆府正堂断案判语碑》碑额的图案更显特殊。包括上述两通在内的水利碑，纹饰大多为缠枝写实花卉纹、变形花叶纹或云纹，而《怀庆府正堂断案判语碑》的碑额却是审判场景和云龙纹。

　　首先，碑阳之额左右两部分刻画了两幅审判场景。但值得注意的是，左部展现的乃是冥界审判（图5）。通过审判者冠饰及发髻可以看出，其为阴间判官，与右部人物的形象截然不同。笔者将其与清绘本《聊斋全图》中的阴间判官形象③相比较（图6），发现两者极为相似。右部刻画的是人间的讼案场景（图7）。立碑者为何在碑阳之碑额刻画了一阴一阳两幅场景呢？李雪梅教授指出："在信仰刻石中，有大量记述阴司冥罚、神道设教等内容的文字。而这些内容正展示了非正式法存在的社会价值……民众对神界与阴间的想象虽然是虚幻的，但确是一种真实的'存在'。阴司冥罚的'存在'也是一个例证。"④因此，笔者认为《怀庆府正堂断案判语碑》中刻有一阴一阳两幅审判场景，是因立碑者希望借助民间信仰的力量强化讼案判决及此碑的权威性，体现了中国古代"明有法度，幽有鬼神"⑤的传统观念，反映出阴与阳、刑罚与教化相辅相成的关系。⑥

---

　　① 范天平编注：《豫西水碑钩沉》，陕西人民出版社2001年版，第308—311页。

　　② 《河南府正堂示谕章程碑》又名《大靖渠章程十二条》。参见陈长安主编：《关林》，中州古籍出版社1994年版，第244页。

　　③ （清）《聊斋全图》第53册，奥地利国家图书馆藏清代绘本，第14页。

　　④ 李雪梅：《法制"镂之金石"传统与明清碑禁体系》，中华书局2015年版，第282—283页。

　　⑤ 《东岳庙供奉香火义会碑记》，载东岳庙北京民俗博物馆编，赵世瑜辑录：《北京东岳庙与北京泰山信仰碑刻辑录》，中国书店出版社2004年版，第18页。

　　⑥ 李雪梅：《法制"镂之金石"传统与明清碑禁体系》，中华书局2015年版，第284页。

图 5　碑额左部所刻　　　图 6　清绘本《聊斋全图》　　图 7　碑额右部所刻
　　　冥界审判　　　　　　　　中的阴司　　　　　　　　诉讼场景

　　以比较的视角放眼寰球，可知"冥界审判、阴司冥罚"的思想及与之相关的铭刻行为非中国所独有。古埃及宗教的核心是来世复活，而"末日审判"则是复活的关键。"末日审判"观念最早见于中王国时期的墓葬铭文、绘画，到新王国时期成为《亡灵书》的重要内容，一直盛行到希腊罗马时期。[1]由作为冥界之神的奥西里斯负责审判，并由 42 个神陪伴。[2]在末日审判的天平上，一端是死者的心脏，另一端是象征正义的玛阿特女神（Maat）的羽毛。这种用天平称量心脏进行审判的形式，是古埃及人的创造。所以"合法公正"一词在埃及的文字里同义于"无罪"。[3]有学者考证，古埃及关于末日审判的描述，其实也是现实生活中诉讼的翻版。[4]古埃及"末日审判"的观念也深刻地影响到犹太教及基督教的理论架构。可见，借助神明信仰包装诉讼，以达到警示、震慑世人之目的，是一种较为普遍的现象。

　　其次，碑阴之额刻有大致对称的两幅云龙图案。奇怪的是，刻碑者在刻画龙的图案时，将龙爪做了技术性处理，以至无法辨明这两条龙究竟有几爪（见图 8）。这到底是刻碑者有意为之，还是无心之举？

---

　　① 颜海英：《希腊化埃及的"末日审判"观念》，载李肖编：《丝绸之路研究》第 1 辑，生活·读书·新知三联书店 2017 年版，第 17 页。

　　② N. Schmidt, JH. Breasted, The Development of Religion and Thought in Ancient Egypt, London: Hodder& Stoughton, 1972, pp. 300−301.

　　③ 井涛著，于明补遗：《古埃及法研究》，商务印书馆 2015 年版，第 40 页。

　　④ N. Schmidt, JH. Breasted, The Development of Religion and Thought in Ancient Egypt, London: Hodder& Stoughton, 1972, p. 309.

图 8　碑阴额刻云龙图、团云纹

笔者认为这与清代使用龙纹的规制、规仪相关，是"礼"的具体表现，所谓"图必有意"，即通过图案"昭名分、辨等威"。龙作为中华民族的象征和吉祥物，其图案形象虽非皇家所独占使用，却也有着严格的使用制度。清代对龙图的使用，特别是龙爪的多寡早有定制。《皇朝礼器图式》《清会典》等官方正史及《清稗类钞》等掌故遗文均有记载。据《大清会典则例·礼部》记载：

> （顺治）九年（1652）题准：凡五爪、三爪龙，满翠团龙段及黄色、秋香色黑狐皮，上赐者许用外，余皆禁止，不得存留，亦不得制被褥帐幔。若有越用及存留者，系官照品议罚；常人鞭责，衣物入官；妻子僭用者，罪坐家长。①
>
> （康熙）二十六年（1687）题准：凡官民等，不得用暗花之四爪龙、四团八团龙段及照品级织造，暗花补服又似秋香色之香色、米色亦不得用。大臣官员，有上赐五爪龙段，皆令去一爪用。②

可见，寻常百姓使用龙图装饰，稍有不慎将龙爪数量搞错，便有僭越之举。所以笔者推测《怀庆府正堂断案判语碑》的立碑者既希望刻画云龙纹，以彰显此碑的权威性，又顾忌龙纹的使用规制，所以让匠人灵活处理，将碑额处两条龙的龙爪做技术性修饰，以免有僭越之嫌，授人以柄。

通过"法图像学"的研究方法，探析《怀庆府正堂断案判语碑》图纹隐蕴的法律文化，笔者有两点拙见：一是研究法律碑刻时，既要关注文字信息，也需分析图像信息。若重文轻图，往往会忽略某些文字无法表达的重要史实。

---

① 《大清会典则例》卷六五《礼部》，清文渊阁四库全书本，第1022-1023页。
② 《大清会典则例》卷六五《礼部》，清文渊阁四库全书本，第1024页。

这也对制作拓片提出了更高的期待，即需将整个碑额及碑石四周的图纹拓印清楚，而非仅拓印碑文。二是"精耕细作"的研究态度对法律碑刻研究而言极为重要。立碑地点与碑文性质的关联、纸本与碑本的时间差、撰写者与刻立者的身份差异，以及碑额、碑侧的图案、文字，甚至碑石的裂纹皆是研究者需要关注并加以探析的。

＊　＊　＊

《怀庆府正堂断案判语碑》不仅具有文物属性，①也具有文献和制度属性。法国著名地理学家阿·德芒戎曾说："环境的内部分布着地理现象。为了清楚地看到一般现象的全貌，最好从特殊的、局部的现象开始去观察这个区域内的居民……去明确由某一片土地和一群人类的结合而产生的有活力的东西。"②碑石记载的河内县窑头、覆背两村的滩案，就是研究晚清河南滩地纠纷及解决方式的一个切面。笔者受日本学者井黑忍博士《山西翼城乔泽庙金元水利碑考》一文③的启发，从法律史、政治史、社会史、法图像学等不同视角审视此碑，不仅了解了晚清沁水变迁的水文信息，也探究了争控双方的权益诉求、地方官府断案的价值选择、处理滩案纠纷的行政程序、滩案背后的社会历史因素以及碑石图纹中蕴藏的法律文化。透过滩案的解决过程可以发现审案官员适用"平分其地"的先例，重塑了案件"事实"，利用《大清律例》《户部则例》等国家制定法排斥了"隔河不认地"的民间习惯法，从而平衡利益，定分止争。这一过程蕴含的传统司法智慧，值得今人深入研究。

附录　碑文整理

（一）碑阳录文

【碑额】

　　垂示千秋

---

　　① 该碑系市级文物保护单位。参见河南省文物局编：《河南文物》，文心出版社 2008 年版，第 1159 页。

　　② ［法］阿·德芒戎：《人文地理学问题》，葛以德译，商务印书馆 2017 年版，第 11 页。

　　③ ［日］井黑忍："山西翼城乔泽庙金元水利碑考——以《大朝断定使水日时记》为中心"，载《山西大学学报（哲学社会科学版）》2011 年第 3 期。

【碑身】

01　怀庆府正堂高大老爷断案判语

02　讯得窑头、覆背两村争控滩地一案，自七年四月迄今处和一次、勘讯两次，尚未定案。该两村均称各有粮地多项，坍入河中理应发补，而俱不能捐出实在

03　凭据，经该县断令各种一半，仍不甘心息结，以致本年有争割麦禾之事。查向来两岸争控滩地之案，往往断以河水为界，各听天命者，乃指两岸均系毫无

04　凭据之地而言，果有塌粮在内，则不能概作滩地。倘有借口，尚无原坍确据，亦不能任听携取，致酿争端。总须向两村确查，有无真实凭据，并两村而外，又有并

05　何项官私地亩存有坐落此处河滩确据，或竟系各村各里全无承种凭据之地，一一查讯得实，方可定断，并绝习讼。现经本府调查，两村粮租各地契约，并

06　研诘有无证据。先据窑头村呈出各户粮租地契八十九张，核与该县乾隆二十八年前，县查造《窑头村滩地鱼鳞细册》内有业户名姓相符者，一十六契，是

07　窑头村之向有租地粮地坐落此处河滩，自可凭信。又据覆背村呈出地契只七张，据称因乾隆二十六年，该村被盛涨冲刷，各户文契遗失，但有碑文为凭，

08　塌印呈验，内载覆背村共坍入河中地七段，计地四百七十九亩七分三厘，实系多年旧碑，非事后可以捏造，是覆背村之有粮租各地坐落此处河滩，亦

09　属有凭。覆又查各项入官滩地有无坐落此处者，据城内圣水观主持呈出康熙四十五年碑文一张，内载坐落覆背东庙内滩地二顷十九亩，又坐落相距

10　窑头村五里之盖村河滩内庙地一顷八十亩。据主持供称，每年河水涨落不定，所租种者不及一半，是圣水观之坐落此处又属有据。惟玉清主持所禀坐

11　落此处滩地，查诘至再并无凭据。惟据两庙主持金供，从前滩

地本系两庙一同经理，分资养膳，听凭核断等语，当即提集窑头、覆背两村首事绅耆，并两庙主

12　持及投递公呈之在城绅士，详加质讯，各无异说，均求酌断。本府覆查是处沁河内新涨滩地，前经该县丈量共地十一顷数十亩。虽已查明覆背、窑头两村及圣

13　水观均有坐落此处河滩地亩凭据，但不能指出原坍四至亩数，势难按段按亩，竟作为粮租各地拨补，只应准该两村先以滩地纳租耕种。查核两村所呈

14　碑文印册内载两村地亩数目多寡相等，酌断覆背、窑头两村在于新滩十一顷之中各认种新滩地五顷，以新滩地南北正中为界限。南岸归覆背村，北岸归

15　窑头村。饬县亲往该处丈明滩地各五顷，在中间立一界址，即责令首事人陈与祁、陈正邦、王瀚、王懋德等于十日内开具两村认租花名亩数清单，出具认

16　状，投县造册立案。其两村现在认种之地，仍每年照最轻租则解司充公，随后查明原坍四至确据如实，有与契约粮册针孔相对者，随时按亩除租，作为坍

17　粮拨补，以昭核实。嗣后两岸河水毋论淹没何岸滩地，总以中间界址为定，均不得越中间之界。或南岸再有新涨，归南岸认种；北岸再有新涨，归北岸认种。

18　各听时运，不准再行争执。至玉清宫并无坐落是处河滩地亩，既据与圣水观主持金供，当时滩地本由一庙经理，即以覆背、窑头两村每认种五顷外，尚余

19　新涨滩地一顷数十亩，断给玉清宫作为养膳。并饬县勘明是处新涨地内，除丈隶两村十顷地外，在于东西两面丈明余地若干，给付该庙领种。并查明窑

20　头村滩地东西两面，照数量出仍照县断十四亩九分地，拨归覃怀书院，交与经厅收管可也。　　　　　　首事人贡生王懋德书丹

21　　　　　　　　　　　　　　　铁笔济源县黄承锦勒石

22　大　清　同　治　十　二　年　六　月　谷　旦　立　石

（二）碑阴录文

【碑额】

滩地志

【碑身上段】

01 咸丰九年控争西滩地亩志

02 人之常情，为则恶其毁也，成则恶其欢也。于其所爱者而攻之，

03 则必哗然辩；于其应得者而夺之，则必忿然争。各执其是，互相

04 诋非，则讼兴焉。予村西邻沁水滩地，与窑头村接壤，其中虽有

05 粮租各地而水无定向地点，因之地在南岸者，归于覆背村；

06 地在北岸者，归于窑头村。以水为界，由来旧矣。自咸丰五年以

07 前，水流南岸，北岸滩地，俱系窑头村耕种，不记其年。五年以浚

08 水流北岸，地应覆背村耕种，而窑头村不舍。初则玉清宫覃怀

09 书院绅士并起控争。予村王瀚兴其事而未出首。至六年，有

10 张万成、李悦孝、王有法、王成达，以及在滩地户六十三家，与窑头

11 村争收秋禾，始将王瀚与其弟懋德牵入词内，历讼四年，经县主

12 师大爷勘讯两次，处和一次，俱以水系分流，地应分种为辞因未息

13 然而上控焉。至九年，经府尊高大老爷讯明，水非分流，照两村粮

14 租地各凭据断令，在滩地中各得地五项，永远分种，不以流水为

15 界。判语详悉，勒诸前面。虽系因粮得地，而粮地无针孔相对之变，

16 故暂令认租照至轻等，则完纳所有认种。花册府县各存一本，以

17 凭永照。尤恐年远就湮，又将兴讼始终以及地形落认租花户

18 勒诸石以志不朽云。

【碑身中段右部】

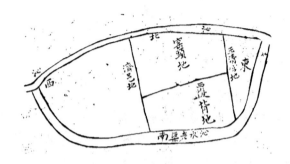

【碑身中段左部】

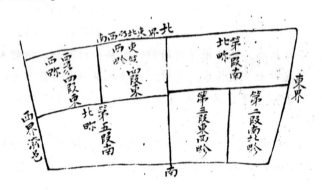

【碑身下段第一部分】①

第一段南北畛由东往西派，每段宽三步	坐落舞楼脊背	第二段南北畛由东往西派，每段宽八尺	第三段东西畛由北往南派，每段宽二步二尺	第四段东西畛宽三步一尺五寸	第五段南北畛由西往东派，每段宽二步二尺
王成孝	一号	卅六号	三一号	二二	四号
王学济	二号	四六	十号	二四	二五
李悦禄	三号	七	十一	三三	六号

---

① 表格已将原碑中横排改为竖列，并将商码点校为汉字数字。

续表

第一段南北畛由东往西派，每段宽三步	坐落舞楼脊背	第二段南北畛由东往西派，每段宽八尺	第三段东西畛由北往南派，每段宽二步二尺	第四段东西畛宽三步一尺五寸	第五段南北畛由西往东派，每段宽二步二尺
王有法	四号	廿七	六一	四号	十一
李道合	五号	四八	二五	三九	四五
张兆祥/魁□宗	六号	五五	九号	八号	十五
王宗□寅	七号	四一	二七	一六	十号
张万□成	八号	五十号	六十号	三四	三五
王宗□合	九号	卅一	四三	二一	二三
张万顺	十号	卅号	六二	二号	六一
齐学礼	十一	卅二	三号	十	四一
魏德福	十二	廿六	五七	十九	三六
王学喜	十三	十八	五一	一二	十四
张兆吉	十四	六四	五三	十五	十六
王有其	十五	卅七	三四	二八	五九
王慎松	十六	十九	五四	五三	三八
王成书	十七	一号	六号	三一	二四
李芳田/义	十八	十号	五号	六三	十二
张兆鹏	十九	五六	二号	十号	五一
齐怀寿	廿	四三	四八	四一	六十
李芳法	廿一	五四	四九	二五	十三
王成忠	廿二	四四	三五	六十	廿号
王慎合	廿三	六三	四号	五二	四二
王成魁	廿四	十二	五十	三七	十七
王学楫	廿五	十一	一号	二六	四一
王成邑	廿六	三号	廿号	四二	一号
王成洛	廿七	四号	二一	四一	二号

续表

第一段南北畛由东往西派，每段宽三步	坐落舞楼脊背	第二段南北畛由东往西派，每段宽八尺	第三段东西畛由北往南派，每段宽二步二尺	第四段东西畛宽三步一尺五寸	第五段南北畛由西往东派，每段宽二步二尺
王成伦	廿八	卅九	二八	一号	五十
王宗和	廿九	廿二	五六	二三	二七
王成银	卅	四九	五二	五六	四六
王名哲	卅一	八号	四八	九号	三七
王宗智	卅二	廿八	一九	四三	二九
王成聚	卅三	卅三	一八	五十	十九
李悦孝	卅四	十三	三三	四九	五二
魏起宗	卅五	廿三	四四	十八	廿一

【碑身下段第二部分】①

第一段		第二段	第三段	第四段	第五段
魏起宗	卅六	二四	四五	十九	十二
王成立	卅七	卅七	三九	廿号	七号
王成宝	卅八	卅八	三二	五号	五号
王宗道	卅九	二九	五五	二九	十八
王有义	四十	五□	一五	五四	五四
李□富	四一	五一	二二	五五	卅号
李芳甲/福	四二	一六	十七	五一	五三
魏得福、王宗禹	四三	二一	四二	四十	五八
王宗亮	四四	十五	三七	四三	三一
王成宁	四五	十七	二六	三五	三二

---

① 表格已将原碑中的横排改为竖列，并将商码点校为汉字数字，仍保留碑中空行。

续表

第一段		第二段	第三段	第四段	第五段
张成宗	四六	十四	三八	四四	八号
王成才	四七	九号	三七	四七	四九
王学东	四八	四五	十四	四八	六三
王成朝	四九	二号	二三	一二	五五
王有旺	五十	六号	二四	一三	九号
王宗彦	五一	四十	四六	三号	三号
王学登	五二	四七	十六	三七	二八
王成奇	五三	五号	十二	六一	四八
王成正	五四	五二	七号	三二	三三
空					
空					
空					
空					
王成正	五五	五三	八号	三一	三六
王宗仁	五六	五八	卅号	六号	五六
王名周	五七	五九	二九	七号	五七
王成钱	五八	卅八	二七	二七	四七
王成达	五九	二五	三一	四八	六二
王有令	六十	六十	五九	十四	二六
齐学礼	六一	六一	十三	卅号	三九
王成邑	六二	六二	二一	五九	四四
王成洛	六三	六三	廿号	五八	四三
		此段坐落舞楼脊南边	此段坐落北边照舞楼脊，西顶南北小路	一段两开，东一半，北往南派；西一半，南往北派	

水上交通、水利堰坝与流域社会

——以清代民国广西桂江流域碑刻为中心

江田祥*

【摘 要】本文通过解读清代民国时期广西桂江流域现存有关水上交通与水利堰坝的碑刻资料，解析了桂江流域水上交通与商业运输等多个环节，以及桂江流域的农民、渔民、盐商、木商与行商、船户与船帮等围绕着河道、堰坝、鱼梁而产生的纠纷诉讼，一定程度展现了清代民国时期桂江流域以河流为中心的复杂社会关系，以及立体的社会图景。本文研究可为广西河流与交通历史研究提供两方面的启示：第一，以河流与水上交通为切入点，历时性地综合分析桂江流域河流环境、多元生计模式人群与社会经济之间的动态关系；第二，通过解析不同人群在诉讼纠纷时所使用的话语表达，可透视出清代民国时期不同产业在政府赋税结构中的地位及其从业人员社会地位的变动。

【关键词】水上交通；水利堰坝；赋税结构；桂江流域；碑刻

一、前言与资料

自秦朝开凿灵渠以来，桂江连接着西江水系与长江水系，湘江—灵渠—桂江一线，是华中与岭南地区之间惟一的水上交通路线，在唐宋以后具有重要的水上交通战略地位。入清后，随着山区开发、省际大宗货物运输及军事战争的需要，官府不仅多次修凿维护灵渠与桂柳运河，桂江流域内各干支流也兼

---

* 江田祥，历史学博士，广西师范大学历史文化与旅游学院副教授，广西地方民族史研究所珠江—西江经济带发展研究院研究人员。本文为国家社科基金一般项目"明清时期桂江流域的环境、社会与文化研究"（19BZS103）、2013 年度教育部重大课题攻关项目（13JZD038）、广西高等学校千名中青年骨干教师培训计划资助项目的阶段性成果。

具水上运输、水利灌溉的功能，因此桂江流域内外的农民、渔民、盐商、木商与行商、船户与船帮等各色人群，围绕着河道、堰坝、鱼梁与水上交通产生不少纠纷诉讼，在官府裁决下订立各种规章，也留下了一些可供进一步探讨的碑刻资料。

本文主要依据已出版的石刻资料与方志等相关书籍，以及田野调查所获部分碑刻，整理出清代民国桂江流域有关水上交通与水利方面的碑文资料目录如下（见表1）。

表1　清代民国桂江流域水上交通与水利碑文目录 ①

序号	碑名	刊立地点/现存地点	河段	事由	时间
1	筑坝议约碑文	荔浦县	荔浦河	堰坝	乾隆四十四年（1779）
2	禁止木簰出入陡河告示碑	1. 兴安县大溶江口水街村 2. 严关古牛陡旁	灵渠南陡	木排	道光元年（1821）
3	塘市行船抽号布告碑记	兴安县塘市村	灵渠南陡	船户	道光五年（1825）
4	临桂县两江镇高桥村碑铭	临桂县两江镇高桥村	桂柳运河	船户	咸丰元年（1851）
5	广西巡抚禁封船只布告碑	桂林市区解放桥	桂江	船行	咸丰年间
6	严禁衙役索扰商旅碑记	恭城县城周王庙	恭城河	勒索	同治二年（1863）

① 表1资料来源：唐兆民编：《灵渠文献粹编》，中华书局1982年版（本书出版信息以下省略）；《中国西南地区历代石刻汇编》第13册《广西桂林卷》，天津古籍出版社1998年版；曾桥旺编著：《灵川历代碑文集》，中央文献出版社2010年版；刘志伟主编：《广西恭城碑刻集》，广东人民出版社2014年版；唐凌、熊昌锟选编：《广西商业会馆系统碑刻资料集》，广西师范大学出版社2014年版；吴滔、于薇主编：《湖南江华碑刻集初编》，广东人民出版社2018年版；曾桥旺、庾亚洲编著：《湘桂古驿道上的三街》，内部资料2019年。

续表

序号	碑名	刊立地点/现存地点	河段	事由	时间
7	修筑南堰及有关事项告示碑	灵川县三街镇	灵川潞江	堰坝	同治七年（1868）
8	严禁放鸟入堰塘捉鱼批示碑	兴安县灵山村	灵渠南陡	捕鱼	同治十年（1871）
9	梁正麟为周致骏等所放竹木过一六两都水堰出示晓谕碑	灵川县潭下镇上黑石码头	灵川甘棠江	木排	光绪三十三年（1907）
10	修荔航运碑文	荔浦县修仁镇东门码头	荔浦河	商业	光绪三十三年（1907）
11	判决坝案碑记	恭城县莲花镇势江村	恭城势江	木排	宣统元年（1909）
12	署理平乐府长封示禀准革除船行积弊记	恭城县龙虎乡	恭城河	船行	民国元年（1912）
13	规定陡河行船办法布告碑	兴安县南渠口水街村	灵渠南陡	木排	民国二年（1913）
14	严禁木排入陡河布告碑	兴安县南渠口水街村	灵渠南陡	木排	民国十六年（1927）
15	禁止妨害灵渠航运布告碑记	兴安县灵渠景区四贤祠	灵渠南陡	木排	民国十六年（1927）

根据上表所列，现存碑刻主要分布在灵渠一线、桂江干流及临桂县桂柳运河，灵川县甘棠江、潞江，恭城县恭城河、势江，荔浦县荔江等支流沿线。首先，灵渠一线处于桂江流域水上交通核心位置，存有 6 通碑刻，内容涉及盐商与木商、农民与渔民、农民与行商及船户与船行之间的诉讼；本文专辟一节分析探讨灵渠与水上交通的关系；其次探讨水利堰坝与山区竹木、水上航道的关系；最后探讨渔民与水利堰坝、水上交通的关系。通过现存碑刻所见桂江流域河流、堰坝与水上交通关系的分析，梳理桂江流域水上交通所涉及的诸多环节，以期深入探讨清代民国时期桂江流域水上交通的运行实态与

社会关系。

二、灵渠与桂林水上交通

自清康熙年间至道光元年（1821），广西官府维修灵渠、疏浚河道共有11次之多，灵渠已成为广西南来北往的"官河""官路"，不得任意阻遏霸占。灵渠一线现存最早有关水上交通纠纷的碑刻，是道光元年（1821）的《禁止木簰出入陡河告示碑》，兹抄录碑文如下：

> 道光元年四月，禀奉两广总督部堂阮、广西巡抚部院赵、兼署按察使司继、两广盐运使司查、署理盐法道翟、署桂林正堂郎、兴安县正堂余，严禁木簰永远不许出入陡河。
>
> 钦命广西等处承宣布政使司布政使兼署按察使司印务随带加一级、纪录十二次、军功记录二次继，钦命分巡右江兵备道、管辖思恩、百色等处地方、署理桂平梧郁盐法道加三级又加一级、纪录五次翟，为严禁木簰入陡阻运以便商旅事。
>
> 照得兴安县陡河，上通省城，下达全州，为粤省咽喉要路，官商船只，络绎不绝。临全埠行盐办饷，国课攸关，更赖此一线河身为销运之地，岂容阻塞，致滞行旅，而误课程。本年四月，据埠商李念德具禀，木簰不遵故道行走，拦入陡河，梗塞河路，致将盐船碰翻，并被棍徒乘机将盐搬抢等情，恳请示禁前来。当查木簰行走，既有一定章程，自不便任其紊乱、肇衅滋事，随饬县查覆。去后，兹据兴安县禀称：查得兴安西乡所出木植，其附近全州西延一带，向系由山路运至兴安县五排，再由五排山路运至西延河下，扎簰至楚销售；所有兴安六峒、华江一带山树，均系放至大溶江大河，扎簰运省发卖，向无陡河行走之事。近年以来，因往省售卖不敷工本，运至楚省可获微利，除陡河之外，别无河道可通。此木簰现由陡河行走之情形也。核与埠商所禀相符。本司道查陡河河本身窄，蓄水无多，如一叶扁舟，行走已为不易。况成簰木料，岂易遄行，乃遂一二人牟利之私，阻千万人经由之路。既经查明兴安等处所出木植，系由西延、大溶江一带放运，向不入陡行走，旧章久定，何得妄更。该木商等贪图微利，溯上流，不循故道，致使盐船挽运不前，占客征帆望洋兴叹，诚属阻隔官路，肆意妄行。自应严行示禁，以资利

济，而使行旅。除详明两院宪并行桂林府转饬兴安县勒拘抢盐人犯，务获究追详办外，合行出示严禁。为此示，仰商民人等知悉：嗣后凡贩运木植，须循照旧定章程，由西延、大溶江一带行走，俾各相安无事，不得改由陡河逆运，致阻河道，有碍盐船以及往来舟楫。其在省售卖木料，只许在省售卖，不许扎簰入陡。倘再抗违，故将木簰霸占官河，以致争竞滋生事端，定即严拿究办，决不宽贷。

本司道言出法随，慎勿身试，致殆后悔。各宜凛遵毋违。特示。

道光元年五月十八日。①

此告示碑由广西布政使继昌、右江兵备道署理盐法道翟锦观颁发，"详明两院宪并行桂林府转饬兴安县"，故列有多位官员，上至两广总督阮元、广西巡抚赵慎畛，下至桂林知府郎锦骐、兴安知县余清标。此告示内容不仅要勒拘道光元年（1821）四月灵渠上抢盐人犯，也严禁木排进入灵渠。

"埠商李念德"为乾嘉道年间定居广西桂林府的李宜民及其子嗣承充盐埠时所用的商名，其经营的"临全埠"所辖盐埠分布于广西桂江流域及湘江上游，沿桂江水运航线皆可到达，②而灵渠是埠商李念德通往湘江上游桂林府全州、灌阳等地之咽喉。

漓江上游山深林密，多产竹林，又有河流交通便利，不仅成为本地人的重要经济来源，也有不少外地商人来此采买。据实地考察得知，兴安县华江乡同仁村有衡州会馆一处，说明外地木商多来自湖南。竹木运输全赖水运，也形成了较为固定的外销路线："兴安西乡所出木植，其附近全州西延一带，向系由山路运至兴安县五排，再由五排山路运至西延河下，扎簰至楚销售；所有兴安六峒、华江一带山树，均系放至大溶江大河，扎簰运省发卖，向无陡河行走之事。"一条向北沿资水进入湖南，一条向南沿漓江上游的华江、六洞河、黄柏江等进入漓江抵达桂林。至少在嘉庆年间，木商将木排运往广西省城售卖不敷工本，而运至湖南尚可获微利，于是木商起意改由灵渠行走。但这一水上运输路线的改变导致抢盐事件发生，经埠商李念德上控，广西布

---

① 唐兆民编：《灵渠文献粹编》，第243—245页。

② 段雪玉："李念德：清代两广地区盐商翘楚"，载《中国社会科学报》2017年11月10日，第5版。

政司、盐法道官员会衔发布告示，严禁木商扎排进入灵渠："嗣后凡贩运木植，须循照旧定章程，由西延、大溶江一带行走，俾各相安无事，不得改由陡河逆运，致阻河道，有碍盐船以及往来舟楫。其在省售卖木料，只许在省售卖，不许扎簰入陡。"

盐商与木商在灵渠一线水上运输的矛盾，既受制于河流自然环境，也因沿线村落建造的大量水利堰坝设施，导致灵渠水上运输大受影响。

一方面，从河流自然条件上来看，灵渠河面狭窄，水量并不充足，"陡河河本身本窄，蓄水无多，如一叶扁舟，行走已为不易"。据文献记载，灵渠陡门至迟设于唐朝宝历年间，通过陡门调节水位，后又设立陡军进行管理；南陡河道狭窄，在枯水季节，水位不高，船只行走不易。据1960年7月时广西师范学院（今广西师范大学）地理系师生调查，灵渠南陡河水深在一米左右，深的地方可达二米，个别地方很浅，人能挑担过河；沿岸有许多木堰、土石墩及灌木丛，妨碍船只通行，须进行清理河道工作，才可以通航中小型木船与木筏。①

另一方面，灵渠河面上林立的水利堰坝也影响着水上运输。乾隆十一年（1746），据兴安知县杨仲兴《陡河图说》一文记载，灵渠北陡有二十八处堰坝，南陡有堰坝二十五处：自长塘堰至圆塘堰、滑石滩堰坝、邓家三堰坝、牛角湾堰坝、黄埠堰、鸡公湾坝、金山坝、黑石坝、社公坝、走沙滩坝、石门墈坝、黄茅坝、娘娘庙五坝、一甲三坝、冷水坝、罗家堰坝止②；至1970年代，南陡河上还有三十多处堰坝，本地人唐兆民先生称"旺水季，船过堰门，一般不用关堰积水，枯水期过堰，也要像塞陡一样关闭枢门，等到水位提高之后，才能移船而行。如遇天久不雨，旱象已成，农民例须封堰蓄水灌田，这时商船过堰就得受到限制，视旱情的轻重，规定三、五、七天开堰一次，让船通过"③，船只通过灵渠时间漫长，必将严重影响商业利益。

清代，以桂林东江浮桥为界，浮桥以北往兴安、全州、湖南、江西方向

---

① 广西师院地理系桂林专区河流调查队桂江分队：《桂林专区桂江流域水文调查报告》，1960年版（本书编者和出版信息以下省略），第63页。

② 《兴安县志》卷三《舆地三》，道光十四年（1834）刻本，第22页。

③ 唐兆民编：《灵渠文献粹编》，第300页。

的船只叫上河船，浮桥以南往平乐、梧州、南宁、广东等地的称下河船。①自桂林北去的上河船如何顺利运载货物、有序经过灵渠，尚须进一步研究。据新编《灵渠志》记载，灵渠自西而东进入湘江沿线有五个码头：溶江盐埠大码头、严关画眉塘码头、三里陡码头、县城渡头江码头、唐家司码头，溶江盐埠大码头是以运输食盐为主的码头，从梧州来的大船一般在这里卸盐换船，故称"盐埠"；自盐埠大码头进入灵渠南陡，至严关画眉塘码头上岸歇脚休息，又至三里陡码头卸盐等货物，发往兴安县城、全州及湖南等地；唐家司码头（今兴安县兴安镇塘市村）在兴安县城北约7公里，这里曾设立巡检司，自湖南、全州来的大帆船须在此停泊卸货，因此成为重要的中转站②，有不少船户在此地从事官府、民间货物的转运事务。今塘市村湘江边有一块残缺的《永远遵守碑》（图1、图2），记载了兴安、塘市二埠船户抽用、号钱的规章，兹抄录全文如下：

　　永远遵守（碑额）

　　署兴安县……顺等赴……义等如果舞……传集讯明，饬……道光三年议立……千文，遇有装铜差……示仰舡埠及舡户……封一号照依条内载……货物须投行挂号以□□□□□□□□□□□□□□□而舡户人等毋□。倘有不遵，许各指名具□□□□□□□□□□□遵，毋违，特示。

　　一议兴安、塘市两处，长□□□□□□□□□□河，过境卸除，两处舡埠不取用、号。

　　一议兴安搬堤、写载货物，□□□□□□□两抽用三分，亦为帮差费，无号。

　　一议小驳舡赴塘市写载长□□□□□□每两抽用五分，以为帮差之费，有用无号。

　　一议小驳舡短水装货、搭客至□□□□途止，有号无用，每只号钱六十文。

---

① 参阅宋维桢："辛亥革命前后桂林商业的概况"，载《桂林文史资料》第10辑，内部印行1982年版，第140-141页。

② 参阅兴安县地方志编纂委员会编：《灵渠志》，广西人民出版社2010年版，第86-87页。

一议兴安短水装货、搭客至粤□□□□水，中途有号无用，每只号钱四十文。

一议兴安、塘市两处小驳舡只□□次，每次舡一只，议定全州、桂林止卸。

告示

街保刘裕丰、□□敷、颜裕美、曾大顺、刘柏顺、陶宏魁

武举夏廷柏、何福□、唐朝瑞、肖世清、张永隆、谢宏恩、王家耀

教官夏时鼎、文振□、除亨义、汤栖贤、曾太顺、许名泰、秦加松

监生何登崔、曾德林、张仕铭、左源裕、刘祥芝、蒋见龙、谭绳启

监生宋文珫、彭三盛、秦逢宪、刘义泰、陈玉若、凌耀宗

大清道光五年岁次乙酉六月二十九日驳舡户刘仲顺众姓人等公立①

图1 《永远遵守碑》上部残石

---

① 碑现存于兴安县兴安镇塘市村与江背村相对的湘江边，2018年6月调查所得。感谢厦门大学历史系陈瑶老师帮忙解读此碑文。

图2 《永远遵守碑》左下部残石

此碑文残损较为严重。从现存碑文可推知，道光三年（1823）船行与兴安、塘市二埠驳船船户曾订立行船规章，后驳舡户刘仲顺等人因事上诉县衙，兴安知县（当为李天信）又于道光五年（1825）再次订立规章，刘仲顺等人将其刊立于塘市。兴安、塘市二处船埠各有不少小驳船船户，他们当由船行进行管理，船行根据运载货物类型及渡客、距离来收取船户佣钱或号钱。如议定每次自兴安、塘市两处至全州、桂林小驳舡各一只，对兴安船埠承担搬堤、卸载货物的船户每两抽三分，对赴塘市的小驳舡船户每两抽五分，对兴安与塘市二埠短途装货、搭客的船户各收取40文、60文号钱。他们订立的规章维持着灵渠水上运输事务，而其订立过程的背后隐含着船户、船行之间的纠纷与协商。

关于灵渠南、北陡河道船只通航情况，1934年旅行广西的田曙岚记载灵渠可行载重万斤之民船。①据1938年3月由扬子江水利委员会派人调查后写成的《湘桂水道查勘报告》称，灵渠"航运虽通，仅能行七八千斤之民船，而上行尤为艰窘，上水时日行不过数里至一二十里。灵渠自与大溶江合流后，

---

① 田曙岚：《广西旅行记》，辽宁教育出版社2013年版，第293页。

河面骤宽，约为二百公尺，流五十二里至灵川，又七十五里至桂林，以滩浅甚多，仍为小民船之航运。全县（按：今全州县）富农产品，大都运销桂林，水程三百余里，需时二十余日，每担运费约需国币一元"。①由此可知自桂林上行经灵渠南陡至兴安县、全州的水上交通较为艰难，在灵渠河道行走的民船，日行不过数里至一二十里，导致船户、客商空耗时日，利益受损。

因此，上河船只是否订立行船惯例，如果有的话，行船惯例又是否发生过变化，民国三年（1914）漓江道署的《规定陡河行船办法布告碑》给我们提供了这些信息。兹抄录碑文如下：

广西漓江道署布告第拾□

案据七省客商有信、寿丰、广裕、怡隆、元兴、有成吉、萧德生、源太祥、广德安、福泰林、□□□□□□裕兴高，船户萧友山、文秀山、邓春甫、张子荣、黄五六、李忠、林卿长、姚益生、蒋又清、唐□□□□□，桂林上河船只，载运客货，往来全、兴，经过地点，其关紧要者，莫如圜塘地方□□□□入之门户，往来船只，分次第开行，先到者先开，后到者不许僭越，相沿至今，习为惯例。

前船□□□搁，不肯退让，后来之船，莫能开行。经旬累月，在船户坐耗伙食，徒滋亏累；在商家货物停滞，税□□期，益受影响。若不设法变通，双方俱有不利。当经召集七省各行商暨船帮全体，共同讨论议定，□后船只出入陡河，经过圜塘暨大溶江、唐家市等处以上船，如前船设有浅搁之处，以两日为限，如不能开行，即将船只退下，让后来之船上驶，次第开行。如有不遵，禀官究治，似此办法，实属平允。双方同意，大众表决。诚恐日后有不知之船户，变更成议，仍蹈故辙，致有损失。为此，据情恳祈俯准立案，并颁示勒石遵守等情。

并准桂林商务总会转据该商号、船户等，投同前请道核办。查该商号、船户等，所拟船只出入，经过圜塘暨大溶江、唐家市等处，前船设有浅搁，以两日为限。如果不能开行，即将原船退下，让后来船只次第开驶，于商业、交通均称便利，尚属可行。除令兴安县查照外，合行布

---

① 《湘桂水道查勘报告》，载《水道查勘报告汇编》第1集，经济部刊物第2种第3类（1939年1月），第8页。

告来往船户一体遵照，毋得违反，致干查究。此布。

中华民国三年六月十日道尹金开祥①

上述碑文称民国三年（1914）以前上河船只的惯例是"往来船只，分次第开行，先到者先开，后到者不许僭越"。但如果前有船只搁浅，又不肯退让，而后来船只又不能开行，势必导致船户坐耗伙食、徒滋亏累，商家货物停滞，利益大损。所以民国三年时七省各行商及全体船帮共同讨论议定，"□后船只出入陡河，经过鼉塘暨大溶江、唐家市等处以上船，如前船设有浅搁之处，以两日为限，如不能开行，即将船只退下，让后来之船上驶，次第开行"。如果前行搁浅的船只两日之后不能开行，就须退下。此公议由桂林商务总会转据该地商号、船户等，一同前往漓江道核办，并由漓江道道尹金开祥发布告示。这一新的行船布告，促使桂林水上交通更为畅通，商业更为兴旺。

然而，民国初年商会、商人对旧有行船惯例的改变，可能会激发商人继续挑战成规的勇气。民国十六年（1927），木商李文藻等人"犯禁放筏入陡"，使得时任广西民政厅厅长的粟威颁布《严禁木排入陡河布告碑》，重申清代禁令：

> 为严禁木排入陡，以利交通，而便行旅事。据兴安县长马维骐呈称，案查木筏入陡，久干例禁。县属牛路陡地方，曾刊永禁碑记，系前清道光元年本省司道会衔出示。百余年来，商贾往还，无敢（渝）[逾]越。盖以一线河身，有陡三十六处，每年动支库储，从事修葺，始能阻水放舟。一旦弛禁，船、木并行，不但梗塞河路，易肇衅端；且堰坝林立，设有触损，漂及田舍，公帑亦因之同受损失。此则历代所以永禁木筏入陡之大概情形也。

> 此次木商李文藻等犯禁放筏入陡，非不知禁令所在，徒以事久年湮，民间相习或忘。且谓国本已移，此种碑示，疑已视同具文，效力未必溯及，故敢轻于尝试。现在既将该商处罚，勒令退出，诚恐商民未悉，或遂相率效尤，似不能不重申禁令，以杜奸商牟利。理合具文，连同□柘碑记呈请察核俯赐，根据碑文，重新颁发布告，勒石河干，从严永禁，

---

① 唐兆民编：《灵渠文献粹编》，第253—254页。

以便行旅，而息争端等情。计呈墨拓《永禁木筏入陡碑记》壹纸前来，合行布告，仰商民人等一体知悉。嗣后凡贩运木植，永远禁止扎筏逆运入陡。倘敢故违，定行严拿罚究，决不宽贷。其各凛遵毋违。切切。此布。

中华民国十六年十月日

厅长粟戚①

碑文指出"历代所以永禁木筏入陡之大概情形"，是因为如果船、木并行，堵塞水路交通，容易引起争端；也会毁坏河中林立的堰坝，两岸农田遭殃，国家赋税也因之受损。它还指出木商李文藻等人以为"事久年湮，民间相习或忘"，"国本已移，此种碑示，疑已视同具文，效力未必溯及"，民国广西政府为杜绝"奸商牟利"，或相率效尤，而便于商民行旅，因此在南渠口水街村旁、马头山麓牛陡北岸各刊立告示碑，"重新颁发布告，勒石河干，从严永禁，以便行旅，而息争端"。

结合上文对桂林至兴安、全州及湖南一线水上交通的分析，道光元年（1821）与民国十六年（1927），广西官府两次禁止木排进入灵渠，一方面是受限于灵渠狭窄的河面，同时也是为了维护本地盐课与商业利益，减少商业争端纠纷。

三、水利堰坝与竹木运输、水上航道

清代民国时期，桂江流域干支流上各建有不少堰坝，在水利灌溉方面发挥着重要作用。堰坝是建在渠道里的一种拦河蓄水、引流入沟灌田，或激水推动筒车进行灌溉的设施；同时，桂江干流也承担着重要的水上运输功能。1928年，技士罗汉馨《调查湘桂交通水道报告书》一文总论湘漓二江水道形势曰：

> 湘江上游地势均属倾斜，上游尤甚，河面又逐渐加阔，兴安上流仅十丈左右，至全县已四十丈开外，沿江又多水堰（横江筑坝截水使趋一隅以动水车曰水堰）横断全河，仅于近岸之一边开水口以行船，故航行

① 唐兆民编：《灵渠文献粹编》，第255-256页。

甚难，尚幸各滩多属二三寸径之卵石，船虽难过，尚少危险……陡河以下直至桂林，皆有横亘全河之水堰，较湘江尤多，全河地势之倾斜度，亦与湘江相等，幸藉浅滩阻水，方不致一泻无余。①

自兴安至全县的湘江上游河段建成的不少水堰，通常只开一堰口以便行舟，航行甚为艰难。在灵渠南陡一线，据唐兆民先生调查，建在河面较宽渠道中的堰坝，自赵家堰以下共计有 32 座。它的结构一般都用大木作成长方形框架，横置渠中，两边都用长木桩密排深钉，框架里则堆砌鹅卵巨石，砌成高约一米、宽约三至四米的斜面滚水堤坝。较简单的堰坝，不用大木框架，而是用竹篓囊石，横亘江面，再用长木桩排列竹篓两边，密密钉固。②在桂林至大溶江约八十里河段内，除浅滩及水坝外，深水之处颇多，也有"水堰为数十五，车约百架"③，这些横亘桂江河面的罗家堰、观音堰等 15 处水堰虽开有堰口，但其不适宜处计有两端："一系位置不宜，致上下行船每易搁浅触礁；一系堰口水面骤然降落，有达一公尺者，致船只上行时，必须联合数只乃至十余只船夫互相协助，共同推进，蠕动前行，困难万分"④。正如 1960 年代的桂江流域水文调查报告指出，在富群江、思勤江、恭城河、荔浦河，由于当地居民为了灌溉和捕鱼，常在河中筑起柴坝或堆石坝，严重妨碍了船只的通航。⑤

清初以来，桂江流域山区开发进程加速，农业垦殖的海拔高度不断提高，湖南、江西、广东等不少外地商人也进入山区，采买本地丰富的竹林资源、经济作物等。⑥然而需要关注的是，本地及外省商民如何利用河流运输山区竹木，如经过水利堰坝时作如何处理，一旦他们与农民二者产生矛盾，官府又如何裁决。这几个问题恰好有几块碑刻可以反映出来。

首先抄录光绪七年（1881）《严禁沿河居民变卖木商漂流竹木碑记》（图 3），

---

① 罗汉馨："调查湘桂交通水道报告书"，载《广西建设月刊》1928 年第 7 期。
② 唐兆民编：《灵渠文献粹编》，第 300 页。
③ 罗汉馨："调查湘桂交通水道报告书"，载《广西建设月刊》1928 年第 7 期。
④ 湘桂水道工程处："桂江大溶江桂林间局部改进工程施工报"，载《扬子江水利季员会季刊》1940 年第 1-2 期。
⑤ 《桂林专区桂江流域水文调查报告》第 1 册"桂江流域自然地理及河道情况"，第 31 页。
⑥ 参阅唐凌、侯宣杰等：《广西商业会馆研究》，广西师范大学出版社 2012 年版，第 40-65 页。

此碑现存兴安县华江瑶族乡千家寺红军标语楼内。

特授桂林府兴安县正堂加五级、纪录五次柳，为出示晓谕严禁事。案据西乡监生龚崇佑、[龚]允中、生员龚杰、监生黄国华、廖[代]庠、黄官礼职□□□举院书梁□炳，客民黄宗清、庄立谟、施大宏、赵荣□[经]金玉□等称，为公恳赏示，严禁掳捞，以保商旅而卫地方事情。生等居住六峒，山多田少，本处所产稻梁，不敷半年食用，全赖禁蓄竹木，砍伐编筏，运省发卖，藉以养生。

惟河身陡狭，水小不能运动，水大每至漂流，幸有冲军湾、[斧]子口两处，岸高塘曲，竹木至此，多随水势停阻。该处人民帮同捞获，存放一处，俟客人认货，照章收取，不准据为己有，擅行变卖，禀蒙前宪示禁在案。

图3 《严禁沿河居民变卖木商漂流竹木碑记》

不料年久玩泄，本年五月初[四]日河水暴涨，有木客刘金财漂去杉木二百余株，流至城坪，被该处孙显标等捞获数十株。金财前往认取，竟有私行变卖之事，因此争闹具控案下。现蒙恩讯，分别究追完结□渎，生等复思此案虽蒙结息，嗣后犹恐滋事，如不赏示严禁，永远遵行，为害商贾匪轻，贻祸地方更重。只得联名公恳赏示严禁等情到辕等因，据此合行出示严禁。为此示，仰□处沿河□□□□为此□□□□等知悉，□示之后□□□麦□□□等随□捞获如数存放，客人来认，准其[如数]收取，□敢□□□□□□之，切切，毋违，特示！

光绪七年八月十一日①

---

① 云南民族古籍丛书编纂委员会编：《瑶族石刻录》，云南民族出版社1993年版，第116-117页。原文错漏较多，兹据原碑录文。

如今此碑碑面已被凿，幸碑文尚依稀可见。碑文称兴安县西乡监生龚崇佑等人"居住六峒，山多田少，本处所产稻粱，不敷半年食用，全赖禁蓄竹木，砍伐编筏，运省发卖，藉以养生"。由于华江"河身陡狭，水小不能运动"，每年竹木乘涨水之际漂流，至冲军湾、斧子口两处，这两处岸高塘曲，竹木多在此停阻，"该处人民帮同捞获，存放一处，俟客人认货，照章收取，不准据为已有，擅行变卖，禀蒙前宪，示禁在案"，从"禀蒙前宪，示禁在案"八字，说明此前本地也曾有擅行变卖上游竹木之事。光绪七年（1881）五月初一日河水暴涨，木客刘金财的杉木二百余株漂流至城坪（应为华江乡升坪村），却被孙显标等捞获数十株，私行变卖，刘金财联合西乡监生龚崇佑等人上控至兴安县衙。

此处不讨论桂北山区木材产权及其贸易的具体细节，仅就木材运输方式而言，本地乡民与木商利用六洞河的湍激水势，将竹木漂流至冲军湾、斧子口两处，再由客商认货收取，然后编筏运至桂林发卖。但这种水上运输方式容易引发纠纷，经过地方官府数次裁决并刊立禁碑，才及时维护了本地乡民与木商利益。

在灵川县西北东、西两江及流峰江，则有木商因放运竹木经过堰坝，引发二者诉讼之事，光绪三十三年（1907）《梁正麟为周致骏等所放竹木过一六两都水堰出示晓谕碑》有完整记载，抄录如下：

> 钦加同知衔、署理桂林府灵川县事，奏留补用正堂梁，为出示晓谕事。案据东、西两江及流峰江绅耆周致骏、陈锡钧、苏坤寿等二十二人禀称：为借堰重索，弊窦最深，公恳核准详立案，颁示遵照，以畅河道，俾农商而不相妨事。窃东西两江及流峰江地方，号称三江，山多田少，全赖竹木运放潭市变卖，以资生计。向来经过各堰，并不抽钱。自光绪二十九年，六都之石门、官桥、黄柏及一都之龙潭、江州、倩口、豆潭、蒋家、观里、甘村、大山（四）等堰，乃有无赖之徒，每于三、八、四、九排过之日期，借修堰为名，将堰门墙挖开一口，又浚深车漕，使水尽归二口流出，堰门上下涸枯涓滴。竹木等排，必须塞住车漕始能挖口放下，该堰民便将木桩（栏）[拦] 住挖口，声称修堰，希图□□，始则每排纳银一、二毫，继则抽至十余毫不等。必厌其所欲，方敢拔去木桩放行，否则阻滞久延，经□□复□□，三江之□□□苦，□□□□□历

前县主陈、刁、汪三任，具经上控，均未了结，及去岁九月，石一峰等人以借修堰为名，□□□□□□□□□□□仁台案前，蒙□□□□□。（注：以下有四行字未能录出）

计开章程四条

一各堰修补日期，每年十月后修，三月前竣工。□□□□，非修补之时，一律畅行，不得索取分文。

一各堰民收银时，应写收银字据给排夫。

一实系修堰日期，排商应照章执行。□□□□□□者，□□□□，各堰□□□□□。

一每逢天干水浅时，准由排夫堵塞车漕，以便竹排畅行。

光绪三十三年七月二十日 实贴潭市晓谕 ①

由碑文可见，灵川县东、西两江及流峰江上游盛产竹木材，木材中以松杉木为主，竹林中以楠竹为主。"东、西两江及流峰江地方，号称三江，山多田少，全赖竹木运放潭市变卖，以资生计"，竹木历来由甘棠江放流而下进入桂江，再转运其他各地。甘棠江的潭下镇是三江竹木的集散地，故此碑立于潭下镇上黑石码头。在1960年青狮潭水库落成前，甘棠江上游仅有一些小型的山塘水库，甘棠江沿河多筑有拦河堆石堰，以木轮水车取水灌溉。②自甘棠江上游三江地区漂流下来的竹木必须要经过甘棠江上的这些水利堰坝，在光绪二十九年（1903）前，"向来经过各堰，并不抽钱"。但自光绪二十九年，"六都之石门、官桥、黄柏及一都之龙潭、江州、倩口、豆潭、蒋家、观里、甘村、大山等堰，乃有无赖之徒，每于三、八、四、九排过之日期，借修堰为名"，挖开堰坝口、浚深车漕，使得甘棠江河道水位下降，竹木等排须交纳银钱才能通过。"始则每排纳银一、二毫，继则抽至十余毫不等。必厌其所欲，方敢拔去木桩放行，否则阻滞久延。"因此西乡绅耆周致骏、陈锡钧、苏坤寿等人上控，"历前县主陈、刁、汪三任……均未了结"。光绪三十二年（1906）九月，石一峰等人又以借修堰为名勒索，周致骏等人再次上控，经县同知、署理知县的梁正麟裁决，确立章程四条，规定每年十月后至来年三月

---

① 曾桥旺编著：《灵川历代碑文集》，中央文献出版社2010年版，第467-468页。

② 《桂林专区桂江流域水文调查报告》第1册"甘棠江"，第81页。

前为各堰修补日期，其他时日"一律畅行，不得索取分文"；修堰日期，排商应照章执行；堰民收银时须给字据给排夫；每逢天干水浅时，准许排夫自行堵塞车漕，以便竹排畅行。

灵川县一都、六都各村在潭下以上的甘棠江河中修筑堰坝拦截河水，开沟引水或提水灌溉两岸的农田，关涉到大量农民的切身利益。此后他们是否完全遵循官府这一告示，因资料阙如不得而知。而镶嵌于恭城县莲花镇势江村社学遗址墙内的《判决坝案碑记》（图4），则揭示了清末乡民上控木商擅开堰坝的故事，体现了这一过程的反复性。兹抄录碑文如下：

> 钦加同知衔、特授恭城县正堂加五级、纪录五次钱为出示晓谕，以资遵守事。案据生员容本位等具控陈钟华等擅开粮坝等情一案。此案缘八甲洞势江河沿一带向有头圳坝、三圳坝、龙岩坝，历来塞水灌溉田禾。因职商陈钟华等开坝运放木簰，经该坝甲将簰截留，彼此争执控，经本县亲诣踏勘，集案讯明，农民筑塞坝水、灌溉田亩，与该偹内素产杉树，贩卖木料必由此河运放，农商两重，不容偏枯。断令嗣后每年春分以后、霜降以前，正田禾急需蓄水之时，每月只准逢三开坝，一月共三次，每次所放木簰，头圳、三圳两坝，限由七点钟起至一点钟止；龙岩坝准放至二点钟止，每次帮回该三坝塞工钱共三千文，其春分以前、霜降以后，无须灌溉，随到随开，不得勒收坝工钱文；所有木簰过坝，只准于旁边坝口放行，不得由坝中坝面任意开放；至所开坝口以陆尺宽为限，水以七寸深为限，过坝木簰限扎六尺宽，限连两簰，不得加宽加长，二比均各悦服，除取具双方遵结附卷外，合行出示晓谕，为此示仰木商坝甲及沿河居民人等知悉。嗣后永远，遵守定章，各木商不得违章，将坝任意开放，该坝甲人等亦不得违断留难阻滞，倘敢不遵，一经告发查实，定即拘案严惩，决不姑宽，其各凛遵毋违，特示！
>
> 宣统元年九月十六日告示
>
> 较准拾伍桥算盘之尺式
>
> 宣统三年四月初三日容本真等不遵前任钱县主所断，改坝口于湾曲浅水之处，宽深不足尺许，复诬控木商毁坝各情，以致彼此互禀，当经萧县主亲临踏勘，后谕饬商会劝息，二比悦服，各具遵结缴县立案批销，以息讼端。兹将结文照勒于后：

……恭城商务分会以一件因争头圳、三圳、龙岩开坝口各事，彼此互禀现县主，饬商会从中调处劝息。兹公同会议，此三坝均照遵前任钱公所断，宽以六尺宽为准，深以七寸深为准，饬照章办理，毋庸再议。惟日后坝口不得在适中开放，致令水湍难塞，亦不得向洲头湾曲浅水之处，致令木不能行。总之沧桑变更，不能预定，农商并重，不可偏枯。如系木簰过坝，未准有湾浅阻碍，各木商均宜照章纳给三坝共钱三千文；如有湾浅阻扰，即由木商唤该坝头当场移改，以能过度，坝费仍照章给纳。至所开坝口，两旁竖木为界，坝底横木均要生动，其六尺宽之空、七寸水之深，均由双方行商定，以十五桥算盘较准为壹尺，不得争长争短。如此和平，均各悦服，自愿遵劝息事，理合出具甘结，商会转缴恭城县立案批销，日后二比不得另生滋端，永久遵行所具遵结是实！

宣统三年四月十六日具①

图4 《判决坝案碑记》上部

恭城县东南势江上游素产杉树，贩卖木料必由势江运放，势江沿河一带向有头圳坝、三圳坝、龙岩坝，筑塞坝水、灌溉田亩。宣统元年（1909），因

---

① 刘志伟主编：《广西恭城碑刻集》，广东人民出版社2015年版，第420—421页。

木商陈钟华等擅开粮坝，被坝甲截留木排，本地生员容本位等具控至知县钱宝相。经过官员踏勘讯明，断令每年春分以前、霜降以后无须灌溉时，木排随到随开，不得勒收钱文；春分以后、霜降以前每月只准逢三开坝，一月共三次；头圳、三圳开坝时间，限由上午七点钟起至下午一点钟止，龙岩坝准放至下午二点钟止，每次帮回该三坝塞工钱共 3000 文；木簰过坝，只准于旁边坝口放行，不得由坝中、坝面任意开放；至所开坝口以陆尺宽为限，水以七寸深为限，过坝木簰限扎六尺宽，限连两簰，不得加宽加长。

此次官府规定木簰准于堰坝旁边开坝口放行，还限定了坝口宽度、河水深度及木簰宽度。但宣统三年（1911）四月，本地容本真等人"改坝口于湾曲浅水之处，宽深不足尺许"，导致二者再次诉讼。经知县萧凤韶亲临踏勘，饬恭城商务分会调处劝息，遵循旧有章程，规定木商不得在坝中开放坝口，致令水湍难塞；坝民也不得在洲头湾曲浅水之处开坝，如有湾浅阻扰，准由木商唤坝头当场移改。

民国《恭城县志》记载，"恭城僻处遐陬，山高水陡，与他县独异。讲求水利，专以筑坝为第一要义。查其筑坝之法，编竹或藤以为坝，磊掷石于中，横江塞之，引水入沟以灌溉田亩，水涨冲溃者则修补之，天旱水涸，则采刘楂蘖而加筑之"。[1]其次是使用竹车引水，或利用岩泉、井泉。筑坝需要集众人之力，设立坝头或坝甲，进行修筑与维护，制定分水规则，合理分配水资源；也需要共同应对木商等人毁坝过排。

关于恭城水利堰坝内部管理情况，尚无细致资料进行分析，幸好荔浦县有一方乾隆四十年（1775）的《筑坝议约碑》，记载了乡民在荔浦河上分工修筑金雷堰及其日常管理情况，可资参照：

> 窃关乡田同井支助，曾昭亲睦之风。井地同沟，势将必有均平之力。我金雷一坝，上自廖潭，下至古架，计数约有二千外工，该粮则占二千余石。人虽异其村，农田则共同水利。天时之旱潦不常，人事之筑防预备，或川必塞而得入，或沟必修而水通。倘无约束之条，当几终有规避之患。今将田分计自力后派定出工，占多工者不厌繁，占少工者则力宜

---

[1] 民国《恭城县志》卷一第三编《政治上》"水利"，载南京图书馆编：《南京图书馆藏稀见方志丛刊》第 160 册，国家图书馆出版社 2012 年版，第 374 页。

从简。一团稽立坝头，责其便于催督。每次修复，众集坝首，合以考核。如有抗众故违，罚所不贷；即或应期复异议，亦从之自愿。□□以往各村乃心遵约趋事，合齐出力如议赴功。庶井里存古道之遗，而农田获□□之□□□□今将众议条约开列如左：

一、田亩以三十工该筑坝一人为约，但田工参差，岂能划一当准；以二十五工以上至三十工以下，该人一名；三十五工以上、五十五工以下，该人二名；则于外占田少者凑足其数，若一人占田五十五工以上，则应该人二名，余此类推。

二、当筑坝之期，坝长先一日鸣锣，使各村悉知。次早，各人不得复务己事，则早饮食，听锣一鸣，随赴坝所，锣二鸣须齐集，锣三鸣即行下水运石。否则每人罚钱一百文，存作众人理坝修沟茶水之需。不遵众议者，任由众人定罪。有口外除修城、凿池、冠婚、丧祭数件，实系不得已之事，非规避者等不在议约内。此系众人公议，各人分内之事，非关一己之私，各宜踊跃遵守，可众姓一年胼手胝足之劳，不无少补者也。

三、众议所有来往木筏、竹筏，若遇天旱水紧之时，毋得任意私开，倘有不遵，一经拿获，罚钱三千六百文，交坝长筑坝公用。船只视多少加倍议罚。

乾隆四十年岁次乙未仲夏月谷旦立 ①

康熙《荔浦县志》卷二《沟洫志》称："荔固丸邑，民无他业，所恃者惟田，田之所恃者惟水，故顺水之势或用桔槔，或用车坝，或筑陂堰。尽人事以听天工，间有亢旱，亦不至于大歉者。"②该志记载了今马岭河上已建有多处堰坝，而荔浦河上的金雷坝不见载。据上述石刻，金雷坝当建于乾隆四十年（1775）。金雷堰灌溉范围，西起今荔浦青山镇料潭村，东至荔城镇古架村一带，"金雷一坝，上自廖潭，下至古架，计数约有二千外工，该粮则占二千余石"。它根据各家占田多少派筑坝人夫，每团在筑坝时设立坝头进行监

---

① 荔浦县地方志编纂委员会编：《荔浦县志》，生活·读书·新知三联书店1996年版（本书出版信息以下省略），第933页。

② （清）《荔浦县志》卷二《沟洫志序》，康熙四十八年抄本，第5页。

督，平时则设有坝长管理堰坝。

荔浦河是连接荔浦、修仁二县汇入桂江的重要水路，至清中期时，该河流水面上不仅通行各种船只，上游的竹筏、木排也顺流而下汇入桂江。因此该碑文记载"众议所有来往木筏、竹筏，若遇天旱水紧之时，毋得任意私开"，否则要罚钱三千六百文，还视船只多少议定罚金。

显然这种规定对修仁、荔浦二县往来荔浦河的船只非常不利，也不利于二县商业发展，金雷堰逐渐成为荔浦河水上商业交通的重要障碍，更是修仁县商业发展的重要瓶颈。晚清时期，广西官府重视商业发展，也注意到各地堰坝有碍水上商业交通的情况，尤其是一些河流牵涉多个州县时，须召集起来共同商讨。现立于荔浦县修仁镇东门河码头台阶上光绪三十三年（1907）的《修荔航运碑文》（图5），即反映了这一内容，兹抄录如下：

> 钦加同知衔署修仁县事、准补武宣县正堂加五级纪录五次刘，钦加同知衔署荔浦县事、补用县正堂加五级纪录五次廖，为会衔出示勒石以垂久远事。

> 照得修仁河流直达荔浦县，因沿河堤坝为农田水利所关，乡民旧多阻遏，遂至舟楫不通，商务冷淡，殊为阙憾。去岁奉抚部院电饬，凡地方有可兴之利，均著认真筹办，不准听其弃置等因。谋之修邑绅商黄植芳等，莫不以疏浚河道、利便商业为请，缘荔邑之金垒坝最为窒碍，非筹酌至当，则议论滋多。

> 因禀请上宪委员来荔，会同本县等传集两邑绅商、船户等沿河查勘，妥筹办法。查金垒坝原有大小两堤，当今船户将堤坎之高下、河身之浅深，细加测量，由上流分水入田，总沟处比较，该处架有小石桥一座，桥底有石板一块，距沟底约二尺许，水约平至石板，则下流之水已冒堤而过。今将大小两堤，督同船户照原样高低修塞，不准加高，亦不准将护堤土块私行移开，以致水不满堤。一俟水平桥板，诸田灌足，任由修邑船只由坝面冒堤而过。

> 总之，天旱水涸及需水之时，永远不准决口。至秋收后，大堤始准开口，任凭行船。至岐河小堤，亦一律修好，两傍略高，中间微低，如偃月形，使船身易过。如此办理，则修河之航路可通，于荔邑之农业无碍，磋商至再，众论咸孚，当由两邑绅商定立合同，一面兴工，并由本

县等会衔通禀各大宪，奉抚部院张批准照办。两邑绅襄办得力，准其传谕嘉奖，并饬刊运高大石碑，竖于两邑交界河干，俾资永守等因，奉此。

现查工程已完，合行出示，勒石晓谕。为此示仰两邑士绅商农，一体查照。合同章程，永远遵守，务期农商两益，不准再生异议。至此次修理河堤工费，系由修邑自筹，船户帮工修筑。自此以后，统归金垒村人修理。惟货船经过该坝，每只船取钱一百文，以作修坝之费，如系空船，仍不准取。其各遵照毋违。特示。

光绪三十三年七月二十日

告示　　　　　　　　　　　　　　晓谕①

图5　荔浦《修荔航运碑文》②

此碑透视出修仁县因"金垒坝最为窒碍"，导致荔浦河水上交通不畅，"舟楫不通，商务冷淡"，部分原因为"因沿河堤坝为农田水利所关，乡民旧

---

① 据原碑整理。参见荔浦县地方志编纂委员会编：《荔浦县志》，第933-934页。

② 《修荔航运碑文》拓片由荔浦县文物管理所提供。

多阻遏"，修仁船户与荔浦乡民之间当曾发生过多次摩擦。在广西巡抚张鸣岐电文督促下，修仁、荔浦二县知县召集绅商、船户共同商讨金雷坝开坝方案，规定"天旱水涸及需水之时，永远不准决口。至秋收后，大堤始准开口，任凭行船"。此次修理金垒坝等河堤工费，由修仁县出资、船户帮工，此后统归金垒村人修理；货船过坝，每只船取钱一百文，以作修坝之费，空船则不准收取。

在清平乐府恭城、荔浦、修仁县，地方官府大都秉持"农商并重，不容偏枯"的立场。恭城知县与商会等组织一道共同调处农民、木商争端，制定规章；修仁、荔浦二县绅商订立合同章程，则"修河之航路可通，于荔邑之农业无碍"，目的也是期望"农商两益"。

由于清代桂江流域内堰坝使用的材料并不牢固，不少堰坝都私自规定竹排、木排放运规则，选定停放地点，以防止堰坝被冲垮。如同治七年（1868）灵川县的《修筑南堰及有关事项告示碑》，规定"潦水放木，务由子堰扎桥放，不得谊水直冲大堰"[1]，此类碑文记载当还有不少。

四、渔民与水利堰坝、水上交通

先秦以来，渔业已成为南方地区重要的经济生计方式之一。广西东北部桂江流域、湘江流域有着丰富的渔业资源，河流沿岸分布着不少渔村、渔民。清代民国时期，桂江流域及湘江上游沿线不仅建有不少堰坝，也有不少鱼梁。鱼梁是筑堰拦水捕鱼的一种设施。

渔民们因争夺捕鱼河段而曾发生数次纠纷。如清代桂林兴安县的文姓渔民，一直活跃在灵渠南陡及漓江上，他们多使用鸬鹚、竹排进行捕鱼。雍正年间，兴安县渔民文振弘在漓江上游富江打鱼，被灵川县甘潭村渔民刘日朝控告到兴安知县案下。经过兴安生员王正色等商立各自捕捞界址，限定文姓渔民的捕鱼范围西至大溶江口，这意味着他们不得进入漓江捕捞。嘉庆三年（1798），兴安县渔民文开扬越界进入漓江捕鱼，又被甘潭村刘光周、刘安荣、刘世能等人控告至桂林知府案下，桂林府饬文兴安县查明"是否兴安鱼排恃强

---

① 该碑刻保存在灵川三街镇，收入曾桥旺、庾亚洲编著：《湘桂古驿道上的三街》，内部资料，2019年，第224页；潦水，在今灵川县北部，在三街镇北边汇入漓江，潦水上游山区也有木材漂流入桂江。

截踞"，兴安县出示严禁："各照江河旧额界址捕鱼，以杜争端"。①

清雍正、嘉庆年间，兴安县文姓渔民与灵川县刘姓渔民发生诉讼，地方官府先后发布告示，二者各自遵照江河旧额界址捕鱼，文姓渔民不得进入漓江捕鱼，只能在灵渠南陡打鱼；而他们乘坐竹排、使用鸬鹚进行集体捕鱼作业时，难免损毁灵渠河面上的堰坝，又与本地农民产生纠纷，这在同治十年（1871）《严禁放鸟入堰塘捉鱼批示碑》一碑中有记载：

> 窃为粮田必须粮堰，粮堰灌润粮田，上关国课，下济农民，不可毁伤，所固然也。今我处照价堰［按：赵家堰］及中堰以上各处堰塘，自先人呈究鸟排入境捕鱼，毁伤粮堰，历史无异。突于今岁，有不法之徒文相弼兄弟叔侄等，恃能毁堰，放鸟捉鱼，反捏诬控，蒙县主吕除批示外，于七月初十严拘讯结："文相弼捉鱼毁堰，伤课干例，殊属不合，自后鸟排永远不敢恃强入各处堰塘、堰坝，放鸟捉鱼；倘有不遵，许胡姓等拘送严究。各宜遵□，断不敢故违。"
>
> 抄县主□□原批录，拘文相弼批："查县城祀典，并为渔夫供给部司。文相弼□□藉词恃强，如果属实，候查案分别禁□。"
>
> □胡本连批："候差传讯究。"
>
> 讯后又禀批："此案早经讯断，文相弼尚敢违抗，殊属不法已极，候再差拘讯究。"
>
> 同治十年十二月吉日立，讨得李家田文姓山场刊刻碑一块。②

此一告示石刻现存于兴安县灵山村灵山桥旁，最后一行为"讨得李家田文姓山场刊刻碑一块"。李家田村在灵渠南陡北岸灵山村东数里。这一带当有不少文姓人从事渔业，在本地赵家堰一带胡姓等人眼里，他们时常"毁伤粮堰"。同治十年（1871），文相弼兄弟叔侄等"恃能毁堰，放鸟捉鱼，反捏诬控"，胡姓上控吕姓知县，最终知县判定："文相弼捉鱼毁堰，伤课干例，殊属不合，自后鸟排永远不敢恃强入各处堰塘、堰坝放鸟捉鱼；倘有不遵，许胡姓等拘送严究。"灵渠南陡河道本不宽阔，堰坝材质也不坚固，如果多个渔

---

① 《古额捕鱼界址碑》，载曾桥旺编著：《灵川历代碑文集》，中央文献出版社 2010 年版，第 234-235 页。

② 碑文载唐兆民编：《灵渠文献粹编》，第 273 页。

民同时进行捕鱼作业的话，很容易毁掉简易的堰坝，故当农民与渔民发生矛盾时，地方官府自然站在维护农民的立场。

在清代王朝国家视野里，渔民一直被划入"贱民"之列。虽然雍正七年（1729）五月雍正帝开豁蛋户贱籍，①但从事渔业的民众依然被歧视，他们甚至不能参加科举考试。社会文化身份较为卑微的渔民，经济地位较为低下，因此在法律诉讼之中也多处于弱势。民国十六年（1927），在桂林总商会、桂林上河水面30余家各行商号推动下，兴安县刊立《禁止妨害灵渠航运布告碑记》（图6），严禁村民沿河搭架鱼梁、霸占河道，兹抄录碑文如下：

兴安县公署布告第138号

为布告事。案准桂林总商会公函开案，据桂林上河水面行商号广福、泰裕、泰昌等三十余号投词称，为呈请转详重申禁令，勒石厉禁，以垂久远事。

窃查桂林以至灵川、兴安、全县沿途河道，每有渔户架木为梁、编竹为筌，名为获鱼之举，实则损害来往船只，迭次遭其损失，不可胜数。是以商等连年投请贵会，转恳灵、兴、全三县，饬令警团将各处鱼梁铲除净尽，永远厉禁在案。惟恐日久玩生，复蹈故辙，为此续恳转咨灵、兴、全三县重申，泐石河干，以垂久远，实功公谊等情。

据此，查上河沿途河道，往往有渔户架木编竹，暗中阻损船只，迭经据情商请布告严禁在案。该商号等现拟将布告泐石垂禁，以资久远，事属可行，相应函请查照，再予颁发，严重布告，交由敝会转给，俾使泐石而垂久远，至感公谊，此致等由。准此。

查灵渠一水，上通全县，下达桂林，水浅堤狭，秋冬犹甚。各行商贾仅恃此一线河身往来营运，万不能稍有障碍，致妨商船。而沿河村民，往往随处堆石架木，造作梁筌，捕取水族，乃以一二人牟利之私，阻千万人经由之路。本县长深悉其弊，迭经示谕，并密查严禁在案。

兹准前由，合再布告，泐石河干，永垂厉禁，仰沿河村民一体知悉。嗣后倘有不肖之徒仍前搭架鱼梁，霸占河道，以致往来舟楫转运不前，定即严行拿究，决不宽贷。本县长言出法随，慎勿身试，致有后悔，各

---

① 《清世宗实录》卷八一"雍正七年五月壬申"，中华书局1985年版，第79页。

宜凛遵勿违。切切！此布。

县长马维骐

民国十六年十一月十七日实竖大溶江晓谕 ①

图 6　《禁止妨害灵渠航运布告碑记》（何志刚提供）

桂林至灵川、兴安、全县沿途桂江、灵渠、湘江河道，有不少沿岸渔民架木为梁、编竹为筌。目前尚未找到桂江上搭架鱼梁的记载，这里引用乾隆末年（1793 年 12 月 3 日）英国访华使团人员爱尼斯·安德逊（Aeneas Anderson）沿途经过江西吉安府内赣江上观察到的鱼梁情景，"有些地方他们在水里筑起一行柱子，支住一片坚固的鱼簖，这些鱼簖放在江河的湾子地方，有时就横亘在河面；这样就很有效地挡住了鱼的通路，在鱼簖上再投上或系上饵食，鱼就成群而至，于是许多渔船集中到这里，渔夫们放下他们的网，收获就很不错"。②这些横亘在河面上的鱼簖，与桂江上鱼梁应大致相同，它们

---

① 该碑现存兴安县灵渠景区四贤祠秦堤旁，据原碑录文；另参见兴安县地方志编纂委员会编：《灵渠志》，广西人民出版社 2010 年版，第 107—108 页。

② ［英］爱尼斯·安德逊：《在大清帝国的航行：英国人眼中的乾隆盛世》，费振东译，电子工业出版社 2015 年版，第 201 页。

不仅挡住了鱼的通路，也当有碍于来往船只的通行。民国十六年（1927），桂林上河水面行商号广福、泰裕、泰昌等三十余号，联名向桂林总商会禀告，请桂林总商会转恳灵川、兴安、全县三县，饬令地方警团彻底铲除各处鱼梁。兴安县长马维骐着力执行，查访到"沿河村民，往往随处堆石架木，造作梁筌，捕取水族"，因此立碑于兴安大溶江与南陡渠口等处，严禁沿岸乡民在灵渠一线搭架鱼梁，"仰沿河村民一体知悉，嗣后倘有不肖之徒仍前搭架鱼梁，霸占河道，以致往来舟楫转运不前，定即严行拿究，决不宽贷"。

桂林至全州的上河沿途河道，包括灵渠南陡一线，不仅仅有鱼梁，还有不少堰坝。这些堰坝也是有碍于船只水上交通的，为何不能铲除？当然是由于堰坝关乎农业收成、关乎民生，最适宜的举措是改造堰坝、加入引水工具，不碍船只通行，实现农商两利。正如罗汉馨技士所提出的《改良水堰制私见》："湘漓上流水源，固属不足，而水堰之设，截取全河水分，更为妨碍航行，但事关民食，未可率废，宜设法改良之。且水堰之弊，在于利用全河水力，以动水车，苟能无需水力动车，俾水归航道，则水堰有压水之功，而免急泻，正应利用也。"[1]

清代民国时期，桂江流域渔业与农业、商业之间的矛盾逐渐凸显，经过几次诉讼较量，结果是农业与商业胜出，渔民不得损毁堰坝，桂林上河水面上的鱼梁应全部被铲除。

五、结语

本文解读了清代民国广西桂江流域现存不多的水上交通与水利堰坝碑刻资料。根据桂江流域地理区位与河流特点，清代广西官府多次疏浚桂江—灵渠河道，维护水上交通的通畅，运输滇铜、湘米、盐业等大宗货物。然而限于灵渠河道条件，从事水上运输的船户、船行为提高水上通行效率，也订立了相应的行船规则；桂江流域干支流上的不少堰坝、鱼梁，虽发挥着重要的水利灌溉与捕捞功能，但也成为水上交通的障碍，有碍商业航运。本文解析了清代民国时期桂江流域水上交通与商业运输等多个环节，以及不同生计模式的人群之间的利益纠葛，可为广西河流与交通历史研究提供两方面的启示：

第一，以河流与水上交通为切入点，历时性地综合分析河流环境、多元

---

[1] 罗汉馨："调查湘桂交通水道报告书"，载《广西建设月刊》1928年第7期。

生计模式人群与社会经济之间的动态关系。本文所解析的一些碑刻资料，一定程度上展现了清代民国时期桂江流域以河流为中心的复杂社会关系，以及立体的社会图景。围绕着桂江各条河流，碑刻中已涉及到的人群包含各个阶层，其中有耕作的农民、捕鱼的渔民，管理堰坝的坝甲或坝头，管理灵渠的陡夫，水面运输的船户、船帮乃至船行，行销各埠的盐商，放排的木商、贸易的行商、商帮，以及近代众多行商组成的商会。当他们之间发生纠纷时，有不同层级的官员查勘仲裁、发布告示，也有地方士绅（生员、监生）、绅商参与订立规章，甚至一些衙门胥吏还私下勒索从事运输的商人。基于桂江流域自然环境而产生灵渠与水上交通、堰坝与商业、渔业与商业之间的矛盾，以及盐商与木商、农民与木商、农民与行商、农民与渔民、商人与渔民等人群之间的诉讼，可深入揭示清代民国时期桂江流域的社会变迁。

第二，通过解析不同人群在诉讼纠纷时所使用的话语表达，可透视出清代民国时期不同产业在政府赋税结构中的地位及其从业人员社会地位的变动。在本文所引碑刻文献中，官府、地方士绅、绅商、商会、农民等不同人群在诉讼纠纷时中所使用的话语表达，颇值得玩味。兴安县胡姓农民自称"上关国课"，而称文姓渔民"捉鱼毁堰，伤课干例"，甚至官府对渔民也毫不客气，一旦文姓渔民倘有不遵，准许胡姓将他们拘送严究。临全埠李念德自称"行盐办饷，国课攸关"，而称阻遏交通的木商"诚属阻隔官路，肆意妄行"，致使盐船挽运不前、发生抢盐事件，活脱脱表现出一副居高临下的姿态。官府在仲裁农、商诉讼时，虽称"农商两重、不容偏枯"，但仍倾向于重农抑商，规定"（荔浦金垒堰）天旱水涸及需水之时，永远不准决口"，或"（恭城县势江三坝）每年春分以后、霜降以前，正田禾急需蓄水之时，每月只准逢三开坝"，优先保证农田灌溉之需，还订立木商、船户等过坝纳费规则。

这些诉讼中的话语表达不仅反映了农业、盐业、商业、渔业在清朝民国时期政府赋税结构的地位，也体现了清代民国时期不同人群社会地位的变动。在清代政府赋税结构中，农业重于商业、渔业，盐业重于商业，但商业重要性也不容忽视。经济史家王业键指出，清政府的收入来源可分为赋税、捐献、租金与利息，以及官办企业的利润四类，其中赋税是维系国家组织运转的命脉。赋税包括田赋、盐课、常关税、杂税，晚清时期增加海关税、厘金，以及各地对商业交易和工商行号征课的税捐。自18世纪中叶至清末，田赋在经济中的重要性相对下降，田赋由占全部赋税收入的73.5%下降到35%左右；盐课的重要性仅次于田赋。晚清时期包括商业在内的杂税、捐税收入大幅度增长，在地方财政上占有重要地位。①

在晚清民国时期，随着帝国体制的走向终结、商业力量兴起，广西境内的商人、船户地位已大为提升，不少商会也逐渐参与地方政治与社会事务，积极维护自身利益。如宣统三年（1911）恭城商务分会已被恭城县长委托调处势江农、商矛盾，民国元年（1912）平乐府恭城县黄姓船团等人禀恳广西军政府革除船行浮收积弊，②桂林总商会数次代七省客商行号、船帮等发照函给地方政府，恳请改变陡河行船惯例，铲除桂林灵川、兴安、全县上河水面鱼梁等，都得到地方政府的鼎力支持。

最后，本文的研究表明，应综合探讨流域社会内农业、商业、渔业等不同产业之间的多元动态关系；桂江流域狭窄的河道、繁多的堰坝鱼梁及沉重的水上交通成本，或许是清代民国时期桂江流域山区开发程度、商业经济不够发达的重要原因。同时，本文还有一些有待进一步探究的主题，如从事耕作的乡民集体修造堰坝，订立堰坝修筑与管理规章，形成了灌溉范围不等的水利共同体。这些水利共同体又是如何维持或变化的；桂江流域从事水上运输与管理的船行、船只、船帮之间是什么关系，他们又是如何运作管理的。这些问题尚有待他日再作探讨。

---

① 参阅［美］王业键：《清代田赋刍论（1750-1911）》，高风等译，高王凌、黄莹珏审校，人民出版社2008年版，第10-15页、第96-108页；周育民：《晚清财政与社会变迁》，上海人民出版社2000年版，第29-45页，史志宏、徐毅：《晚清财政：1851—1894》，上海财经大学出版社2008年版，第17-36页。

② 民国元年《署理平乐府长封示禀准革除船行积弊记》，现存恭城瑶族自治县龙虎乡关帝庙前。

后　记
水利碑刻与地方治理

中国自古以来就是一个农业大国，农耕文明源远流长。所谓治国先治水，有土才有邦。传统农业社会，根本而言就是水利社会。水利指利用水资源并防止水患，也指兴修水利惠助民生。

水之利基于天然，但水利制度却是人与自然、人与人磨合的结果。传统理想政治的景象是河清海晏、物阜民康、词清讼简。这一宏大的政治愿景，其实与普通百姓的现实生活相去甚远，而那些刻载于碑石上的水神信仰、水权分配、轮灌规则、修渠义务、水利纠纷等，才是百姓的利益关切和乡土社会的真实写照。

多元视角下的水利碑刻

本书汇集的论文，主要基于我们主办的两次水利碑刻拓片展和一次水利碑刻研讨会。首个展览是 2019 年 11 月在山西太原赵梅生美术馆举办的"润土泽民：水利与法制碑刻拓片展"。

山西是水利碑刻数量最多的省份，同时也以泉域水利碑刻集中而著称，晋祠难老泉、广胜寺水神庙等均为代表。与帝王御笔、名人墨迹相比，反映古代法制状貌的水利规章碑、讼案碑等几乎不为人所重，但其中蕴含的权利意识、制度因素，却值得深思、借鉴。相较于其他地区，古代山西水利碑的法律内涵更为丰富。从用水规则的创议到实施，从用水纠纷的解决到祭祀仪式的分工，都是地方用水制度构建的体现。山西水案碑多立于泉源附近的祠庙，诸祠庙是地方官民进行水神崇拜和祭祀活动的重要场所。独特的立碑场所，可反证水案碑在民众生活中的重要意义。该展览的 40 余件水利碑刻拓片和 50 余篇探讨碑刻的习作，意在唤醒人们对这类"无闻"史料的关注。

第二次展览是 2020 年 8 月至 10 月在北京永定河文化博物馆举办的 "利济生民：水利碑刻拓片展"。展览分润土泽民（水利记事）、治河永定（永定河治理与流域民生）、德感山川（水神崇拜、祭祀感恩）、有章可循（用水规则、权利义务）、解纷确权（水利纠纷化解和预防）五个版块，共展出自唐、宋、金、元、明、清至民国，涉及永定河流域及黄河、长江和大运河的水利碑刻拓片 92 件，江河流域地图长卷 6 件，水利文献 6 组，总计展品 104 件（组），为观众提供了一个探究中国古代水利和法制互动的平台，亦可大致反映水利碑刻承载内容的具体与纷繁。

这些碑石既是水利文献的载体，其本身也是重要的水利文物。水利的根本是润土泽民，而水利制度层面上的 "润泽" 则带有教化、恩泽之意。古代刻载有明确年代与权利义务关系的水案碑、渠规碑、示禁碑等，是某一时期、某一地域水利制度的见证。将这些坐标点串联起来，可以展现人与自然、官与民的依存互动。这些跨越时空、自成体系的古代碑刻，不仅是地方水利制度的记录，更是村民水户重要的权益凭证。

配合上述展览，我们于 2020 年 12 月 26 日举办了 "水利铭刻与社会治理研讨会"。会上共有 12 位学人发表了论文，依次为北京大学历史学系助理教授吴靖远《行省总督眼中的贝瑞亚 "水机"：从水利设施看罗马帝国东部城市的经济稳定性》、中国政法大学历史文献学专业硕士生王硝鹏《〈治河刻石〉考释——以刻立年代为中心》、中国政法大学法学院本科生王世扬《碑缘堰功立，汉制以石传——东汉〈监北江塘郭择赵氿碑〉的制度史再发现》、中国政法大学法律史专业博士生于瑞辰《〈润德泉记碑〉所见公文与唐代社会治理路径初探》、南开大学历史学院博士生史正玉《中晚唐河东桥梁营建与地方社会——以通济桥为中心》、中国政法大学法律史专业博士生马小娟《山西金代水利讼案碑特点探析》、南开大学历史学院博士生项泽仁《蒙古时代的晋祠修葺与晋水流域的民众、渠长——以〈重修汾东王庙记碑〉为中心》、中国政法大学法律史专业博士生刘伟杰《从水案到水规：明代霍州立帖刻石现象分析》、中国政法大学历史文献学专业硕士生张驰《渠规的生成——〈新开通济渠记并渠规碑〉探析》、湖南师范大学法律史专业硕士生陈仁鹏《晚清河南滩地纠纷及解决方式探析——以〈怀庆府正堂断案判语碑〉为中心》、泰山学院周郢教授《泰山白鹤泉疏浚公案考——以清宫档案为中心》、广西师范大学江田祥副教授《河流堰坝与水上交通——以清代民国桂江流域碑刻为中心》等。举办会议的宗旨是为青年学人搭建交流、提升的平台，会上有 14 位专家学者对论文进行评议。12 篇论文中有 7 篇经修改完善收入本论文集中。

当然与水利碑刻的结缘，远不止于上述展览和会议。在 20 余年的教学科研中，古代水利讼案碑、水利规章碑等一直是我们关注的重点。此前已发表的论文有：李雪梅的《试析碑刻中的水利纠纷》（2009 年）、《定章立制：清代〈永定河志〉中奏议和碑文之功用》（2014 年）、《古代法律规范的层级性结构——从水利碑看非制定法的性质》（2016 年）等；曹楠的《水案碑的制度属性——以古代山西水利秩序的构建为切入点》（2018 年）、《明〈太原水利禁令公文碑〉分析》（2019 年）等。而本科生选取水利碑刻为毕业论文、学年论文和"中国法律史研讨课"结课论文者更是多达数十篇。水利碑已成为法律碑刻研究中的重要类别。

地方治理视角下的水利碑刻

本辑 13 篇论文中，就碑石所涉及的主要省域而言，山西、陕西各有 3 篇，河南 2 篇，浙江、四川、云南、广西各 1 篇，古罗马帝国马其顿行省（今希腊马其顿区）1 篇；就时代分布而言，涉及汉、唐、宋、元、明、清、民国等，其中明代最为集中，有 5 篇。碑文内容涉及水利工程建设、水资源管理、滩涂滩地增减、水利纠纷解决及水上交通管理等；立碑者的身份包括朝廷要员、地方干吏、基层精英等；文体（种）有诏令、公文、判词、规章、禁约、记事、图记等。当然许多水利碑刻很难单一定性。有些碑刻往往兼具公文碑、讼案碑、规章碑、示禁碑、法律记事碑等类别中的两种或三种。从《从水案到水规：明中期霍州公文刻石现象分析》一文的标题，就可以看到在水利碑刻中，讼案、规章、公文等类别的普适性和兼容性。

诸篇论文在研究方法上，多遵循"精耕细作"的研究范式，强调碑石文本的主体史料特性，以及对一手碑石史料的深入、连贯研究。如《南宋〈佛窟岩涂田记碑〉考辨》一文详细分析了地方社会水利兴建、组织管理、水权意识、寺田与学田的关系等，在还原历史细节的同时，探讨寺院与地方社会的关联，以及涂田的权利归属和赋税等问题；《蒙古时代的晋祠修葺与晋水流域的民众、渠长——以〈重修汾东王庙记碑〉为中心》一文就晋祠修葺始末与文书流程、蒙古时期晋祠流域水利组织和村落结构、碑阳碑阴镌刻时间等展开细致分析。而每篇论文能够做到"有图有真相"，实得益于中国政法大学石刻法律文献研读班长期坚持的研读、访察和公益展览等学术活动。

诸篇论文在精细研究基础上所彰显的学术特色也较为鲜明，主要表现为以下三点。

一是重视对公文结构和行政环节的分析。本辑涉及水利公文的碑刻有唐《周公祠灵泉碑》、元《重修汾东王庙记》碑阴的两道文书、明代霍州水利公文刻石以及云南《东晋湖塘闸口记并批文碑》等，占全书篇幅的三分之一强。碑石上的公文行政指向具体明确，在地方社会秩序建构中发挥着重要作用。如明《东晋湖塘闸口记并批文碑》，碑阳记载地方官兴修水利、固本泽民的德政，碑阴刻立公文，表明修建湖闸、维护积水灌溉的"定规"是官府的行政行为。公文中有五个批文，其中四个为不同的"道"级机关发出，以强化其公信力。另水利规章的生成，也离不开行政运作。《渠规的生成——明成化元年〈新开通济渠记并渠规碑〉探析》一文，在解读碑文的基础上，还原公文传递流程，进而捋清了渠规的制定背景、效力来源、规范对象、分水方法和刊刻动机等。

碑石上的公文形式，既有单件公文碑，也有组合性公文碑，还有连续刊刻形成的公文碑群组。分析公文结构、解读行政流程固然有利于检视日常行政制度的运行，但采用不同的研究方法，如基于静态或动态分析，往往会得出不同的结论。尤其是"时政"性公文碑因其本身的政治含义，往往会产生持续效力。那些被精选刻于碑石的公文，或为造福地方的标异，或为保障权益之证明，已突破时效局限，成为政务运行、君臣互动、政治清明的示范，对地方治理具有持久的影响力。

二是重视对地方水利管理利用之间的权责利关系的分析。水利记事碑、讼案碑、示禁碑等均是呈现不同利益群体权责利关系的宝贵素材。清《京控水案开封府原断及复详看碑》记载河南灵宝县路井、下硙两村因修理渠道、拦截水道等纠纷，屡结屡翻，涉及县、府、省按察司、巡抚、都察院等诸多审级，各级衙门审理过程与裁断结果，展现出当地水利纠纷的复杂性和典型性。清《怀庆府正堂断案判语碑》涉及的滩地属于"流动的土地"，围绕其权属产生的纠纷涉及水利与地权、生态与法律等复杂问题。作者以判语碑所载怀庆府河内县窑头、覆背两村的滩案为关注对象，剖析地方官员、士绅与村民在处理滩地纠纷时的价值选择与利益衡量，发掘区域社会为追求静态、稳定的秩序，所形成的独特的滩地纠纷解决机制。

广西桂江流域的禁碑、规章碑保存较多，作者在细致梳理的基础上，分析流域中农民、渔民、盐商、木商等人群因生计模式的不同，围绕着河道、堰坝使用而产生的利益冲突及各自诉求，展现了清代民国时期桂江流域以河流为中心的复杂社会关系。通过解析不同人群在争讼时的话语表达，透视了农、盐、渔、商等业在政府赋税结构中的比重及相关从业者社会地位。

三是重视对图像、文字的综合研究。由于水利的流动性特色，无论用水、治水还是管水，直观性的图示较文字描述更形象精准，图碑也成为水利碑刻中单独的一类。明嘉靖十五年《黄河图说碑》刻有黄河流经今河南、山东、江苏、安徽一带的情形，行政区划主要有府、州、县三级，共有地名注记百余处。除河道与行政区划注记外，还以形象的画法绘出山脉、寺庙、堤坝等要素，并在一些重要地点标注治理黄河、运河水利工程的文字说明，是明代中期黄河治理水利工程图的典型代表。碑石上的"图"与"说"紧密结合、互为补充。"说"除碑身的三处重要刻文（《国朝黄河凡五入运》《古今治河要略》《治河臆见》）外，还包括了图中长短不一的注记文字，对自明洪武朝以来的黄河决口泛滥情形、治理措施以及"保运"和"护陵"的掣肘进行描述，充分展示了明代治河有理有据的一面。

《晚清河南滩地纠纷及解决方式探析——以〈怀庆府正堂断案判语碑〉为中心》一文，作者除详考《怀庆府正堂断案判语碑》的内容特色外，对碑额、碑身上的图案也作了细致研究，指出碑额左部刻画的冥界审判图景，与清绘本《聊斋全图》中的阴间判官形象相似；右部刻画的是现世的讼案场景。借助碑额上一阴一阳两幅审判场景，体现了中国古代"明有法度，幽有鬼神"的传统观念，也反映出刑罚与教化在社会治理中相辅相成的关系。

上述三个特点的共同指向，是水利碑与地方社会秩序建构尤其是地方治理的紧密关联。《从水案到水规：明中期霍州公文刻石现象分析》一文认为，在"从水案到水规"的落实过程中，无论是保留公文原本形态，还是强调制度的记事文体，水案公文的频繁刻石，既是针对明代以来水案频发状况的应急手段，同时也是逐步实现地区水利秩序稳定的有益尝试，更是官府与民间对水案争讼与水利秩序建构的深刻反思与总结。《明代山西水利秩序建构与水利碑刻的"用"——以晋祠嘉靖二十八年〈水利公文碑〉为中心的分析》一文认为，在水利秩序建构过程中，碑刻载体一直被各方主体所使用。碑刻所记录的不仅是水利规条，更是乡村社会生活的价值观。通过水利碑刻，水利规范成功融入了当地的社会生活之中，基层民众对水利规范产生了深刻的认同感。因此，在碑刻故事的代代相传中，纵使水利碑刻已经不再续立，但碑刻依然能以其他形式存活下来。

无论水利秩序与规则的生成，还是权益主张、讼案裁决，这些内容被屡屡刻于碑石上并保存下来，其实体现了人们对铭刻载体的尊崇和认同。而这种重视铭刻的传统，并非明清时期的专利，早在汉代，水利约束、工程记事等刻石已发挥着切实的治理效用。东汉《监北江埽郭择赵氾碑》就记载了东汉水利职官，为探讨汉代水利制度等问题提供了珍贵线索。

用水治水和地方治理也是古代东西方文明共同的话题。西方古罗马和中国秦汉，可以在石刻文明上形成某种形式的对话。《从贝瑞亚城教练场基金组建看总督对水利设施的统治视野变化》一文，从公元 2 世纪初罗马行省总督政令铭刻出发，探讨罗马帝国对行省进行管理的策略，以及东部行省水利系统和社会治理之间的关系。而如何克服新统治区因语言、文化背景不同而产生的治理障碍，其实是古今中外共同面临的治理难题。

《老子》言："上善若水，水善利万物而不争。"水之利可贯金石、济天下。水利碑所反映的地方管理制度与司法实践，是古代地方治理不可或缺的一部分。用水制度的构建折射出规则社会的建立过程。民众对于规则的认同和坚持，是社会秩序稳固的前提。水利秩序建设中所反映出的规则意识、权利意识、制度因素等，均可为当今法治建设提供借鉴。

李雪梅

2022 年 1 月于京城